基于企业成长的
艺术院校创业教育研究

张琴　著

对外经济贸易大学出版社
中国·北京

图书在版编目（CIP）数据

基于企业成长的艺术院校创业教育研究 / 张琴著
. —北京：对外经济贸易大学出版社，2023.11
ISBN 978-7-5663-2568-6

Ⅰ. ①基… Ⅱ. ①张… Ⅲ. 高等学校—艺术学校—创造教育—研究 Ⅳ. ① G640

中国国家版本馆 CIP 数据核字（2023）第 257610 号

基于企业成长的艺术院校创业教育研究

张　琴　著

责任编辑：刘传志

助理编辑：吴中杰

出版发行：对外经济贸易大学出版社
社　　址：北京市朝阳区惠新东街 10 号
网　　址：www.uibep.com
资源网址：www.uibepresources.com
邮政编码：100029
邮购电话：010 － 64492338
发行部电话：010 － 64492342
E-mail：uibep@126.com

成品尺寸：170mm×240mm
印　　张：18.5
字　　数：292 千字
ISBN 978-7-5663-2568-6
印　　刷：北京九州迅驰传媒文化有限公司
版　　次：2023 年 11 月北京第 1 版
印　　次：2023 年 11 月第 1 次印刷
定　　价：68.00 元

前言

艺术院校是将技术技能教育和美育融为一体的院校类型，是推动我国经济发展和文化繁荣的重要力量，也是推动我国文化市场发展的重要动力。在大众创新、万众创业的新形势下，艺术院校学生对创业教育的需求越来越高，不仅具有创业教育的普遍特征，也有显著的艺术教育特色。在国家政策助推下，大批艺术类创业企业走向市场，导致艺术市场竞争加剧，企业的成长性问题凸显出来。提高艺术类小微企业的生存能力，助其快速发展进入成长期，提高其成长能力，成为政府部门与企业自身面临的难题。作为服务于学生创业和企业成长的重要教育类型，创业教育成为艺术院校拓展人才培养路径和满足服务社会需求的重要内容，也成为艺术院校亟待探索的课题。

本书的研究正是在这样的理论前提、实践背景下展开的。全书阐释了基于企业成长的艺术院校创业教育的理论框架，分析了艺术院校创业教育和艺术类小微企业成长的现状和存在的问题，致力于构建小微艺术企业成长的艺术院校创业教育发展模式。采用文献分析、历史研究、比较研究、访谈、个案分析、问卷调查等研究方法，借鉴了哲学、教育学、企业管理学、创业学等相关学科的理论，梳理国内外艺术院校创业教育的发展历程及特征，厘清艺术院校创业教育的现实状况，深入分析由艺术院校毕业生所创建的艺术类小微企业的个性特征、发展困境和成长要素；并以此为基础，构建艺术院校创业教育的行动框架，探索适应企业成长的艺术院校创业教育模式。全书分为企业成长与创业教育成果、国内外艺术院校创业教育经验、艺术院校创业教育理论框架、艺术院校创业教育实践分析、小微艺术创业企业成长要素、基于企业成长的艺术院校创业教育对策研究等七章。

绪论主要阐述了在文化大发展、大繁荣的背景下，以企业成长为视角的艺术院校创业教育问题的提出及其研究价值，并对国内外研究现状、研究思路进行综述，说明本研究的主要内容和研究方法。

第一章从企业成长、创业企业、创业教育、艺术院校创业教育等几个方面对中外文献资料进行了梳理和总结，通过对已有的成果进行分析，发现创业教育成果大多是从教育学角度梳理的，从其他学科角度得出的研究成果并不多。现有成果通过对创业教育的发展、内容、模式、途径等进行研究，逐步形成了我国创业教育的基本理论框架，同时在此基础上开展了大量的实证研究。在企业成长（尤其是创业企业成长）方面，国外的学者提出了较为完整的理论体系，而国内的研究大多采用问题导向的研究范式，就存在的现实问题进行研究。但是现有的研究成果也存在研究对象笼统、研究视角单一、研究方法简单、研究途径孤立等不足。

第二章叙述了国内外创业教育经验研究。通过对美国、英国等国家的艺术创业教育、艺术创业企业发展及国家扶持政策的研究，总结出有助于我国艺术创业企业成长的创业教育方面的经验。通过对媒体实验室（MIT Media Lab）和美国芝加哥哥伦比亚学院的两个案例进行分析研究，形成可资我国艺术院校借鉴的创业教育经验。对国内艺术院校创业教育环境、创业教育模式以及创业教育专业特色进行研究，并通过对中国传媒大学创业孵化园和北京服装学院创意产业园区等国内大学创业园区的案例分析，总结提炼我国艺术院校在国家的扶持下开展企业孵化和培育的创业教育经验。

第三章构建基于企业成长的创业教育的理论框架。首先对企业成长、创业教育的内涵进行了系统分析，对创业、创业者、艺术企业和艺术院校的概念进行了界定，并应用管理学和经济学的理论，从企业成长需求的角度分析了创业者应具备的创业精神、创业能力、创新能力；应用教育学、社会学等理论，就创业教育对创业者的导向性进行研究，总结了创业教育在启发创业者的创业意愿、培养创业技能、传授创业知识、养成职业道德等方面的作用；应用马克思主义哲学和企业成长的理论，从企业成长的技术追求、利益追求、精神追求等角度对创业教育目标进行了规定性研究。

第四章开展基于企业成长的艺术院校创业教育实践的分析。围绕艺术院校创业教育特点、形式、内容、方法、发展历程等进行阐述，并通过对北京舞蹈学院、中国戏曲学院、中央戏剧学院、北京电影学院、中央美术学院、中国音乐学院、中央音乐学院、北京服装学院等8所艺术院校的在校本科生、研究生进行了问卷调查，深入分析艺术院校创业教育现状，研究艺术院校学生的个性特点、专业特点以及现有的创业教育特点，提出艺术院校创业教育的问题和不足，并对形成的原因进行分析。

第五章研究小微艺术企业成长要素。分析我国小微艺术企业发展的困境，研究其成长过程中的“烦恼”。从我国小微艺术企业现状出发，对35名分别毕业于7所艺术院校的创业毕业生进行了深度访谈，对小微艺术企业生存发展的难题进行了实证研究，试图分析解决艺术企业“成长的烦恼”。通过对国内347家由艺术院校毕业生创建的企业进行调查，总结小微艺术企业成长的要素。最后从全球化和信息时代的艺术创业的市场多元化、客户全球化、资本多样化、劳动力网络化等特征入手，通过研究我国政府对小微艺术创业企业的政策和服务模式，总结艺术创业产业发展过程中可能遇到的机遇。

第六章开展基于企业成长的艺术院校创业教育对策研究。主要从企业成长的角度对艺术院校创业教育的理念进行研究，提出创业教育理念要适应社会发展变化。一是要从学生需求、市场需求出发，将创业教育融合在专业教育中，以市场需求为向、以学生发展为本、以专业成长为根、以作品创作为主体开展创业教育，避免创业教育与专业教育“两张皮”的问题；二是创业教育内容满足企业成长需求，从企业成长需求的角度强调创业意识的培养、创业理念的变革、创业技能的创新的重要性；三是创业教育过程对接市场运行实际，探索构建四方联动的创业教育合作模式，建立专业实践与职业素质养成并重的创业教育教学模式，强化以作品为基本组织的创业实践模式，建立以市场需求为导向的创业服务平台；四是创业教育评价引入多维参与机制，探索政府综合宏观引导机制，完善学校自我更新评价机制，建立创业者反馈评价机制，引入企业孵化平台检验机制，从创业者、高校、企业孵化器、政府四个层面进行创业教育的评价，建立更为立体、多元和科学的评价体系。

第七章是研究结论和展望。提出本研究的结论、创新点和今后进一步研究的方向。

通过本书的研究，初步形成了基于创业企业成长的艺术院校创业教育构架。一是为推动艺术类小微企业成长，艺术院校的创业教育应加强校企互动，获得人力资源共享、资金支持、平台共生，要着力培养创业者的创业精神、创业能力及创新意识等，加强创业者的技术技能积累，增加创业的专业化实践活动，并通过现代学徒制激发学生的创业意愿、培养学生的合作能力，提高学生的职业道德，推动和引导艺术院校创业者的创业活动；二是艺术院校学生对创业存在认识上的偏差，他们大多不甚了解创业活动，却对其抱有很高的期待，而学校创业教育的开展情况并不乐观，在某种程度上影响了学生正确的创业意识和创业精神的形成；三是国外艺术院校的创业教育注重将自身融入专业教育中，注重学生技术技能的培养以及与产业的合作，注重整合社会资源，强调创新与创意的完美结合，注重全过程体验学习；四是艺术院校创业教育要树立以市场需求为向、以学生发展为本、以专业成长为根、以作品创作为体的思维模式，要搭建教育服务平台，构建教育联动模型，建立以作品为组织的实践模式，以需求为导向的教学模式，建立自我更新的学校评价机制、创业者的评价学习机制、企业孵化平台的检验机制和政府评价相结合的多维评价体系。

目录

绪　论

一、研究背景

（一）国内研究背景

1. 小微企业成为国家关注和扶持的重点

2011 年，“小微企业”以迅猛发展的态势成为我国国民经济的重要组成部分。小微企业以业态丰富和灵活机动的特点，成为了经济生活中最活跃的力量，它的发展反映了国家社会公平和劳动力流动的状况。小微企业的成长为社会贡献了生产力，同时也为创业者实现了社会地位的提升，是一个国家文明、开放和平等的体现，它使社会阶层之间合理、有序的流动成为可能。①第四次全国经济普查显示，截至 2021 年末，我国中小微企业数量达 4800 万户，占到全部规模企业法人单位的 99.8%，吸纳就业占全部企业就业人数的 79.4%。小微企业在繁荣经济、推动创新、吸纳就业和活跃市场等方面发挥着越来越重要的作用。②但是小微企业在发展过程中，也暴露出规模小、效益低、管理落后和抗风险能力差等问题。为了更好地扶持小微企业的发展，国家在融资、财税等方面不断出台政策，给予大力的支持，同时也鼓励民间资本的投入，搭建平台鼓励技术创新，并加大对小微企业的服务力度。2020 年，财政部、人力资源社会保障部、中国人民银行共同出台了《关于进一步加大创业担保贷款贴息力度全力支持重点群体创业就业的通知》（财金〔2020〕21 号），2021 年国务院办公厅出台了《关于进一步支持大学生创新创业的指导意见》（国办发〔2021〕35 号），对创业的大学生给予担保贷款及贴息政策，“符合条件的高校毕业生可申请最高 20 万元的个人创业担保贷款，由财政给予贴息。合伙创业的，可根据符合贷款条件的合伙创业人数适当提高贷款额度”。而对于首次创

① 许宝健主编，李慧莲执行主编．中国小微企业生存报告（2012）．北京：中国发展出版社，2012 年．

② 于卫亚．小微企业成长再逢及时雨．[EB/OL]. http: //www. gov. cn/zhengce/2014-04/03/ content_2652289. htm. 2014-04-03.

办小微企业或从事个体经营，且所创办企业或个体工商户自工商登记注册之日起正常运营1年以上的离校2年内高校毕业生，给予一次性创业补贴。而对于小微企业的税收优惠政策更为细致，近几年陆续出台了多项扶持政策，如《国务院办公厅关于进一步做好高校毕业生等青年就业创业工作的通知》《财政部 税务总局 人力资源社会保障部 国务院扶贫办关于进一步支持和促进重点群体创业就业有关税收政策的通知》《国家税务总局 人力资源社会保障部 国务院扶贫办 教育部关于实施支持和促进重点群体创业就业有关税收政策具体操作问题的公告》《财政部 人力资源社会保障部 中国人民银行关于进一步加大创业担保贷款贴息力度全力支持重点群体创业就业的通知》等等，对大学生创业提供担保贷款，并由财政给予贴息。

2. 文化产业逐步成为国家的支柱产业

2007年10月，党的十七届六中全会首次提出了“建设社会主义文化强国”的目标；2012年，党的十八大强调，建设社会主义文化强国“必须走中国特色社会主义文化发展道路”；2017年，党的十九大报告进一步强调，“要坚持中国特色社会主义文化发展道路，激发全民族文化创新创造活力，建设社会主义文化强国”，十九届五中全会明确提出到2035年建成文化强国。2022年，党的二十大提出“推进文化自信自强，铸就社会主义文化新辉煌”。而十八届三中全会将“支持各种形式小微文化企业发展”纳入文化建设的总体格局。2014年2月，我国出台了《深化文化体制改革实施方案》，在新一轮文化体制改革全面部署的工作当中，对支持小微文化企业发展提出了更为明确的工作要求。为落实中央的一系列战略部署，支持小微文化企业健康快速发展，在深入调研和广泛征求意见的基础上，2014年8月19日，文化部会同工业和信息化部、财政部研究制定了《关于大力支持小微文化企业发展的实施意见》。这是在国家部委层面上，首次发文对支持小微文化企业发展工作进行专门部署，明确了支持小微文化企业发展工作的目标、方向和任务。党的二十大报告提出，“繁荣发展文化事业和文化产业”“坚持把社会效益放在首位、社会效益和经济效益相统一，深化文化体制改革，完善文化经济政策”“健全现代文化产业体系和市场体系，实施重大文化产业项目带动战略”。在十年的发展中，文化产业的发展得到了更为细致的指导和支持，中小微企业作为文化产业发展的主体，制约其发展的问题也在逐步解决，中央和地方先后出台了多项政策措施，大力扶持文化企业，助力文化产业高质量发展。2011 年，《中共中央关于深化文化体制改革 推动社会主义文化大发展大繁荣若干重大问题的决定》首次提出了“推动文化产业成为国民经济支柱性产业”，并指出发展文化产业是社会主义市场经济条件下满足人民多样化精神文化需求的重要途径，提出要构建结构合理、门类齐全、科技含量高、富有创意、竞争力强的现代文化产业体系。要加强文化产业基地规划和建设，发展文化产业集群，提高文化产业规模化、集约化、专业化水平。发掘城市文化资源，发展特色文化产业，建设特色文化城市。我国“十二五”规划纲要中提出要“繁荣发展文化事业和文化产业”，并提出“推动文化产业成为国民经济支柱性产业”。“十二五”期间，我国文化产业一直保持 20% 左右的高速增长，远高于同期国内生产总值（GDP）增速。2014 年实现增加值 2. 4 万亿元，占 GDP 的 3.77%。“十三五”规划纲要提出“推进文化事业和文化产业双轮驱动”“文化产业成为国民经济支柱性产业”。“十三五”期间，我国文化产业也得到更进一步的繁荣发展，2015 年至 2019 年，全国文化及相关产业增加值从 2. 7 万亿元增长到超过 4. 4 万亿元，年均增速接近 13%，同期占国内生产总值比重从 3.95% 上升到 4.5%，文化产业在促进国民经济转型升级和提质增效、满足人民精神文化生活新期待、提高中华文化影响力和国家文化软实力等方面发挥了重要作用。而“十四五”规划纲要提出“坚持把社会效益放在首位、社会效益和经济效益相统一，健全现代文化产业体系和市场体系”。文化产业在国民经济中的地位越来越重要，逐步走向更为健康持续的良性发展方向。而北京作为国家的文化中心，丰厚的文化资源使文化产业的发展具有得天独厚的历史优势和地域优势，政府对文化产业的发展投入了巨大的支持。北京市规划建设各具特色的文化创业创意园区，支持中小文化企业发展。文化产业迎来了发展的大好时机，艺术产业也迎来前所未有的机遇。在中国人民大学和新华社发布的“十三五”期间我国省市文化产业发展指数、文化消费指数及文化产业高质量发展指数排名中，北京连年蝉联第一。

3. 艺术院校创业教育的供给与需求失衡

随着经济的不断发展，人民群众的物质生活不断丰富，人们对于艺术服务和艺术教育产品的需求不断增长。艺术产业在市场需求的推动下迅猛发展，大批面临就业压力的艺术院校毕业生投入到创业的大潮中。艺术院校毕业生在专业上具有创业的绝对优势，但是在创业能力和创业精神上缺乏有效的培养，学校创业教育还远远满足不了市场和创业者的需求。由于艺术院校长期以来坚持精英式教育的传统模式，在人才培养上还是遵循传统的培养就业型人才的模式和方法，很多高校在创业教育方面还很欠缺（甚至是空白）。所以，加强艺术院校的创业教育研究，从企业成长和市场需求角度来看，迫在眉睫。

（二）国外研究背景

1. 创新与创业成为热议话题

创新的概念缘起于 20 世纪初的西方，美籍经济学家熊彼特提出，创新是指把一种生产要素和生产条件的“新结合”引入生产体系。它包括“引入一种新产品，引入一种新的生产方法，开辟一个新的市场，获得原材料或半成品的一种新的供应来源”。[①] 经过百年的发展，创新已经遍布人们生活的方方面面，如关于衣、食、住、行的创新，观念、知识、技术的创新，政治、经济、商业、艺术的创新，工作、生活、学习、娱乐、通讯等领域的创新。创新不再仅仅局限于技术领域，在知识社会条件下，以需求为导向、以人为本的创新模式进一步得到关注。信息技术推动下的知识社会的形成及其对技术创新的影响进一步被认识，学术界进一步反思对创新的认识，其内涵也更加丰富。创新是以现有的思维模式提出有别于常规或常人思路的见解为导向，利用现有的知识和物质，在特定的环境中，本着理想化需要或为满足社会需求而改进或创造新的事物、方法、元素、路径、环境，并能获得一定有益效果的行为。进入 21 世纪，创新的话题被世界各国广泛关注，创新也成为各国政府解决经济难题、增加就业岗位、加强社会管理的必经之路。尤其在当前世界经济受到考验，经济复苏缓慢的情况下，创新以其强大的价值创造能力，对促进世界经济稳定复苏、中国经济的提质增效发挥着不可替代的作用。2023 年的夏季达沃斯论坛探讨的主题就是新科技、新技术，是为展现全球科技创新未来的发展趋势。来

① 约瑟夫・熊彼得 . 经济发展理论 [M]. 北京：商务印书馆，1990.

自近100个国家和地区的政界、商界、社会组织、国际组织及学术界的1500余名代表探讨了疫情后的经济复苏问题，他们一致认为，创新是世界经济发展的重要驱动力，是未来引领世界经济增长的重要引擎。全球经济要走出困境，创新是必须的，通过创新创造有利于全社会的价值是全球企业必须考虑的重大课题。当前，我国需要从要素驱动型增长向创新驱动型增长转变。对内，创新可以调整产业结构、化解产能过剩的矛盾，带来新的产业发展机会；对外，创新将提升中国的产品和服务业在全球价值链中的位置，使创新真正能创造出更高的价值。

全世界青年就业问题一直困扰着各国政府。2011年全世界有近7500万15～24岁的年轻人未就业，据联合国2012年《世界青年报告》显示，发展中国家约87%的年轻人未充分就业，或者从事环境恶劣的非正式工作。即便在发达国家，年轻人的就业形势也不容乐观，据联合国相关数据统计，在世界经济相对发达的经济合作与发展组织（OCED）的34个国家中，2011年第四季度有2230万年轻人消极待业，他们既没有工作，也没有接受教育或者培训。而时隔十年之后，据国际劳工组织发布的信息，2021年全球失业青年总数依旧是7500万。《2022年全球青年就业趋势》报告显示，新冠疫情加剧了15～24岁青年面临的诸多劳动力市场挑战。自2020年初以来，他们的就业损失比例远高于成年人。就业难问题在十年间没有任何改善，从各类数据统计来看，就业已经成为全球日益严重的问题，而就业问题中最引人深思的不是就业岗位的减少，而是年轻人消极待业、没有创业意识和工作意愿的问题。这种现象的蔓延，将给全球的经济带来长远的影响。所以很多国际组织发表报告，强调创业（尤其是创业精神培养）的重要性，并呼吁全世界重视创业。世界经济论坛将创业精神教育确定为“全球教育计划”的核心，认为“改革和创业精神为解决21世纪全球面临的巨大挑战提供了方法，它促进了可持续发展，提供了就业机会，恢复经济增长和提高人类福祉”[①]。美国前总统奥巴马非常重视创业，他指出，创业者将成为全国乃至全世界创新活动的中坚力量，他们创造

① World Economic Forum. (2009). Educating the next wave of entrepreneurs: Unlocking entrepreneurial capabilities to meet the global challenges of the 21st century. Geneva, Switzerland: Author.

了大量的工作岗位，为美国提供了数以百万计的工作机会。[1] 欧洲也非常重视创业和创新精神的培养，欧洲创业精神教育圆桌会议的一份报告指出，欧洲必须在培养创新精神、发展创业技能上加大投资，以促进经济的可持续发展、创造就业机会、实现经济复苏和增进人类福祉。[2] 创业者改变全球经济，这不仅是学者们的共识，更成为各国政府关注和投入的重点。近年来，我国越来越重视青年人尤其是大学毕业生的创业。2017 年，习近平总书记给第三届中国“互联网 +”大学生创新创业大赛“青年红色筑梦之旅”大学生回信中提到，“希望你们扎根中国大地了解国情民情，在创新创业中增长智慧才干，在艰苦奋斗中锤炼意志品质，在亿万人民为实现中国梦而进行的伟大奋斗中实现人生价值，用青春书写无愧于时代、无愧于历史的华彩篇章。”在《教育部关于做好 2023 届全国普通高校毕业生就业创业工作的通知》中指出，将“实施‘2023 届全国普通高校毕业生就业创业促进行动’，各地各高校要切实增强责任感使命感，紧密结合实际，创新思路举措，千方百计促进高校毕业生多渠道就业创业，奋力开创高校毕业生就业创业工作新局面。”2023 年，高校毕业生规模达到 1158 万人的历史新高，由于疫情的影响，不仅当年大学毕业生数量有所增加，还存在一定的存量群体结构性就业矛盾。教育部提出了 21 条政策，从多个方面来解决就业难问题，其中包括“积极鼓励和支持高校毕业生自主创业，在资金、场地等方面向毕业生创业者倾斜，为高校毕业生创新创业孵化、成果转化等提供服务。推动中国国际‘互联网 +’大学生创新创业大赛等大学生创业项目转化落地。各地教育部门要配合有关部门落实灵活就业社会保障政策，为毕业生从事新形态就业提供支持，推动灵活就业规范化发展，切实维护高校毕业生合法权益。”

---

① Obama, B. (2009, November 19). Presidential proclamation — National Entrepreneur-ship Week. Retrieved April5, 2012, from http: //www, whitehouse. gov/the-press-of-fice/presidential-proclamation-national-Entrepreneurship-week.

② European Roundtable on Entrepreneurship Education. (2010). Manifesto. Global Education Initiative Retrieved April 5, 2012, from http: //www. weforum. org/docs/WEF-GEI-European Roundtable-Manifesto-2010. pdf.

2. 学校教育是否抑制创业精神的争论

在欧美国家，学校教育是否抑制创造力和创业精神的发展的争论持续已久。美国学者 George Land 和 Beth Jarman 从 20 世纪 60 年代就开始了一项长期的关于创造力的研究，在跟踪调查 1600 名 3 ～ 5 岁的儿童后发现，随着年龄的增长，儿童的创造力急剧下降。同样的测试在成年人中展开，也得到了同样的结果，只有 2% 的成年人达到“创新天才”的水平，而在 3 ～ 5 岁的儿童中却有 98% 的达到了“创新天才”的水平。[①] 全球创业观察（Global Entrepreneurship Monitor）的年度调查跟踪了全世界 50 多个国家的创业活动情况，发现创业能力和创业活动在具有相同经济条件的国家和地区呈现出显著差异，考试成绩与创业能力呈现出负相关。在美国，学校教育抑制创造力和创业精神的发展的观点在这场争论中略占上风，而创业成功的史蒂夫·乔布斯、比尔·盖茨、迈克尔·戴尔、马克·扎克伯格的辍学经历又从另一个角度证实了这个观点。

3. 创业企业成长被各国政府关注

创业企业在起步阶段通常规模较小，世界各国的创业企业因其数量众多、业态丰富、运行灵活，都在各国的经济中占有不可忽视的地位。这些小企业不仅在各国的企业总数中占很大的比例，如英国中小企业数占全部企业数量的 99.9%，[②] 而且这些企业提供的就业岗位及其创造的社会财富也占了很大的比重，在经济发展中占据了重要的地位。据亚太经合组织统计，中小企业为亚太地区贡献了 50% 的经济总量和 60% 以上的就业机会。各国政府非常重视这些企业的发展，成立专门部门对中小企业的发展给予保护和扶持，为小企业在法律、资金、政策、财税等方面提供帮助和保护，并向小企业提供技术咨询、教育培训等方面的服务。美国从 2009 年就开始实施一项支持小企业发展的计划，投入大量的资金帮助在金融危机中受创的小企业渡过难关。他们认为，小企业是美国经济的基石，只有小企业复苏了，美国经济才能真正复苏。[③] 德国作为全球支持企业创新发展的代表性国家，其中小企业数量常年稳增，超过其企业

① George Land，Beth Jarman. (1992). Breakpoint and Beyond: Mastering the Futur-Today, 1992.

② 张立军 . 英国对中小企业融资支持及其借鉴 [J]. 世界经济情况，2006（7）.

③ 罗仲伟 . 激发中小企业的活力 [J]. 人民日报，2010-09-16.

总数的90%，贡献了约54%的增加值，拉动了62%左右的就业。在其《国家工业战略2030》中重点提出“持续强化智能生产中要注重吸引中小企业参与”的主题，通过个性化优惠和支持政策，增加其应对未来产业和颠覆性技术创新挑战的能力，尽快让中小企业成为新一代智能化生产技术的使用者和受益者，帮助其实现数字化转型，把握关键技术的自主可控。欧盟各国还设置了系统的财经法律和私人贷款制度，多维度扶持中小企业发展。

二、问题的缘起

（一）国家文化发展的需要

1. 中国梦和中国经验的理论思考

中国梦理论的提出使每个拥有梦想的人都有了实现梦想的可能。网络和信息产业的发展使创业的门槛大大降低，电子商务让创业者“给自己当老板”不再是遥不可及的梦想。马云曾经许诺为全球1000万家小企业创造生存、成长、发展的平台，为1亿人创造就业机会，为10亿人解决消费问题，[①] 他并非口出狂言，任何人只要在淘宝网上注册就能拥有一家网店，成为名副其实的店主。国家给予创业人员和小微企业的优惠政策，以及社会对创业的关注使越来越多的年轻人将创业作为实现人生梦想的阶梯，而众多梦想的实现最终汇聚成了中国梦的实现。2008年，全球金融危机重创了世界经济，而中国经济在跌宕起伏的世界经济大潮中“一枝独秀”，实现了平稳发展，中国经验被世界所关注。而作为中国经济的重要组成部分的小微企业的发展也越来越成为人们关注的焦点，小微企业中不可或缺的艺术创业企业也开始活跃在文化市场上，成为提高人们生活品质的重要因素。具有中国传统文化特色的艺术产品不仅丰富了人们的生活，也成为带领中国文化走向世界的文化使者，在传递中华文化的同时也展示着文化企业发展的中国经验。

---

① 江北．马云：为价值观而战[J]．现代企业文化，2011（9）．

2. 文化产业的发展越来越受到国家的重视

文化产业被认为是21世纪全球最有前途的产业之一，有着巨大的经济效益和社会效益，世界各国政府都对这一产业的发展给予了特别关注和高度重视。例如美国文化产业的收入每年可达数千亿美元，经济总量约占美国国民生产总值的10%。不仅产生了巨大的经济价值，还直接或间接地输出了美国的价值观，对全球文化、政治乃至人们的生活方式产生了深远的影响。因此，我国高度重视中华文化的发展，并提出了大力发展文化产业的战略思想，文化产业在振兴经济的同时还肩负着向世界展示中国文化的重任。近年来，我国文化产业的社会与经济效益日渐明显，国家统计局发布的《2022年全国文化及相关产业发展情况报告》显示，我国文化及相关产业规模持续扩大，营业收入超16万亿元，文化新业态行业营业收入占比首次超3成，产业结构不断优化。

（二）小微文化企业发展的需要

2014年，时任国务院总理李克强曾多次强调创业的重要性。为进一步营造良好的青年创业环境，国务院于2022年对200多项行政审批手续进行了简化，并设立了400亿元的创业投资基金，出台了一系列的鼓励创业的政策，为优化中国的产业结构、实现经济可持续增长，在全国范围内激活创新精神。

1. 小微企业成为经济发展的新的增长点

一直以来，小微企业是世界各国经济发展的重要组成部分，它增强了市场的活力，提供了大量的就业岗位，如美国53%的就业岗位来自小企业，德国占78%，韩国占87.7%。并且小微企业创造了巨大的社会财富。在美国，99%的企业为小微企业，它们贡献了39%的GDP，53.5%的销售额是由中小企业实现的。在英国和韩国，小微企业数量高达99.9%，德国中小企业贡献了70%的税收和2/3的专利技术。[①] 在我国，小微企业近年得到了迅猛发展，数量不断增加，业态也越来越丰富，成为经济发展的新的增长点，同时提供了大量的就业岗位，在保持社会稳定和推动经济发展过程中发挥着不可替代的作用。小

① 陈永杰. 小企业　大经济——小微企业发展政策研究 [M]. 北京：中国经济出版社，2013.

微企业的发展有利于增进社会公平，促进人才流动，保持社会稳定，越来越受到国家和社会的关注。据文化部文化小微企业的调查报告，目前中国小微文化企业的数量已占到文化企业总数的 80% 以上，从业人员约占到文化产业从业人员总数的 77%，实现增加值约占文化产业增加值的 60%。可见小微文化企业已成为我国经济发展中不可忽视的重要力量，它不仅丰富了文化产品和服务，也推动了经济的发展，繁荣了社会文化，提高了全民文化素养，促进了社会和谐。

2. 创业企业的成长问题逐渐成为关注的焦点

企业的可持续发展问题一直受国内外学者和政府关注，也是企业自身存在的最根本的问题。近年来，随着我国经济的快速发展，企业的良性发展和持续成长越来越引起人们的重视。国内不少学者对企业成长进行了深入研究，在研究视角和研究领域方面呈现了多样化趋势。这些研究从经济学、管理学、社会学或者多学科综合的视角对各类企业成长过程中的问题进行了规范的理论分析，视野不断拓宽，研究越来越深入。在中国引领世界经济发展的今天，创业企业在获得国家政策大力扶持的同时，也面临着巨大的挑战。如何在信息化和国际化的时代把握发展的机遇，保持企业的可持续发展，实现企业的快速成长，是一个在实践和理论层面都急需解决的难题，对我国理论研究者也是一个挑战。目前国内还没有全面系统的研究成果，研究的视角也比较发散，这就吸引了更多的研究者进入这个尚未被完全开发的领域开展研究。

3. 艺术创业群体引人关注

我国文化创意产业的兴起，与一个特殊的艺术创业群体息息相关。大家熟知的“798”原是一个弃用的军工工厂。1995 年中央美术学院雕塑系教授隋建国租用了“798”的闲置车间进行创作。独具特色的厂房非常适合艺术创作、加工，而且租金低廉，又在中央美术学院附近，很快就吸引了一大批的艺术家来此创建自己的艺术工作室。随着一批优秀的画家进驻，画廊、艺术书店、杂志社、文化传播中心、餐饮企业等也随之丰富起来，逐渐形成了当时国内从未出现过的、具有高端艺术特色的产业链。一个个自发集聚的中国艺术家群体引起了世界的关注，政府、民众、学者、媒体都对其给予了高度的关注，因这些艺术家集聚兴起的产业也得到了迅猛的发展，文化创意产业的概念开始进入政府和研究机构的视野，而这些思想前卫、追求自由的艺术工作者们在寻求创作空间和履行文化使命的同时，用他们独特的方式和强烈的社会责任感，推动了中国经济在文化领域的发展，因此引发的社会关注和讨论也一度成为大众和媒体热议的话题，成为政府和专家学术研究的专题。

（三）艺术院校优化发展的需要

1. 创业教育的视角之争

20 世纪 80 年代末，随着国有企业改革的深入，为解决下岗职工再就业问题，劳动与社会保障部引进了国外的创业培训，对下岗工人进行项目化培训，这是我国最早的创业教育，针对的人群是下岗再就业人员。而高校的创业教育在我国最初由共青团系统开展，始于清华大学的大学生创业计划大赛，随后“挑战杯”全国大学生创业大赛在全国范围内开展起来，它以项目为单位，以比赛为平台，注重大学生创新意识的培养和科技创新项目的开发，在高校创业教育的尝试中走出了可喜的一步。但是创业并非创业大赛的目标，大学生在每年的创业大赛中有很多的项目获奖，但真正能够作为创业项目的微乎其微，比赛成为大学生的科技、创意、设计大赛而非真正意义上的创业大赛。随着大学生就业形势越来越严峻，创业的社会需求和个人需求越来越强烈，国家需要通过创业来解决大学生的就业难问题，无法正常就业的大学生更加希望通过创业解决“毕业就失业”的窘状和困境。在需求的刺激下，高校的创业教育蓬勃开展起来，各种国外的创业课程被引进高校，部分高校也开始将创业课程列入选修课，或者以讲座的形式开展创业教育。从我国创业教育发展状况来看，现有的研究存在着不同的观点，从不同的视角研究创业教育，其结果各不相同。从高校的视角来看，创业教育多按照传统的教育模式和方法来开展，高校将创业教育作为课程列入教学计划，或者以传统讲座和比赛的形式开展，任课教师也多为思想理论课教师，这种模式的创业教育长期以来饱受诟病。从大学生视角进行的研究，突出对创业者创业过程中的现实需求，将创业初期所需的融资、注册等内容纳入创业教育中，突出对创业者创业精神的培养，更加注重实践性和实用性，注重了企业的创立却忽视了创业企业的可持续发展。从企业的视角进行的研究，多从企业管理的角度对创业者需要具备的素质进行研究，注重企业的成长和未来发展，注重企业文化、企业制度的建设，但是对大学生的特点缺乏足够的关注。

2. 艺术院校自身发展的需要

长期以来，艺术院校的就业状况因其专业的稀缺性处于较好的状态，毕业生大多在发达城市就业。随着文化体制的改革，原本接纳就业的国有经营性文化事业单位改制成自负盈亏的文化企业，改制后的艺术团体失去了大城市的户籍优势，而自谋生路的运营机制也没有了过去“铁饭碗”的吸引力，这使得一直以追求稳定的就业环境为主的艺术院校毕业生，在就业和创业之间开始了思考和选择。在就业的稳定和户籍优势失去以后，创业的优势开始显现出来，崇尚自由和个性的艺术人才在创业过程中可以发挥自己专业的优势，选择不被约束的生活，更彻底地追求自己的艺术梦想。但是随之而来的问题也不断出现，艺术院校学生从小就进行着辛苦封闭的专业训练，很少接触社会，在企业管理和社会交往方面缺乏专业的培训，很难保证在企业创办之后令其健康地成长，并实现不断的发展。创业的实际困难和需求对艺术院校提出了教育的要求，如何对学生进行创业技能的培训、创业精神的培育，如何建立支持创业的平台帮助院校毕业生适应创业环境等等，都是艺术院校开展创业教育亟待解决的问题。

3. 艺术生就业的有效补充

随着文化体制改革的深入，艺术院校毕业生的就业形势越来越严峻。国有经营性文化单位的改制使艺术生原本的“养尊处优”变成了自谋生路。艺术服务直接走向市场，其对人才的使用和需求也在发生着巨大的变化。长期在艺术殿堂里学习的艺术院校毕业生很难适应这种迎合大众需求的艺术追求变化，而改制后的文化团体因为失去了原有的体制优势，原本吸引毕业生就业的城市户籍也被限制甚至取消，这使得就业吸纳能力较强的文化团体对于毕业生的就业吸引力急剧下降。而其他行业对于艺术人才的需求也因专业的限制变得非常有限。严峻的就业形势要求毕业生在择业的时候要突破传统就业模式的制约，转向依靠专业技能进行创业的大胆尝试。艺术院校毕业生的专业教育背景决定了其在市场中的稀缺性，具有创业的核心竞争力，且创业成本较低，非常适合自主创业。在就业形势极其严峻的情况下，具备创业优势和天然条件的艺术院校毕业生选择创业，不仅解决了就业问题，还能为我国文化事业和文化产业的发展注入活力。

三、题解及核心概念

（一）题解

大学生就业难问题已经持续多年，并且在短时间内并不能得到实质性的改变。2023 年，1158 万大学毕业生数量创下历年毕业生总数的历史新高。面对如此严峻的就业形势，国家鼓励大学生创业，并为创业提供了更多的政策支持。艺术院校是我国高等教育中为数不多的保留精英教育模式的高校，在世界同类院校中具有极高的影响力，其毕业生具有很高的艺术专业水准。由于其所接受的是精英教育且付出了相对较高的教育成本，因而艺术院校毕业生对自己的就业前景有着极高的期许。但是，由于高端艺术在我国还缺乏广泛的受众群体，我国的文化市场尚处于培育阶段，因此只有在经济文化水平相对发达的城市，才具备形成高端艺术市场的可能，所以艺术院校毕业生大多不愿意离开这些发达城市，而在文化市场尚不完善的时期，这些城市能够提供艺术专业实践和研究的岗位也并不是很多，无法满足毕业生的就业需求。受新冠疫情影响，艺术生就业难的问题更加凸显。于是，城市中出现了大批“飘着”的族群，一些艺术院校的毕业生依靠专业的优势，开始了自我创业或替人打工的生活。这种从就业转向创业的变化推动着艺术院校师生转变观念，从就业思维转为创业思维。

企业成长是企业管理学的一个重要理论，成长问题关系着企业的生存和发展，是企业最关注的问题。在网络化和国际化的时代，创业变得轻而易举，但是创业企业如何顺利度过初始阶段进入快速成长期，是创业企业面临的最大风险。很多新创企业因为无法成长，在很短的时间内就以惨败告终。为了使艺术创业者在创业前期筹备和后期运行中尽快地适应市场、筹集资金、开发项目、抓住商机、健康成长，艺术院校就要具备把一个普通学生培养成为一位卓越艺术创业者的能力。

21 世纪初，我国高校开始了创业教育的研究和实践，形成了一系列的理论和实践成果。但是，由于长期以来艺术院校坚持精英式的教学体系，对学生的教育依旧保留了以就业为导向的模式，这就导致了创业教育不被重视，直至今日尚处于起步阶段，相关研究成果也很少。同时，艺术专业和艺术生的特殊性决定了艺术院校的创业教育有别于其他高校，具有较高的理论和实践价值。

党的十七大以来，国家非常重视文化产业的发展，尤其是党的二十大以后，对于文化创意产业和小微企业的发展，政府给予了高度的重视和大力的扶持。同时，国家对大学生创业也给予了资金、政策和财税等方面的支持。目前，我国艺术市场的管理还不够完善，艺术企业的生存还存在各种困难，创业企业的可持续发展和健康成长成为了艺术院校创业学生最急需解决的问题。

从关注企业未来成长的角度对学生进行开放式创业教育，将创业精神和创业能力的培养融入专业教学中，以作品为导向进行自我学习，从作品构思前的客户需求调研、作品创作组织的构建、创作资金的筹措及作品的商业运作等多方面，让学生主动地融入创业实践中去，既不影响艺术创作，又了解了艺术创业的过程。构建企业、学校、政府、创业园“四位一体”的创业教育模式，搭建创业教育虚拟和实体两个平台，改变传统课程教学模式，提供创业所需的最新资讯、财税政策、创业知识、成长经验。同时，企业孵化器和政府孵化器结合，建立众筹和众包平台，为具有优秀创意的学生寻求创业的资金，为创业的学生寻求优秀的人力资源，让学生从“我想要”的角度自由选择教育内容。并且在成功创业后继续使用和反哺平台，形成学校与创业企业、在校学生与创业者之间良好的互动。

（二）核心概念界定

理论的发展是建立在概念的基础上的，明确核心概念是深入研究的重要基础，它的准确性直接影响着研究的科学性。本研究确定核心概念的主要目的有三点，一是明确本研究可能涉及的主题；二是准确把握研究主题的方向，核心概念是收集文献资料和寻找理论基础的重要依据，它直接影响文献资料的内容，也影响着研究结果的有效性和准确性；三是核心概念是研究内容的重要依据和前提。“基于企业成长的艺术院校创业教育研究”是一个多维主题，包括了企业成长、艺术院校和创业教育三个关键主题。“企业成长”是研究的视角和出发点，企业成长的价值理念是本研究得以实施的重要价值导向，是本研究的核心概念之一。“艺术院校”是对研究对象范围的界定，对研究对象的自然属性和社会属性的把握直接影响着研究结果的呈现和价值，因此对艺术院校的概念界定决定了研究的范围，是核心概念之一。“创业教育”是研究的核心，也是研究的最终落脚点。

1. 创业与创业教育

“创业”的英文为Entrepreneurship，它由“创”和“业”组成，所谓“创”就是创造，有创建、创立、创新之意，《辞海》的解释是“创立基业”。在《现代汉语成语辞典》中，“业”是指业务、工作、专业、家业、企业等。“创业”主要是指以所学知识为基础，以技术、工艺、产品、服务的创新成果为支柱，以风险投资基金为依托，开创性地提供有广阔前景的新技术、新工艺、新产品、新服务，直至孵化出新的高新技术企业（甚至是新产业部门）的一系列活动。一般对“创业”强调三层含义，一是强调创业开端的艰辛和困难；二是突出创业过程的开拓和创新意义；三是侧重于在前人的基础上有新的成就和贡献。国内外理论研究对“创业”有很多表述，斯蒂文森认为，创业是一个人——不管是独立的还是在一个组织内部——追踪和捕获机会的过程，这一过程与当时控制的资源无关。① 熊彼得认为：“执行一些新的组合可被称为创业，新的组合包括开发新的产品、采用新的生产方法、开辟新的市场、寻求新

① 王树生．创业教育研究 [D]. 东北师范大学博士论文，2003.

的供给来源、实现新的组织形式。创业者的任务就是创造性地破坏。”[①] 也有学者认为，创业是创业者利用现有的社会资源和生产要素进行创新活动并创造社会价值的过程，创业最显著的特征就是向社会提供新产品或服务。郁义鸿认为，创业是一个发现和捕获机会并由此创造出新颖的产品、服务或实现其潜在价值的过程。[②] 一些学者认为，它是人们为了追求自身喜好的生活方式，满足自身成长需要，寻求和捕捉商机，创造和实现价值的意愿和行为。世界经济论坛将创业定义为一个促进创造、革新和发展的过程，它不仅仅是指新企业的创办、充满革新精神的冒险，或是新工作岗位的创设，它是将想法付诸行动的能力，是首要核心能力，这种能力使年轻人无论做什么都更有创造力和自信心。[③] 创业的主体是创业者，从字面上理解就是“创业的人”。创业者的创业精神和创业能力决定了企业的发展，它需要组织的培育。研究创业就必须研究创业者，法国经济学家对创业者的定义为：将经济资源从生产率较低的区域转移到生产率较高区域的人，创业者是经济活动过程中的代理人。[④] 德鲁克认为，创业者就是赋予资源以生产财富的能力的人，创业者就是创新者。我国学者张世平认为创业者是一种主导劳动方式的领导人，是一种无中生有的创业现象，是一种需要具有使命、荣誉、责任能力的人，是一种组织、运用服务、技术、器物作业的人，是一种具有思考、推理、判断力的人，是一种能使人追随并在追随的过程中获得利益的人，是一种具有完全权利能力和行为能力的人。[⑤]

李志能等认为：“创业是一个发现和捕捉机会并由此创造出新颖的产品或服务和实现其潜在价值的过程。”刘常勇认为，创业是一种无中生有的历程，是创业者依自己的想法及努力工作来开创一个新企业，包括新公司的创立、组织中新单位的成立，以及提供新产品或者新服务，以实现创业者的理想。[⑥] 宋克勤认为，创业是创业者通过发现和识别商业机会，组织各种资源，提供产品

---

① 约瑟夫·熊彼得 . 经济发展理论 [M]. 北京：商务印书馆，2000：73-87.

② 郁义鸿 . 创业学 [M]. 上海：复旦大学出版社，2000.

③ World Economic Forum, 2009.

④ 傅兆麟 . 普通高校大学生创业与成功教育教程 [M]. 北京：中国科学技术出版社，2009：50.

⑤ 刘德朋 . 高职院校艺术专业大学生的创业方案分析——以《美丽今生婚庆公司》为例 [J]. 文教资料，2009.

⑥ 江义永 . 独立学院创业教育研究 [D]. 扬州大学硕士论文，2010.

和服务，以创造价值的过程。创业包括创业者、商业机会和资源等要素。[①]雷家辅等认为，创业的目的就是为了实现商业利润，创业是“发现、创造和利用商业机会，组合生产要素，创立自己的事业，以获得商业成功的过程或活动”。刘建钧认为，创业是“一种创建企业的过程，或者说是创建企业的活动”，创业需要一个创业的实体，这个实体通常就是企业。他强调创新与创业的区别，指出创业活动必然涉及创新，但创新并不必然是创业活动。罗天虎主编的《创业学教程》将创业定义为“社会上的个人或群体为了改变现状、造福后人，依靠自己的力量创造财富的艰苦奋斗过程”[②]。创业就是一个创造和积累财富的过程，创业活动具有开拓性、自主性和功利性等基本特征。

由美国巴布森商学院和英国伦敦商学院联合发起，加拿大、法国、德国、意大利、日本、丹麦、芬兰、以色列等10个国家的研究者应邀参加的“全球创业监测”项目，把创业定义为“依靠个人、团队或一个现有企业来建立一个新企业的过程，如自我创业、一个新业务组织的成立或一个现有企业的扩张”。杰弗里·A. 蒂蒙斯（Jethy A. Timmons）认为：“创业是一种思考、推理和行为方式，这种行为方式是机会驱动、注重方法与领导平衡。创业导致价值的产生、增加、实现和更新，不只是为所有者，也是为所有的参与者和利益相关者。”[③]霍华德·H. 斯蒂文森（Howard H. Stevenson）认为“创业是一个人——不管是独立的还是在一个组织内部——追踪和捕获机会的过程，这一过程与其当时控制的资源无关”[④]，并进一步指出有三个方面对于创业是特别重要的，即察觉机会、追逐机会的愿望及获得成功的信心和可能性。这些定义都描述了创业的一个或几个侧面，如Kirzner（1973）、Leibenstein（1978）等强调了识别机会的能力，正确地预测下一个不完全市场和不均衡现象在何处发生的套利行为与能力。Conner（1991）从识别机会的能力和创业家个性和心理特质定义创业。Bygrave（1991）从识别机会的能力、个性和心理特质及创业机会三方面

① 江义永．独立学院创业教育研究[D]. 扬州大学硕士论文，2010.

② 罗天虎．创业学教程[M]. 西安：西北工业大学出版社，2004.

③ 王树生．创业教育研究[D]. 东北师范大学博士论文，2003.

④ 同上注。

来定义创业，[①] 西方有影响和有代表性的创业定义主要立足于四个方面，即创业家个性与心理特质、识别机会的能力、获取机会、创建新组织与开展新业务的活动，其中的两个方面涉及创业机会。而 Vesper（1983）、Gartner（1985）和 MacMillan（1988）强调的则是创建新组织与开展新业务的活动。杰夫里·提蒙斯（Jeffry A. Timmons）所著的创业教育领域的经典教科书《创业创造》（*New Venture Creation*）认为，创业是一种思考、推理结合运气的行为方式，它为运气带来的机会所驱动，需要在方法上全盘考虑并拥有和谐的领导能力。Cole（1965）提出，创业是发起、维持和发展以利润为导向的企业的有目的性的行为等等。这些观点对创业的定义大致可以归纳为三种不同的类型，即价值说、功利说和实体说，三者的差异表现在对创业实质的理解上，即分别认为创业是“创造价值”“创造财富或利润”和“创建企业”。

总结中外学者的研究成果，从本研究的视角出发，笔者认为创业是创业者对自己拥有的资源或通过努力能够拥有的资源进行优化整合，从而创造出更高经济或社会价值的过程。它是一种创业者运营、组织、运用服务、技术、器物作业的思考、推理和判断的行为。它致力于创造新事物（如新产品、新市场、新生产过程或原材料，组织现有技术的新方法），并运用特定的方法去利用和开发它们，然后产生经济和社会效益。

创业教育的英文为“Enterprise education”，它来源于 1989 年召开的“面向 21 世纪教育国际研讨会”提出的“事业心和开拓技能教育”，后被译为“创业教育”。创业教育从广义上被联合国教科文组织定义为“培养具有开创性的个人”，“它对于拿薪水的人同样重要，因为用人机构或个人除了要求受雇者在事业上有所成就外，正在越来越重视受雇者的首创、冒险精神，创业和独立工作能力以及技术、社交、管理技能”，它具有与学术教育、职业教育同样重要的地位。美国著名的考夫曼基金会对创业教育的定义是，向被教育者传授一种概念和技能，以识别那些被别人忽视了的机会；以及当别人犹豫不决时，他们能够有足够的洞察力与自信心付诸行动。[②] 本研究中的创业教育是指培养人的

① 朱仁宏 . 创业研究前沿理论探讨——定义、概念框架与研究边界 [J]. 管理科学，2004.

② 中华人民共和国教育部高等教育司 . 创业教育在中国：试点与实践 [M]. 北京：高等教育出版社，2006.

创业意识、创业思维、创业技能等各种创业综合素质，并最终使被教育者具有一定的创业能力和创业精神的教育。

2. 企业与企业成长

企业的英文表述有三种：Enterprise、Firm 和 Business；第一个为广义的企业，后两个为狭义的企业，特指从事生产、流通与服务等经济活动的营利性组织，通常被称为“公司”或者“商号”等。企业通过各种生产经营活动创造物质财富与精神财富，提供满足社会公众物质和文化生活需要的产品服务，在市场经济中占有非常重要的地位。

在汉语的解释中，人们通常将企业分开为“企”和“业”来理解，“企”表示企图，“业”表示事业，“企业”顾名思义是企图事业，表示企图冒险从事某项获取利润的事业，指应用资本赚取利润的经济组织实体。企业概念反映了两层意思，一是经营性，即根据投入产出进行经济核算，获得超出投入的资金和财务的盈余，企业的经营目的一般是追求盈利；二是反映企业是具有一定经营性质的实体。在我国，长期以来将企业看作为从事产品生产、流通或服务性活动等实行独立核算的经济单位。从法律的角度看，凡是经合法登记注册、拥有固定地址而经营相对稳定的组织，都属于企业。对企业概念的基本理解有三个层面，一是指在社会化大生产条件下存在的商品生产与商品交换的产物；二是指从事生产、流通与服务等基本经济活动的经济组织；三就企业的本质而言，它是追求盈利的营利性组织。

企业成长的英文为“Firm growth”，伊迪斯·彭罗斯是现代企业成长理论的创始人，她 1959 年出版的《企业成长理论》成为企业成长理论的开山之作。杨杜（1995）在《企业成长论》中认为，成长和规模应该没有必然的联系，并明确地把企业成长定义为量的增长和质的提高。[①] 陈佳贵、黄速建（1997）等在《企业经济学》中，提出企业成长是量变和质变的动态过程。[②] 尹义省（1999）认为现代企业成长是以结构发展变化为核心的质量互动过程，企业成长具有规模成长的基础性、结构关联适应性、多重边界性和组织成长的生命周

① 杨杜 . 企业成长论 [M]. 北京：中国人民大学出版社，1995.

② 陈佳贵，黄速建，等 . 企业经济学 [M]. 北京：经济科学出版社，1997.

期性等重要特征。[①] 企业成长的研究成果多从古典经济学和企业管理学入手，通过对国内外文献的梳理得出，企业成长是指企业内在素质提升、外部价值网络优化，企业结构和功能不断完善，凭借有效的商业模式、企业战略及策略等赢得市场竞争优势，进而实现企业业绩增长的过程，是企业内部系统功能从不成熟走向成熟的过程。企业成长具有阶段性，通常分为初创期、学习调整期、快速发展期、相对稳定期、成长扩张期。同时，企业成长具有开放性、自组织性、自控性、适应性和灵敏性的特点。

3. 艺术与艺术院校

艺术的英文为“Art”，在《辞海》中的释义为，通过形象塑造来反映社会生活，以表现作者思想感情的一种社会意识形态，通常分为：表演艺术（音乐、舞蹈），造型艺术（绘画、雕塑、建筑等），语言艺术（文学）和综合艺术（戏剧、电影、曲艺等）等。它具有三个特征，一是感性与理性的统一，艺术作品作为人的精神产品，依存于一定的物质载体，能为人的感官直接感知，给人以闻其声、见其人、临其境的审美感受，丰富人们的生活。艺术形象贯穿于艺术活动的全过程，是创作主体对于客体对象瞬间领悟式的审美创造。艺术创造也不能离开理性，艺术家从事创作活动时的选材与构思都要把握时代脉搏，顺应时代潮流，适应市场需求。二是情感与逻辑的统一，艺术是一种情感表现的形式，人们通过对美的感受，达到思想的共鸣，形成逻辑性的思考，从而达到对艺术的更深层次的理解和感悟。《列子·汤问》就有对韩娥歌喉“余音绕梁，三日不绝”的描述，足见艺术作品震撼灵魂、洗涤心灵的作用。三是审美活动与意识形态的统一，作为产品的艺术作品所具有的美学品质和审美价值不同于其他产品，它带给人一种精神上的愉悦享受，比生活中实际存在的事物的形象更具有形而上的审美特性，使人们通过艺术达到对世界的认识。而艺术产品中的意识形态特征往往隐藏在审美特性之中，它是一种满足人们高层次需求的生活产品，是审美活动与意识形态的统一。

艺术院校是指开设综合艺术专业及设有艺术专业科系的院校，具有学校、学院性质的教育教学机构。教育部对于艺术院校分为具有学历教育资格的艺术

① 尹义省．适度多角化　企业成长与业务重组 [M]. 北京：生活·读书·新知三联书店，1999.

院校和非学历教育的艺术院校。教育部批准的本科艺术类院校分为独立设置的本科艺术院校和参照独立设置的本科艺术院校招生的院校，名单如下。

独立设置的本科艺术院校（31所）：中央戏剧学院、中央美术学院、中央音乐学院、中国音乐学院、北京电影学院、北京舞蹈学院、中国戏曲学院、天津音乐学院、天津美术学院、鲁迅美术学院、沈阳音乐学院、吉林艺术学院、上海音乐学院、上海戏剧学院、南京艺术学院、中国美术学院、景德镇陶瓷学院、山东艺术学院、山东工艺美术学院、湖北美术学院、武汉音乐学院、广州美术学院、星海音乐学院、广西艺术学院、四川美术学院、四川音乐学院、云南艺术学院、西安美术学院、西安音乐学院、新疆艺术学院、解放军艺术学院。

参照独立设置的本科艺术院校招生的院校名单（13所）：清华大学、中国传媒大学、中央民族大学、东华大学、江南大学、北京服装学院、北京印刷学院（仅限艺术设计本科专业）、天津工业大学、复旦大学上海视觉艺术学院、苏州大学（仅限艺术设计本科专业）、浙江传媒学院（仅限播音与主持艺术、广播电视编导、摄影、录音艺术等4个本科专业）、浙江理工大学（仅限艺术设计本科专业）及内蒙古大学（仅限音乐表演、表演、音乐学等3个本科专业）。

本书所研究的艺术院校为教育部批准的31+13所本科艺术类院校。

四、研究的意义与价值

（一）研究的意义

1. 理论意义

对艺术院校毕业生创业情况的调研，属于艺术院校就业教育的范畴，具有典型的教育研究特点，本研究的调查研究通过不同角度的现实论证，有针对性地完善学术界关于创业教育的现有理论成果，补充艺术院校创业教育体系中的缺失和薄弱环节。以现实的创业境况为依据，通过研究创业教育的模式、内容等，全方位地完善对艺术院校毕业生的创业教育和创业指导。通过对艺术院校毕业生创业状况的调查，将可行的建议和对策上升到理论层面、政策层面，指导艺术院校开展有针对性的创业教育。同时对艺术创业企业的成长状况和存在的问题进行研究，争取各级政府加大对艺术创业企业的支持和帮扶。乔斯穆（Chusimi，1988）、克拉克（clarketal，1984）等指出，创业教育与创业成就之间存在正面积极的关联；麦克穆伦（McMullen，1990）进一步指出，创业教育还与经济发展存在正面积极的关联，正是创业者通过创建企业才得以推动社会经济的发展。所以对于艺术院校创业教育的研究将填补此领域的空白。

2. 实践意义

国际上对大学生创业的重视始于1983年美国德州大学奥斯汀分校举办的首届商业设计大赛。在我国，大学生创业始于1998年前后，经过不断的试点和研究逐渐形成具有中国特色的创业教育。2010年，教育部专门成立了“教育部高等学校创业教育指导委员会”，以此推进创业、创业教育、创业基地建设等工作的统筹开展。美国小型企业管理局的何德（Headd，2003）研究发现，美国小型企业两年生存率为66%，四年生存率为50%，六年生存率仅仅有40%”。[①] 施米茨（Schmitz，1989）指出，创业教育助推人们发展创业技能，将创业追求作为自己的职业选择，有良好创业才干的人往往追求创建企业并且获得比受雇于人高得多的经济回报。[②] 美国考夫曼基金会主席施拉姆（Schramm）认为，如果经常向企业管理者提供有关管理及金融的具体细节方面的培训，新企业失败比率一定会大大下降。也正因为如此，考夫曼基金会要求大学扩大创业教育计划规模，他们认为，尽管企业失败的原因复杂，但是人们普遍认为教育准备的缺失是一个薄弱环节。

本研究从企业成长的现实需要出发，从创业教育、创业指导的角度，开展针对艺术院校创业现状的调查，特别是对艺术院校毕业生创业情况的调查研

---

① Headd B. Redefining Business Sueeess: Distinguishing between closure and failure[J]. Small Business Economics，2003(21): 51–61.

② Schmitz Jr. J. Imitation，Entrepreneurship，and Long–Run Growth[J]. The journal of Political Economy，1989，97(3): 721–739.

究，了解艺术院校毕业生创业的现实境况和困难。通过对中国传媒大学、中央美术学院、中央音乐学院、北京舞蹈学院、中国音乐学院、北京服装学院、北京电影学院、中国戏曲学院等 8 所艺术院校创业学生进行访谈和问卷调查，了解艺术创业企业成长过程中的困惑，对这个特殊的创业群体进行研究，在明确艺术院校毕业生创业情况的基础上，发现其中的一些困难和制约因素，并有针对性地提出切实可行的对策和建议，完善创业教育体系，增强艺术院校大学生的创业能力，形成正确的创业意识，推动艺术院校创业教育的实践发展，促进艺术创业企业的可持续发展。

（二）研究的价值

1. 学术价值

随着知识经济的发展，知识、信息、智力、文化等因素在经济发展中扮演着越来越重要的角色。特别是近年来文化产业、创意产业的大发展、大繁荣，更彰显了文化、艺术因素对经济发展的推动作用。在文化产业中，艺术创业企业的发展令人瞩目，这些企业的成长影响着文化产业的发展，促进着经济创新，丰富着人民的生活，弘扬着社会的主旋律，传播着中华传统文化，为文化的大繁荣、大发展贡献着力量。

艺术院校虽然在高校扩招的大背景下依旧保持了精英教育的模式，但是办学规模也有不同程度的扩大，其毕业生也同样面临着就业难的压力。因专业教育存在高精尖的特点，艺术院校毕业生在艺术方面的能力和素质较高，而且创业的投入少、风险小、形式灵活，很多学生在学习期间就已经开始了创业的实践，因此艺术院校毕业生创业的基础条件较好。本研究关于艺术院校毕业生创业情况的调查，从创业教育、创业意愿、创业能力三方面，以调查问卷的形式展开，在明确当前艺术院校毕业生真实创业情况的基础上，发现其中存在的困难和制约因素，有针对性地提出切实可行的对策和建议。

关于艺术院校创业教育和创业企业方面，尽管有学者尝试着进行多方面的研究，但是这一领域的学术成果还比较少，特别是学术价值较高的成果并不多见，本研究在理论层面完善了艺术院校创业教育方面的研究。此外，本研究所选取的研究群体具有一定的代表性，最终的理论成果是在全面、系统梳理学界已有成果的基础上，以最真实的现实状况资料，进行大量实证研究，在很大程度上保证了研究的可持续性，具有一定的学术价值。

2. 实际应用价值

随着每年高校毕业人数的增加，高校毕业生总数纪录逐年被刷新，本研究从创业意愿、创业认知、创业教育等方面，收集艺术院校毕业生的真实数据。一方面能够了解艺术院校毕业生在就业、创业方面的现实状况，摸清当前的就业、创业市场的发展形势，进而有针对性地提出相应问题的解决对策，更好地完善艺术院校创业教育的先行体制机制，弥补创业教育中存在的不足。另一方面，了解艺术院校毕业生创业的现状，了解艺术创业企业生存的困境和成长的瓶颈，为毕业生的创业制定相应的帮扶政策，以创业带动就业，缓解就业压力。同时，鼓励更多有创业意愿和计划的毕业生，积极参与创业，将自己的艺术特长在现实经济中进行更好的发挥，创造更多经济和社会价值，更好地将创业者的个人艺术追求和国家的文化发展结合起来。

艺术院校毕业生是一个特殊的群体，他们在我国现行教育体制下是投入成本最高的群体，也是为数不多的坚持精英教育的群体。因为专业的特殊性和稀缺性，加之文化产业市场的巨大需求，使这个群体创业的可能性高于其他专业，创业的成功率也更高。对于艺术院校毕业生创业情况的调查研究，属于艺术院校就业教育的范畴，具有典型的教育研究特点，本研究通过不同角度的现实论证，有针对性地完善了艺术院校创业教育的现有理论成果，补充了艺术院校创业教育体系中的薄弱环节。以现实的创业境况为依据，从企业成长的需求出发，通过制定相应的指导规划，全方位地完善对艺术院校毕业生的创业教育。通过对艺术院校毕业生创业状况的调查，可以将可行的建议和对策上升到理论层面、政策层面，争取各级政府的支持和帮扶，也为艺术院校开展创业教育提供适宜的指导意见。在现实层面促进艺术院校毕业生创业的发展，具有一定的社会应用价值。

五、研究目的

（一）学术目的

1. 从企业成长需求的角度分析成功的创业者应具备的创业精神、创业能力、创新能力。明确创业教育在启发创业者的创业意愿、培养创业技能、传授创业知识、养成职业道德等方面的作用。从企业成长的技术追求、利益追求、精神追求等价值追求的角度研究其对创业教育目标的影响，构建基于企业成长的艺术院校创业教育的理论模型。

2. 阐述艺术院校创业教育发展历程、艺术院校创业教育主要模式、艺术院校创业教育特点，深入分析艺术院校创业教育现状，总结影响艺术院校学生创业的个性特点、专业特点以及现有的创业教育特点。

3. 分析我国小微创业企业发展的困境，研究其成长过程中的“烦恼”。通过实证研究，提出艺术创业企业成长的阶段和要素。阐述艺术创业的市场多元化、客户全球化、资本多样化、劳动力网络化的特征，对我国政府针对小微艺术创业企业的政策和服务模式进行研究，提出艺术创业产业发展的机遇。对艺术创业个体和群体进行实证研究，总结创业者成长的路径、制约企业成长的因素。通过案例分析，研究艺术创业者的特点，提出在企业成长推动下的创业者成长的理论构架。

4. 借鉴美国、英国、日本等国家的艺术创业教育经验，结合我国艺术创业企业成长的特色，总结出适合我国艺术院校的创业教育模式。并通过对中国传媒大学创业孵化园和北京服装学院创意产业园区等国内大学创业园区的案例分析，总结提炼我国艺术院校在国家的扶持下开展企业孵化和培育的创业教育经验。

5. 改变固有的思维模式，从学生需求、市场需求出发，将创业教育融合在专业教育中，以学生发展为本、以市场需求为导向、以专业成长为根、以作品创作为体开展创业教育，避免创业教育与专业教育“两张皮”的问题；更新创业教育内容，培养符合企业成长需求的创业者；探索创业教育模式，建立以作品为导向，“创业教育＋创业辅导＋创业实践”的创业教育模式，形成企业、学校、政府、创业园“四位一体”的创业教育体系。探索建立以需求为导向的开放式创业服务平台，提供创业自助服务，为有创业意愿的学生提供自由选择的创业政策、创业资讯、艺术市场分析、创业工具、创业经验以及天使投资信息和创业导师信息。并以中国戏曲学院文化创业孵化器为案例，分析艺术院校主办的孵化器对于学生创业教育的影响及存在的不足。

（二）实践目的

在对艺术企业的成长环境、成长要素以及成长现状进行大量实证研究的基础上，对艺术院校的创业教育提出思考和需求，这对于艺术院校反思创业教育中存在的问题，研究创业教育更好地适应创业者需求起到了非常现实的推进作用。

1. 建立艺术院校间的创业教育交流平台

在研究中，笔者通过座谈会、经验交流会、访谈等形式开展研究，通过研究了解艺术院校创业教育的现状，分析其存在的问题和不足，加强艺术院校之间的交流。并通过 QQ、微信等信息载体建立交流平台，更好地推广经验，查找问题并共同探讨，在交流互动和学习中取长补短，推进创业教育在艺术院校的开展。

2. 搭建艺术院校与企业孵化器和创意产业园区的交流平台

通过对创业园区和企业孵化器的实证调查，研究企业、政府与高校合作的模式，建立起艺术院校与企业交流的平台，通过座谈会和实地考察等形式，使高校与企业和政府互利互惠、共享资源，为艺术人才的创业创造更多的机会和条件，使艺术院校的创业教育更好地面向市场和社会，使艺术创业企业更快地成长和发展。

3. 建立创业者与母校的交流平台

通过对创业者的田野调查，了解艺术生创业的特点和困难，反观艺术院校创业教育的不足，提出改进的措施，并建立起创业者与母校的网络交流平台，尝试性地开展创业后的教育培训，为创业者提供长期的服务，同时也使创业者能够有机会与在校生分享创业的经验和教训，并为高校在校生提供更多的就业机会、创业资讯和投资机会。

4. 建立创业者与在校生以及创业者之间的交流平台

通过座谈会、报告会、交流会等形式，使创业者与在校生之间进行交流，丰富创业教育的内容。创业者的案例教育对于准备创业的在校生来说，更具有实际的应用价值，也更加能够激发学生的创业意愿和学习精神。创业者之间的交流也能更好地帮助艺术创业企业共同成长，便于形成自发的创业企业联盟组织，推动艺术企业的规模化发展。

六、研究内容、方法及技术路线

（一）研究内容

创业教育在中国已经启动多年，尽管整体还不是很成熟，但是国外的成功经验和成熟的理论为我国开展创业教育提供了基本思路。自全球金融危机以来，我国经济保持了高速平稳的发展，引领了世界经济的发展，为处于低迷的世界经济作出了巨大的贡献。在这样的背景下，国家支持文化产业发展和中小企业发展的政策为艺术院校学生创业带来了广阔的前景和温润的土壤，艺术创业企业如雨后春笋般地发展壮大起来。而在就业形势严峻的现状下，大学生创业的需求不断扩大，对于学校的创业教育的要求也不断提高。

本研究在总结相关理论的基础上，从企业成长的角度，以艺术院校创业教育现状和创业企业成长现状为切入点，系统地探索当前艺术院校创业教育的特点和问题，以及艺术创业企业成长过程中的困难和机遇，总结出支撑创业企业可持续发展的创业者素质要求。从企业的角度提出创业教育的需求，并结合艺术院校学生的特点，构建科学的创业教育体系，提高艺术院校大学生的创业能力。

1. 拟研究的主要问题

一是阐述在当今文化大发展大繁荣背景下，从企业成长需求的角度出发，创业者应具备的创业精神、创业能力和创新能力。对创业教育在启发创业者的创业意愿、培养创业技能、传授创业知识、养成职业道德等方面的作用进行研究，阐述创业教育对创业者的导向性。从企业成长的技术追求、利益追求、精神追求三方面展开对创业教育的规定性的研究，阐述企业成长的价值追求对创业教育的规定性。

二是通过问卷调查和个别访谈等实证研究的方法，描述分析艺术院校创业教育的现状和创业企业成长的现状，研究艺术院校创业教育的发展历程、主要模式和特点，并提出存在的问题和不足。分析我国艺术创业企业发展的困境，研究其成长过程中的“烦恼”。通过对现状的分析，证实本研究的假设。

三是通过对国外艺术创业教育、艺术创业企业发展及国家扶持政策的研究，分析其致力于企业成长的创业教育经验。运用案例分析的方法对国内大学创业园区进行研究，总结提炼我国艺术院校在国家的扶持下开展企业孵化和培育的创业教育经验。在整体研究方面，丰富事实经验，以证实研究的理论假设。

四是从企业成长的角度对艺术院校创业教育进行研究，从创业者成长需求出发，提出改变创业教育思维、更新创业教育内容、探索创业教育模式、建立创业教育评价体系的建议和措施。以学生发展为本、以市场需求为向、以专业成长为根、以作品创作为体开展创业教育，形成企业、学校、政府、创业园“四位一体”的创业教育体系。

2. 具体章节研究内容

首先是绪论。主要阐述在文化大发展大繁荣背景下，基于企业成长视角的艺术院校创业教育问题的提出、研究价值，并对国内外研究现状、研究思路进行综述，说明本研究的主要内容和研究方法。

第一章为企业成长与创业教育研究成果。梳理总结了已有的研究成果，从企业成长、创业企业、创业教育、艺术院校创业教育等多个层面，对国内外的研究成果进行分析。

第二章国内外艺术院校创业教育经验研究。通过对美国、英国等国家的艺术创业教育、艺术创业企业发展及国家扶持政策的研究，总结出有助于我国艺术创业企业成长的创业教育方面的经验。并通过对中国传媒大学创业孵化园和北京服装学院创意产业园区等国内大学创业园区的案例分析，总结提炼我国艺术院校在国家的扶持下开展企业孵化和培育的创业教育经验。

第三章构建基于企业成长的艺术院校创业教育的理论框架。首先对企业成长、创业教育的内涵进行了系统的分析，对创业、创业者、艺术企业和艺术院校的概念进行了界定。应用管理学和经济学的理论，从企业成长需求的角度分析了成功的创业者应具备的创业精神、创业能力、创新能力。应用教育学、社会学、创业学等理论，就创业教育对创业者的导向性进行研究，提出创业教育在启发创业者的创业意愿、培养创业技能、传授创业知识、养成职业道德等方面的作用。应用马克思主义哲学和企业成长的理论，从企业成长的技术追求、利益追求、精神追求等价值追求的角度对创业教育目标进行规定性研究。

第四章开展基于企业成长的艺术院校创业教育实践分析。主要研究艺术院校创业教育的发展历程、艺术院校创业教育的主要模式、艺术院校创业教育的特点，深入分析艺术院校创业教育现状，研究艺术院校学生的个性特点、专业特点以及现有的创业教育特点。并通过对在京的 8 所艺术院校毕业生的问卷调查结果进行分析，提出目前艺术院校创业教育存在的问题和不足。

第五章对小微艺术企业成长要素需求进行研究。首先，分析我国小微艺术企业发展的困境，研究其成长过程中的“烦恼”。从我国小微艺术企业现状出发，对小微艺术企业生存发展的难题进行实证研究，总结艺术企业成长的要素。从经济全球化和信息时代的艺术创业的市场多元化、客户全球化、资本多样化、劳动力网络化的特征入手，通过对我国政府针对小微艺术创业企业的政策和服务模式进行研究，阐述艺术创业企业发展的机遇。

第六章开展基于企业成长的艺术院校创业教育对策研究。主要从企业成长的角度对艺术院校创业教育的思维进行研究，提出:（1）要改变固有的思维模式，从学生需求、市场需求出发，将创业教育融合在专业教育中，以学生发展为本、以市场需求为导向、以专业成长为根、以作品创作为体开展创业教育，避免创业教育与专业教育“两张皮”的问题;（2）要更新创业教育内容，培养符合企业成长需求的创业者;（3）要探索创业教育模式，建立以作品为导向，“创业教育 + 创业辅导 + 创业实践”的创业教育模式，形成企业、学校、政府、创业园“四位一体”的创业教育体系。探索建立以需求为导向的开放式创业服务平台，提供创业自助服务，为有创业意愿的学生提供可自由选择的创业政策、创业资讯、艺术市场分析、创业工具、创业经验以及天使投资信息及创业导师信息。并以中国戏曲学院文化创业孵化器为案例，分析艺术院校主办的孵化器对于学生创业教育的影响及存在的不足。

第七章结论与展望。对全书进行总结，提出本研究的结论、创新点以及今后进一步研究的方向。

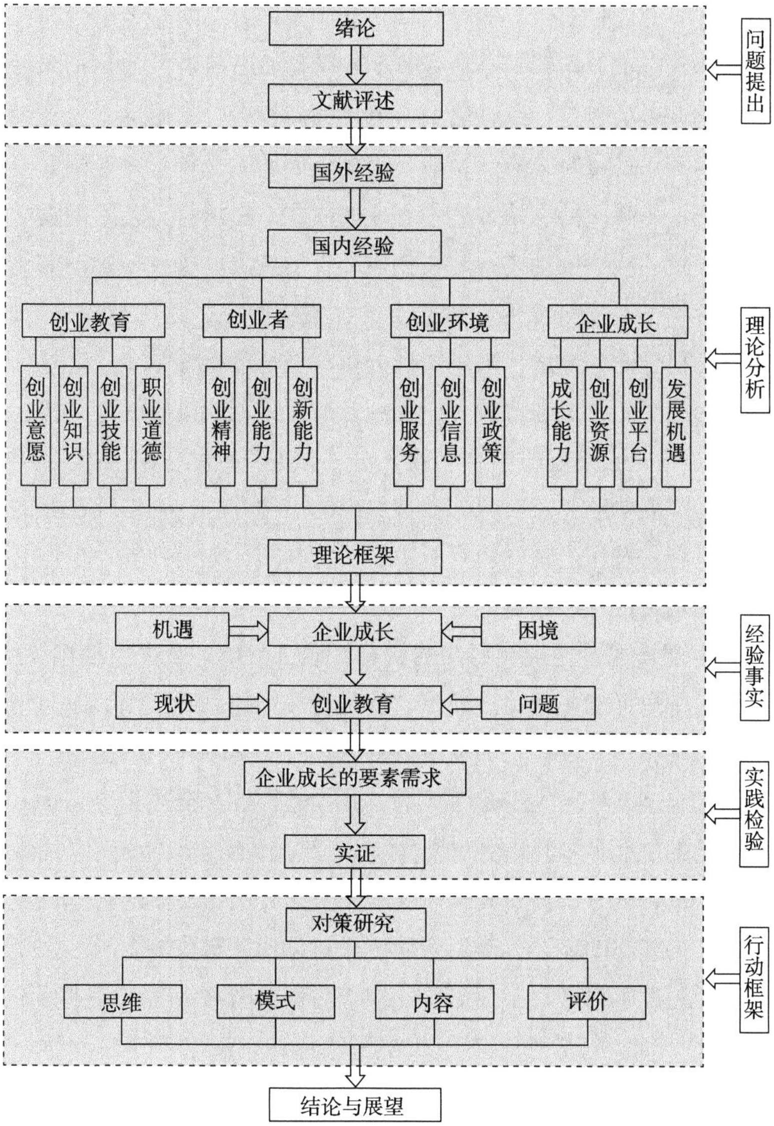

图1–1 研究的框架结构图

（二）研究方法

1. 研究遵循的基本方法论原理、事实与价值

研究方法是指人们在从事科学研究过程中揭示事物内在规律的手段和工具。本研究从企业成长的角度出发，用实证研究的方法分析创业企业成长的现

状，总结创业企业成长要素。通过访谈法和问卷调查法对创业者进行分析，对创业者创业能力、创业精神与企业成长的相关性进行研究，提出培养能够实现企业成长的创业者的教育、培训需求。通过问卷调查，了解艺术院校创业教育的现状和问题，并通过对政府、企业、高校创办的文化创意产业园区及孵化园进行实地调研，了解扶持、培育艺术创业的模式，提出符合艺术院校学生特点的创业教育模式，从而推动艺术院校创业教育的发展，进一步推动文化产业的发展。本研究属于在实证研究基础之上的探索式研究，运用管理学、教育学、社会学等多学科理论和方法，采用实证分析与规范分析相结合、定量分析和定性分析相结合、历史分析与比较分析相结合的研究范式进行深入分析。

规范分析与实证分析相结合。规范分析法是20世纪60年代后期，由美国管理心理学家皮尔尼克（S. Pilnick）提出的一种方法，它涉及已有的事物现象，对事物运行状态作出是非曲直的主观价值判断，力求回答“应该是什么”。规范分析重在逻辑推理、论述道理。与之相对应的是实证分析法，即研究的是“是什么”，客观描述事物现在存在的状态，通过对统计数据、模型等的分析，从“是什么”中尽可能正确地推断出“将是什么”的思维规则，以及与这些规则相应的逻辑结构。[①] 哈佛大学教授曼昆在《经济学原理》中指出，关于世界的表述有两种类型，一种类型是实证的，是描述性的，描述世界是什么；第二种类型是规范的，是命令性的，命令世界应该是什么。[②] 本研究采用规范分析和实证分析相结合的方法。首先采用实证分析的方法，通过对艺术创业者在企业成长过程中的状况的描述，提出企业成长对创业者素质的要求。采用规范分析的方法，通过逻辑推理，推导出企业成长对创业教育的需求并进行论述。运用实证分析的方法，结合对艺术院校学生的描述，提出艺术生的特性“是什么”，然后通过规范分析的方法推导出符合艺术生特性的创业教育的特点并进行充分论证，指出艺术院校创业教育“应该是什么”。在研究中，笔者充分地运用案例分析法，对文化创意产业园区、艺术企业孵化器等进行描述，用客观存在的事实现象回答从企业角度对创业者进行培育和孵化的模式、方法和途径。从而推演出着眼于创业企业可持续发展的创业教育的模式、内容和方法。在研究中，笔者一方面对艺术院校创业教育的现状、创业企业成长的状况以及

① 宋晓东．西方经济学 [M]. 北京：航空航天大学出版社，2014.

② 尼可拉斯·格里高利·曼昆．经济学原理 [M]. 北京：北京大学出版社，2012.

国内外创业教育的经验进行描述，运用实证分析的方法进行分析，对先进经验进行总结；另一方面，通过规范分析的方法，对创业教育、创业者、创业企业之间的逻辑关系进行分析推导，分析其内在的联系和价值取向，总结出致力于企业成长的艺术院校创业教育“应该是什么样子”。

定性分析与定量分析相结合。定量研究是通过统计调查法或实验法，建立研究假设，收集精确的数据资料，然后进行统计分析和检验的研究过程。定性研究是运用访谈、观察和文献法收集资料，并依据主观的理解和分析进行研究的过程。本研究采用了定性和定量两种分析方法，通过访谈、田野调查、文献资料研究等方法在对艺术院校创业教育现状进行定性分析后，提出研究假设，然后根据研究假设设计问卷，对在京的8所艺术院校毕业生进行问卷调查，了解其创业意愿、创业能力和接受创业教育的情况，通过统计数据对艺术院校创业教育开展定量分析，对研究假设一一进行验证，提出亟待解决的问题。并配合问卷调查选取创业条件成熟的样本，通过田野调查的方法跟踪了解其创业过程中遇到的问题，用定性分析的方法提出创业者在企业筹建过程中的创业教育需求。

2. 研究的具体方法

文献研究法。文献是前人研究的成果结晶，它是科学研究和技术研究结果的最终表现形式，是后来的人们进行进一步研究的基础和借鉴。通过查阅国内外创业企业成长的相关文献，艺术院校创业教育的论文、专著、译著、重要会议材料以及新闻报道等相关资料，找出研究所需的理论基础和实证基础。

调查研究法。调查研究是科学研究最基础的方法，指通过调查的手段，全面了解研究所需要的最真实、最具体的原始实证资料，具有很强的说服力。本研究通过对在京九所艺术院校毕业生进行问卷调查，了解北京艺术院校毕业生的创业意愿，艺术院校创业教育的方法、内容、课程、教材等，分析其现状并发现不足，针对现实问题，进行有的放矢的研究。同时采用访谈法、问卷调查法等，对艺术创业企业和创业者进行调查，充分了解从企业成长的角度，创业者所需具备的创业精神、创业能力等。

比较研究法。比较法是现代科学研究的通用方法，也是教育学研究问题的常用方法。比较法是按照一定的标准，对某一事物在不同的情况下的不同表现进行比较研究，以找出事物的本质和属性。从我国艺术院校的层面来看，创业教育开展的现状堪忧，创业教育的思维、模式、途径存在一定的局限性和单一性。而从政府和企业的层面来看，采用创业园区和创业企业孵化器的方法进行的创业培育和扶助具有较强的操作性和实效性，对于二者的比较研究有利于更清晰地总结出适合艺术院校学生的创业教育模式和途径。另外，文化创意产业缘起于英国，西方国家创业教育以美国、英国等西方发达国家较为成熟，亚洲以日本等国家最有特色。我国艺术院校创业教育起步较晚，因此借鉴发达国家的成熟经验非常有必要。在收集了大量的国外创业教育资料的基础上，从创业教育的理念、政策、内容、发展、模式等方面来比较我国与这些发达国家之间创业教育的差距，从中找到有利于建立艺术院校创业教育理论构架的经验，以更好地推动我国艺术院校创业教育的发展。

案例分析法。案例分析法又称个案研究法，是企业管理学中常用的研究方法，广泛地应用于企业优秀管理人才培养教育的实践中。它结合文献资料对单一对象进行分析，得出事物一般性、普遍性的规律。在本研究中，笔者采用了大量的案例分析法，分别对政府创办的具有创业培育、产业集聚作用的文化创意产业园区，企业或天使投资人创办的以创意为主体的企业孵化器，艺术院校在政府支持下创办的文化创意产业园区和孵化器，以及艺术院校自主创办的创业孵化器进行研究，了解以政府、企业、高校为主体的多种创业企业培育和孵化模式，为研究适合于艺术院校的创业教育培养模式奠定基础。

田野调查法、观察法。田野调查是社会学和人类学重要的研究方法之一，它是指一种深入到研究对象的生活环境中而进行的实地研究。通过观察和进行非结构性访谈的方式收集原始素材和资料，并通过对这些资料的定性分析来进行研究。[①] 它是一种古老的实证性研究方法，被广泛应用于人类学和社会学研究中。田野调查法的科学性、真实性受语言、文化、信息等多方面因素的影响，本研究将田野调查法作为辅助研究的工具，对创业学生个案进行研究。因为生活在同一环境中，学生与老师除了是师生关系外，还是生活中的朋友，老师对学生的生活和学习非常了解，并且沟通畅通，排除了现场进入的障碍。笔者对学生进行创业过程的跟踪田野调查，从创业策划到融资，从办理企业资质证明到店铺装修等进行真实记录，了解毕业生创业过程中存在的困难和问题，研究企业从创建到成长过程中对创业教育的需求。

① 风笑天．当代中国研究的历史与现状 [J]. 南京大学学报（哲学·人文科学·社会科学），2002（3），238.

3. 研究的基本途径

研究的基本途径是指研究的路径，即采取什么研究方法、如何达到研究目的，是解决问题所经由的路径或渠道。而合理的技术路线是保证顺利实现既定研究目标的手段。技术路线是指为达到研究目标而准备采取的技术手段、具体步骤及解决关键性问题的方法等在内的研究途径，它包括研究的具体程序和操作步骤。本研究采用文献研究法，梳理研究所需要的国内外已有的理论成果，最终完成理论模型的建构。研究采用问卷调查、访谈、田野调查等实证研究的方法对现有的艺术院校创业教育情况进行研究，提出其存在的问题。同样通过实证研究的方法对艺术创业企业的成长过程进行研究，分析企业成长中存在的困惑和问题。根据存在的问题，运用案例研究的方法对国内外同类型的艺术创业企业园区和孵化园进行研究，总结其经验。最后在理论基础上通过对经验事实的分析和研究，完成致力于企业成长的艺术院校创业教育的体系建构。

研究方法是进行科学研究的工具，研究方法的选择决定了研究结果的准确性和科学性，创业教育研究属于多学科交叉研究的领域，它涉及经济学、管理学、教育学、社会学等诸多学科的知识。鉴于其多学科研究的复杂性，在研究中，笔者坚持从问题出发，在充分地进行实证调查的基础上，用发展的眼光，从企业成长的角度，综合运用企业成长理论、组织理论、创业理论、人的需求理论等，在系统分析现状的基础上，就艺术院校的创业教育进行研究。

研究途径是研究的路线，它确定科学研究方向和研究的步骤。基于企业成长的艺术院校创业教育研究与已有的创业教育研究成果不同的是，前者从企业的角度切入，分析创业企业成立后保持健康成长和可持续发展的方法，创业者所需具备的素质，企业成长对创业者素质需求，艺术院校创业教育的内容等。在确定这条研究主线之后，针对创业企业成长的现状和问题开展实证研究，并反观艺术院校的创业教育缺失。同时对艺术院校的创业教育现状与教育对象特征进行实证研究，从正面提出艺术院校创业教育存在的问题。根据存在的问题提出理论假设，并通过借鉴国内外艺术创业教育和培训的先进经验，以及创业教育理论成果，运用案例分析、实证研究和文献研究的方法，构建艺术院校创业教育的理论模型。

4. 使用的工具

在本研究中，使用的工具主要是图书资料、网络资料，各种统计软件、人力资源测评工具、语音资料的收集工具、图像资料的收集工具等。一是通过文献资料分析“基于企业成长的艺术院校创业教育”的理论基础和研究现状，明确本研究的理论基础和当前国内外的相关实践情况，建构本研究的逻辑框架；二是通过运用访谈法和问卷调查法，获取有关艺术创业企业现状和成长需求的资料，了解其生存发展的整体概况和成长要素；三是运用问卷调查法了解艺术院校创业教育现状以及学生创业意愿的情况；四是运用观察和访谈的方法了解艺术创业企业培育和孵化的园区及孵化器的情况，为研究适合艺术院校的创业教育模式提供实践经验。

（三）研究技术路线图

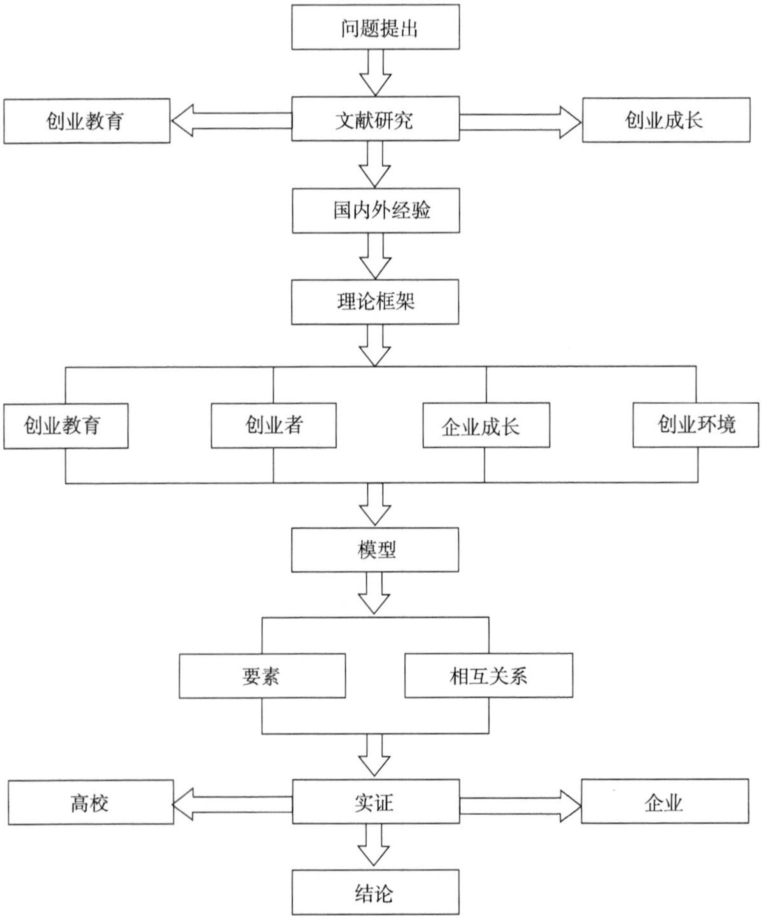

图1–2　研究技术路线图

第一章

企业成长与创业教育研究成果

一、关于企业成长的研究

（一）国外研究

关于企业成长理论的研究。国外企业成长的研究成果多从古典经济学角度和企业经营管理的角度进行。英国学者伊迪斯·彭罗斯认为“企业总可以从一种非均衡状态到达另外一种非均衡状态，而在这一过程中实现成长”。英国著名的经济学家亚当·斯密的《国民财富的性质和原因的研究》是古典经济学领域最重要的成果，他指出，劳动生产力上最大的增进，以及运用劳动时所表现的更大的熟练技巧和判断力，似乎都是分工的结果。① 约翰·穆勒指出，由于规模经济对资本的需要和企业规模经济所产生的作用，才出现了大企业替代小企业的企业成长趋势。② 英国著名经济学家艾尔佛雷德·马歇尔的《经济学原理》是古典经济学的经典之作，他从企业规模经济论、市场结构论和企业家等多方面对企业成长问题进行了研究。③ 法国经济学家吉布莱特（Gibrat，1931）对企业规模的成长与产业结构之间的关系问题进行了研究，他认为，企业成长是一个随机的过程，影响因素过于复杂，企业规模对其成长率的影响并不显著。④ 伊迪斯·彭罗斯是现代企业成长理论的创始人，1959 年，她出版了《企业成长理论》，她认为，企业成长理论是一种纯内因成长论，强调管理对于企业成长的作用。⑤

关于企业成长要素的研究。企业资源成长理论认为，企业成长是企业有效地协调其资源和管理职能的结果，使用生产资源所产生的服务是企业成长的

---

① 亚当·斯密 . 国民财富的性质和原因的研究（上卷）[M]. 北京：商务印书馆，1997.

② 约翰·穆勒 . 政治经济学原理及其在社会哲学上的若干应用（上卷）[M]. 北京：商务印书馆，1991.

③ 艾尔佛雷德·马歇尔 . 经济学原理 [M]. 北京：华夏出版社，2005.

④ Lensink P, Van Steen P, Sterken E, Uneertainty and Growth of the Fim [J], Small Business Economics, 2005, 24(4): 381–391.

⑤ 伊迪斯·彭罗斯 . 企业成长理论 [M]. 上海：上海人民出版社，2007.

原动力。限制企业成长的因素主要有三个方面，即管理竞争力、产品或要素市场以及风险，企业资源的非均衡性发展促成了企业的成长。管理服务的实践可以产生新的知识，知识的增加又会促进管理力量的增长，从而推动企业的成长。① 俄罗斯管理学家伊戈尔·安索夫认为，企业的成长要向良性的特长领域发展，要尽可能向有关联的经营项目发展，以取得较竞争对手有利的位置。② 美国学者彼特·德鲁克的经营成长理论认为，企业成长能力的关键在于本身有成长潜力的人为组织，企业成长和员工成长是一致的，企业与人的天人合一、协调发展，是企业成长的较高境界。经营成长的控制性因素是企业的最高管理层，而中高层管理者在某种程度上决定了企业成长方向和成长速度。要不断保持和加强企业的创业精神和创新精神，实行有效的创业管理是企业生存发展的先决条件。美国企业史学家钱德勒的管理与技术成长理论认为，现代企业的成长是适应技术革新和市场扩大形势而在管理机构方面出现的反应，他认为技术的发展和市场的扩大是企业成长的根本性变化。③

关于企业成长阶段的理论。安索夫将企业成长阶段分为：市场渗透、产品开发、市场发展和产品多样化。④ 钱德勒认为，技术的革新和市场扩大是企业成长的根本，他将企业的成长分为四个阶段，即具有非正式控制结构的简单小型企业组织，以单一产品生产为基础的功能结构，多产品、多样化的分工结构，复杂跨国企业的全球结构。⑤ 埃里克·G. 弗拉姆豪茨认为，企业成长可以分为七阶段，这七个阶段分别为：新建阶段、扩张阶段、规范化阶段、巩固阶段、多文化阶段、整合阶段、衰落和复兴阶段。他还提出了组织发展金字塔理论，由识别并界定市场、开发产品和服务、获取资源、开发运营系统、开发管

① 伊迪斯·彭罗斯 . 企业成长理论 [M]. 上海：上海人民出版社，2007.

② Ansoff, H. I., 1965, Corporate Strategy: An Analytic Approach to Business Policy for Growth and Expansion, NewYork McGraw–Hill.

③ Chandler, A. D., 1962, Jr., Strstegy and Structure: Chapters in the History of the Industrial Enter prise, Cambridge, Mass: MIT Press.

④ Ansoff, H. I., 1965, Corporate Strategy: An Analytic Approach to Business Policy for Growth and Expansion, NewYork McGraw–Hill.

⑤ Chandler, A. D., 1997, The Visible Hand, Belknap Press, Cambridge, MA.

理系统、管理公司文化六项关键任务构成。[①] 艾迪斯在他的《企业生命周期》中指出，企业成长分为十个阶段，分别是：孕育、婴儿、学步、青春、盛年、稳定、贵族、官僚化早期、官僚期和死亡期。[②]

关于企业成长路径的研究。泰勒（Taylor，1975）的企业空间扩展模型认为，企业成长的路径是单厂单区位企业→多厂单区位企业→跨区位销售机构的设立和跨区市场渗透→国外销售机构→国外销售分支机构→国外生产和集中性联合企业多样化。其概括了企业从区域到全国和世界的成长路径。企业在初始阶段成长的局限体现在地域上，当其所在区域市场的增长速度降低时，企业便通过对外设立销售机构或分公司向国内外其他市场渗透，随着生产能力大于国内市场需求，企业开始向外扩张，设立海外分公司。[③] 钱德勒认为，企业的成长路径是：数量扩大→地区扩大→相关多元→非相关多元。企业先凭借特殊的技术取得利基市场（有利可图的专业化小众市场），接着增加投资、扩大试产，追求规模经济效益取得市场领先地位；随后发展相关产品，进入新的领域，充分实现“范围经济效益”；最后，提升新产品市场的占有率，进一步实现另一个规模经济利益。[④]

（二）国内研究

关于企业成长概念的研究。毛蕴诗、王三银（1994）将企业原有规模的扩大称之为成长。[⑤] 杨杜（1995）在《企业成长论》中认为，成长和规模应该没有必然的联系，并明确地把企业成长定义为量的增长和质的提高。[⑥] 陈佳贵、黄速建等（1997）在《企业经济学》中，提出企业成长是量变和质变的动态过

---

① 埃里克·G. 弗拉姆豪茨伊冯·兰德尔. 企业成长之痛——创业型企业如何走向成熟（第 4 版）[M]. 北京：清华大学出版社，2011.

② 伊查克·爱迪斯. 企业生命周期 [M]. 北京：中国社会科学出版社，1997.

③ Taylor, M. J., 1975, “Linkage Change and Organizational Growth: The Case of the West Midlands Iron Foundry Industry”, Economic Geography, 54, 314–336.

④ Chandler, A. D., 1977.

⑤ 毛蕴诗，王三银. 公司经济学 [M]. 广州：中山大学出版社，1994.

⑥ 杨杜. 企业成长论 [M]. 北京：中国人民大学出版社，1995.

程。[①] 尹义省（1999）认为现代企业成长是以结构发展变化为核心的质量互动过程，企业成长具有规模成长的基础性、结构关联适应性、多重边界性和组织成长的生命周期性等重要特征。[②]

冒乔玲（2002）将企业成长理解为企业可持续的成长，是指企业在一个较长的时期内由小变大、由弱变强的不断变革的过程，也是企业不断与外部环境相协调、相适应的过程。企业可持续的成长不仅在"量"上表现为由小变大，而且在"质"上表现为由弱变强；企业可持续的成长是一个过程和趋势，是企业在一个较长的时期内所表现出来的特征。[③] 李柏洲、李晓娣等（2007）把企业成长的概念在原来的基础上进一步具体化，认为量的增加表现为资产的增值、销售额的增加、盈利的提高等。[④] 蔡永鸿、宋颜（2007）认为企业成长是指企业的系统功能由不成熟趋于成熟、系统结构由低级趋于高级的优化过程，这个过程不仅是数量增加的过程，更是质量完善的过程。[⑤] 王建军（2008）认为企业的成长就是企业能力提升的过程，是企业在与环境相互作用的过程中，不断学习、自组织和创新的过程。企业成长是企业在一定的环境中不断发展壮大的演化过程，是企业量的增加和质的提高相结合的过程，是企业外延成长与内涵成长的统一，成长速度与成长质量的统一，是建立在不断增强自身素质基础上的成长。[⑥] 张会荣（2014）将中小企业成长定义为规模的扩大、业绩的提升和生存年限延伸的三维一体的三向量成长。[⑦]

从以上的梳理看，大多数学者在定义企业成长时，都明确了企业成长是一个动态的发展趋势，和在历史演进中表现出的动态过程；企业的成长受多方面因素的影响，在多种因素的影响下最终实现成长；企业成长不仅表现在一些可

---

① 陈佳贵，黄速建，等．企业经济学 [M]. 北京：经济科学出版社，1997.

② 尹义省．适度多角化 企业成长与业务重组 [M]. 北京：生活·读书·新知三联书店，1999.

③ 冒乔玲．构建企业成长性评价指标初探 [J]. 南京工业大学学报（社会科学版）. 2002（4）.

④ 李柏洲，李晓梯，等．中国中小型高科技企业成长对策 [M]. 北京：经济管理出版社，2007.

⑤ 蔡永鸿，宋颜．国外关于企业成长理论的重点综述 [J]. 辽宁工学院学报（社会科学版），2007（2）.

⑥ 王建军．动态复杂环境下机遇视角的企业成长研究 [D]. 首都经济贸易大学博士学位论文，2008.

⑦ 张会荣．中小企业成长文化基因及其作用机理研究 [D]. 山东大学博士学位论文，2014.

以测量的指标上，更体现于企业内在的增长，即质的提升。

关于企业成长阶段的研究。陈佳贵（1995）基于前人的研究，提出六阶段的企业周期蜕变模型，这个模型将企业成长划分为孕育期、求生存期、高速成长期、成熟期、衰退期和蜕变期等六个阶段，并以正常发育型企业为研究对象，详细探讨了企业成长各个阶段的主要特征。① 陈晓阳（2002）从品牌对企业成长的机理分析入手，阐述了在企业的不同成长阶段企业品牌战略的重点，他将企业成长阶段划分为：创业期、成长期、成熟期、衰退期。② 周鸿勇（2007）在研究家族企业成长阶段及定量判定时，将家族企业成长过程分为原始型、古典型、规范型及自主型发展四阶段。③ 袁红林（2008）在分析小企业成长阶段的战略匹配与控制时，将小企业的成长阶段划分为创业阶段、快速成长阶段、成熟阶段、停滞阶段。④ 王革、吴练、张波（2008）认为，清晰、可操作的企业成长阶段模型对经理人有直接的指导作用。⑤ 尹哲（2008）将中小企业成长阶段的划分作为其研究的起点，并把中小企业的成长划分为三个阶段，即初创期、成长期和中小上市公司阶段。⑥ 蔡西阳、李学伟、李捷（2008）以企业资源成长理论为基础，提出了企业成长的三阶段理论，即寻找资源、整合资源、创造资源，并且这三个阶段不是按着时间序列依次发展的，而是并序展开的。⑦ 章卫民、劳剑东、李湛（2008）认为科技型中小企业的成长有着明显的阶段性特征，并就资金需求和来源、财务状况、组织结构、创新行为、风险特征、市场环境等六个方面对我国科技型中小企业成长阶段的特征进行定

① 宋培林．试析企业成长不同阶段的企业家胜任力结构及其自我跃迁机理 [J]. 经济管理，2011（3）.

② 陈晓阳．企业不同成长阶段的品牌策略 [J]. 商业经济与管理，2002（6）.

③ 周鸿勇．家族企业成长阶段及定量判定 [J]. 管理现代化，2007（1）.

④ 袁红林．小企业成长阶段的战略匹配与控制 [J]. 经济管理，2008（21–22）。

⑤ 王革，吴练，张波．企业成长阶段模型评析 [J]. 经济学动态，2008（6）.

⑥ 尹哲．基于不同成长阶段的我国中小企业控制权转移问题研究 [D]. 中南大学博士学位论文，2008.

⑦ 蔡西阳，李学伟，李捷．基于资源理论的企业成长阶段研究 [J]. 生产力研究，2008（16）.

性分析，将阶段划分为种子期、初创期、成长期、稳定期、蜕变期。[①] 宋培林（2011）借鉴现有理论，以企业规模作为基本标准，结合企业的生命特征、主要难题和关键活动等，将企业成长过程划分为创业、守业和展业三个阶段。[②]

曹和平（2006）讨论了跨国企业集群在中国市场“二次成长阶段”的行为特征与规制途径，指出“二次成长阶段”就是跨国企业集群在已经越过中国经济的“入门”规范，经过技术及供应链管理的本土性适应，进入了市场拓展后的高速成长期。[③] 戚永红、宝贡敏（2004）对相关文献中有关成长阶段理论的起源、各种划分标准及相应阶段数目作了一个评论性回顾，指出了各种标准的优点和缺点，以及今后应该解决的问题。[④] 韦小柯、凤进（2005）认为，企业成长阶段理论研究企业成长经历多少阶段以及各阶段的特点和问题，对管理实践有很强的指导意义，二人把企业成长阶段的理论研究分为三个阶段、四个学派，阐述其变迁过程。从成长阶段的定义、划分和特征三方面对现有研究进行了比较，评价了其贡献和不足，预测了今后的研究方向。[⑤]

关于企业成长影响因素的研究。吴强军（2004）对浙江省中小企业集群化成长影响因素进行了实证研究，认为对中小企业集群化成长产生影响的因素主要有产业配套、企业经营、产业政策、中介服务、政府服务、企业协作、商业服务、生活服务、产业门槛、融资服务和法律保护等。[⑥] 张维迎、周黎安、顾全林（2005）运用中关村管委会所提供的中关村科技园区高新技术企业的年度数据，以分位回归模型对企业增长进行回归分析，以区分出各种因素对企业在增长和收缩时可能存在的不同影响，认为规模和年龄均对企业增长构成一定的约束，但两者的约束力对规模扩张较为迅速的企业的作用更为显著；企业的技术效率和研发投入无论对企业增长还是收缩都有显著的影响，而规模大幅

① 章卫民，劳剑东，李湛．科技型中小企业成长阶段分析及划分标准 [J]. 科学学与科学技术管理，2008（5）.

② 宋培林．试析企业成长不同阶段的企业家胜任力结构及其自我跃迁机理 [J]. 经济管理，2011（3）.

③ 曹和平．“二次成长阶段”跨国企业集群的行为特征与规制途径 [J]. 中国社会科学，2006（5）.

④ 戚永红，宝贡敏．企业成长阶段及其划分标准：一个评论性回顾 [J]. 商业研究，2004（4）.

⑤ 韦小柯，凤进．西方企业成长阶段理论述评 [J]. 生产力研究，2005（1）.

⑥ 吴强军．浙江省中小企业集群化成长影响因素实证研究 [D]. 浙江大学博士学位论文，2004.

度增长的企业受技术效率和研发投入的正面作用更为明显，这说明了高新技术企业成长对于效率和研发的高度依赖性；高负债是导致企业规模收缩的因素之一，但负债率的高低对增长处于高分位的企业并没有什么显著的影响；所有制的因素对企业成长的差异的解释力总体上不强，说明市场力量在中关村科技企业的增长过程中居于主导地位。① 吕一博、苏敬勤、傅宇（2007）通过我国东北地区 235 家中小企业的实证数据对理论模型及相关假设进行验证，分析结果表明，企业的风险趋向、企业环境的不确定性、企业创新实现能力和创新推广能力都会直接激发和推动我国中小企业的成长；而企业的先动性和企业环境的动态性则被证实会遏制中小企业的短期成长；充足的金融资源和高水平的企业网络通过对其他因素的作用间接提升了中小企业的成长绩效，但其对中小企业成长的直接影响尚需进一步的细化研究。② 王勇（2008）在理论研究和企业访谈的基础上，揭示了信息技术（IT）企业成长的影响因素，这些关键因素体系包括企业家魅力、战略管理能力、人力资源管理能力、市场营销能力、企业文化、技术创新能力和企业外部关系能力。③ 吕一博（2008）在不确定性条件下经济寻租视角的中小企业成长影响因素来源分析框架下，提出“成长动机—成长能力—成长资源基础—成长机会”四维度的中小企业成长影响因素模型，并构建结构方程模型对相关假设进行验证，识别并分析我国中小企业成长的影响因素。④ 王勇（2009）以服务行业企业为例，总结归纳出服务行业企业成长的影响因素主要包括：企业家、企业文化、人力资源管理、市场营销、财务管理、技术创新、运营管理、外部环境等。在实际的赋值分析中，又将以上因素细化为 29 个二级指标，并结合企业生命周期理论的划分，对不同阶段的企业营销因素的作用大小作了具体分析。⑤ 刘旭东、顾力刚、高元平、陈斯琴

① 张维迎，周黎安，顾全林 . 高新技术企业的成长及其影响因素：分位回归模型的一个应用 [J]. 管理世界，2005（10）.

② 吕一博，苏敬勤，傅宇 . 中国中小企业成长的影响因素研究——基于中国东北地区中小企业的实证研究 [J]. 中国工业经济，2008（1）.

③ 王勇 . IT 企业成长的关键影响因素实证研究 [D]. 清华大学博士学位论文，2008.

④ 吕一博 . 中小企业成长的影响因素研究 [D]. 大连理工大学博士学位论文，2008.

⑤ 王勇 . 企业成长的关键影响因素及其重要性研究——以服务行业企业为例 [J]. 清华大学学报（哲学社会科学版），2009（1）.

（2010）从企业的成长性出发，运用灰色关联分析原理，分析和比较家电产业和通讯技术产业中企业成长与其影响因素的相关关系，并以海尔、中兴通讯公司为例，考察历年的企业销售收入、专利申请量、员工人数及利润率等数据，说明技术创新是影响企业成长的关键性因素。[①] 杜传忠、郭树龙（2012）基于2005 年世界银行企业投资环境调查的大样本数据，运用分位数回归方法研究了中国经济转轨期的企业成长问题，重点考察了渐进式经济转轨特征对企业成长的影响，研究结果表明国有经济、政府税收、市场竞争、融资约束等转轨特征是制约企业成长的重要因素。[②] 白帆（2012）对基于资源禀赋、技术进步和制度变迁的企业成长历程进行梳理，分析这三类企业成长的共同特征和内在差异，对资源、技术和制度在促进企业成长方面的推动力强度进行比较，结合企业案例研究分析三类企业成长的路径特征。[③] 王晓辉（2013）在资源基础观等企业成长理论的基础上，采用逻辑分析和实证分析等方法，利用社会资本理论和动态能力理论，构建企业社会资本、动态能力、企业成长三者之间的作用关系的理论模型，并通过对中小型制造业企业调查问卷数据的统计分析，应用结构方程模型对理论模型进行实证检验，分析企业社会资本、动态能力对企业成长的影响。[④] 李森森（2014）在解析科技型小微企业成长特征基础上，揭示了其成长的关键动因，进而提出了科技型小微企业成长实际上是在动态和不确定环境中的企业的一种资源寻租行为；可持续成长的实现是通过不断地降低不确定性，以获取超额收益的过程。在此基础上，提出科技型小微企业成长的影响因素主要来源于企业环境、企业资源、成长能力和企业家能力这四个维度。[⑤] 曾镜霏、覃巍（2013）对国内创新活动影响因素的相关研究进行综述，分别就企业内部因素和外部因素进行阐述，归纳总结出企业内部创新活动受企业规

① 刘旭东，顾力刚，高元平，陈斯琴．企业成长影响因素的相关性分析 [J]. 科技管理研究，2010（8）.

② 杜传忠，郭树龙．经济转轨期中国企业成长的影响因素及其机理分析 [J]. 中国工业经济，2012（11）.

③ 白帆．基于资源、技术、制度的企业可持续成长模式研究 [D]. 西南财经大学博士学位论文．2012.

④ 王晓辉．企业社会资本、动态能力对企业成长影响研究 [D]. 辽宁大学博士学位论文，2013.

⑤ 李森森．我国科技型小微企业成长的影响因素研究 [D]. 山东大学博士学位论文，2014.

模、产权制度、企业文化等企业外部结构因素的影响；受企业拥有的资源实力、企业家特征、人才队伍管理等企业内部结构因素的影响。在企业外部则受到行业特征、地区差异、国民经济因素以及国家政策各因素的影响。①

此外，张之梅（2010）从企业成长理论中研究视角的转变②、刘树森（2014）从创业环境方面③、冯文娜（2008）从网络方面④、徐忠伟（2005）从中国民营企业的视角⑤分别对企业成长的影响因素进行了研究。

关于企业成长方式的研究。王建优（1999）认为，处于市场竞争前沿的国有和集体中小型企业要能获得快速发展，除了必须把改制与加强管理相结合外，还需正确定位其成长方式。可供国有和集体中小型企业选择的五种成长方式分别是：经营专业化、产品多样化；加快技术变革，提高产品竞争力；加强中小企业间横向联合，形成规模经济；加入大企业或核心企业系列化生产体系，形成大中小企业长期稳定的协作关系；特许经营。⑥赵晓（1999）认为，企业要成长，就必须保持一定的成长速度与成长率，一般企业成长路径大致为：第一，行业内产品成长，即在现有行业、现有产品业务领域内，通过技术进步使产品更新换代、扩大市场，寻求发展机会；第二，行业内多产品成长，即开发新产品，扩大企业现有的、处于行业内的产品种类组合；第三，纵向一体化成长，新建或收购与目前业务有关的上游或下游的业务；第四，行业升级成长，从小量市场行业向大量市场行业转化；第五，多行业成长，即同时在多种行业发展。⑦李新春（2003）认为，信任对于经济主体可以看成是一种制度因素，它影响其利益或效用最大化目标的行为方式，并进一步分析了信任影响企业成长行为方式的选择。⑧吴国英（2003）认为，学习是企业可持续

① 曾镜霏，覃巍．企业创新成长影响因素的文献评述 [J]. 经济体制改革，2013（6）.

② 张之梅．中外企业成长理论研究述评 [J]. 山东经济，2010（1）.

③ 刘树森．创业环境对新创科技型企业成长影响研究 [D]. 吉林大学博士学位论文，2014.

④ 冯文娜．网络对企业成长影响的实证研 [D]. 山东大学博士学位论文，2008.

⑤ 徐忠伟．中国民营企业可持续成长影响因素的实证研究 [D]. 复旦大学博士学位论文，2005.

⑥ 王建优．国有和集体中小企业成长方式选择 [J]. 南京师大学报（社会科学版），1999（1）.

⑦ 赵晓．企业成长理论研究 [D]. 北京大学博士学位论文，1999.

⑧ 李新春．信任与企业成长方式的相机选择 [J]. 经济体制改革，2003（1）.

成长的动力。① 刘宏伟、任学锋（2005）论述了高技术小企业的成长是源于企业内部资源的积累，其成长是内生的，必须选择内生的成长战略方式才能实现高技术小企业的可持续发展。② 毛蕴诗、欧阳桃花、戴勇在《中国优秀企业成长与能力演进：基于案例的研究》一书中强调，企业成长主要取决于企业的能力培育，而能力的培育取决于企业在合作与竞争中的战略决策，这是典型的战略管理研究的思路，主要研究企业的内生成长，从企业的核心能力入手进行分析。③ 张维迎（2006）认为，产业整合是企业成长的新的动力，这里的产业整合包括技术的整合和市场的整合，还包括供应链关系的整合。④ 孟杨（2006）认为，企业文化是现代企业制度下企业生生不息的物质和精神支柱，是企业健康成长和发展的内在动力。⑤

龙勇、王姝（2008）通过对知识成长模式的研究，分析了企业知识状态的内涵和企业成长的微观机理，阐释了企业知识状态与企业成长之间的内在关系，并为企业持续健康成长提出了政策建议。⑥ 企业家郭凡生结合自己的经验出版了《中国模式家族企业成长纲要》一书，研究了家族企业管理的中国模式，认为在企业的组织管理方面，不要去盲目地崇拜别人、否定自己，也不要学习不一定适合自己的理论，要看到中国模式的长处和优势，做到因势利导。他认为，中国家族企业必须充分重视制度，因为创业靠老板英明，成长因制度伟大，激励制度增加好人，管理制度减少坏人。他认为，企业家是企业最核心的竞争力，是推动企业成长的最重要力量，要重视激励制度、管理制度。⑦ 李新春在《民营企业成长研究报告：基于广东省民营企业的调研分析》中分析了

---

① 吴国英．学习：企业可持续成长的动力 [J]. 南京经济学院学报，2003（2）.

② 刘宏伟，任学锋．高技术小企业内生成长战略 [J]. 科学学与科学技术管理，2005（5）..

③ 毛蕴诗，欧阳桃花，戴勇．中国优秀企业成长与能力演进：基于案例的研究 [M]. 北京：中国财政经济出版社，2005.

④ 张维迎．竞争力与企业成长 [M]. 北京：北京大学出版社，2006.

⑤ 孟杨．现代企业文化：企业健康成长和发展的内在动力 [J]. 探索与争鸣，2006（3）.

⑥ 龙勇，王姝．基于知识成长的企业成长机制研究 [J]. 生产力研究，2008（18）.

⑦ 郭凡生．中国模式家族企业成长纲要 [M]. 北京：北京大学出版社，2009.

广东民营经济成长的政策环境、体制保障、金融支持体系和创业环境。[①] 关注了民营企业成长中的公司治理问题，对广东民营企业治理结构的特征与现状、企业的成长战略进行了调研分析；同时解析了广东民营企业家能力的现状与成因、经理人市场的现状与发展趋势，并指出民营企业的成长要在自主创新发展和集群化发展上下功夫。

钱锡红等（2009）将企业家关系网络划分为：代表企业间关系的企业家外部横向关系网络、代表企业与政府关系的企业家外部纵向关系网络和代表企业家对企业运营控制的企业家内部纵向关系网络三个维度。他们认为，企业家关系网络的三个维度均显著正向影响企业成长，其中外部横向关系网络影响最大，外部纵向关系网络次之，内部纵向关系网络影响最小，却也是不可忽视的因素。[②] 杜晓君、刘赫（2010）以海外上市的中国企业的 47 起跨国并购事件为样本进行实证检验，指出相关跨国并购有利于企业成长，组织结构和组织经验显著正向调节并购战略类型与企业成长的关系。[③] 赵驰等（2012）通过对"中国经济金融数据库" 2006—2011 年长三角地区工业企业数据进行实证研究，构建信息不对称条件下信贷市场的理论模型，研究我国中小企业信用倾向、融资约束与中小企业成长的内生关系问题，指出信用倾向与中小企业成长性之间存在着正相关关系。[④] 向明生（2014）认为，中小企业集群发展是提升中小企业竞争力的有效路径，而中小企业集群成长主要受企业家精神、追求利润、创新、政府、消费者需求五种动力的互相作用。[⑤]

刘力钢（2001）借鉴社会可持续发展目标函数的内容与含义，运用系统动

---

① 李新春 . 民营企业成长研究报告：基于广东省民营企业的调研分析 [M]. 北京：经济科学出版社，2008.

② 钱锡红，徐万里，李孔岳 . 企业家三维关系网络与企业成长研究——基于珠三角私营企业的实证 [J]. 中国工业经济，2009：87-97.

③ 杜晓君，刘赫 . 跨国并购战略类型、组织因素与企业成长——基于中国海外上市公司的实证研究 [J]. 国际贸易问题，2010：103-111.

④ 赵驰，周勤，汪建 . 信用倾向、融资约束与中小企业成长——基于长三角工业企业的实证 [J]. 中国工业经济，2012：77-88.

⑤ 向明生 . 中小企业集群成长动力机制探析 [J]. 特区经济，2014（12）.

力学的思想建立了企业可持续发展的“五力”理论，即提升力、引导力、支撑力、扩张力和阻力，[①]但其理论研究假设是建立在企业人工复合体的前提下，既混淆了企业可持续发展的目标以及实现目标的手段，也没有分析影响企业可持续发展的相关因素，难以指导和解决企业可持续发展的实际问题。代君（2004）分析了信息资源管理与企业可持续成长力的关系及企业信息资源应用现状，探讨了现代企业如何挖掘信息资源管理的潜力来获得可持续成长的动力。[②]曹利军（2008）基于企业生命周期的问题特征，提出创新是企业成长的动力源泉，并分析了影响创新的因素，阐释了由创新推动的企业自适应机制的一般模式。[③]

企业成长其他方面的研究。汤明在其专著《企业成长的四维理论》中，把经济学、管理学、社会学和道学思想引入了企业成长研究领域，从道学关于人的构成的三部分（即有形体、智力体和精神体）出发，推演出企业是由资源层、制度层和文化层构成的有机体。在此基础上提出企业是在资源轴、制度轴和文化轴三维空间共同作用下实现成长，加入动态的成长轴后，便构成了企业成长的四维理论模型。作者还对企业家的成长过程和心态、行为方式进行了研究，这个研究成果是从较独特的角度来认识企业成长的，是理论上的创新，但是研究涉猎较广，不够深入。[④]

不同类型的企业研究，如王云峰、贾建（1999）[⑤]，叶明（2002）[⑥]，陈士俊、柳洲（2004）[⑦]，张连怀（2004）[⑧]，曹兴、陈琦（2009）[⑨]等对高技术企业的相

① 刘力钢．企业持续发展论[M]．北京：经济管理出版社，2001．

② 代君．信息资源在现代企业可持续成长中的动力机制[J]．情报科学，2004，（8）．

③ 曹利军．企业成长的动力机制与实现方式[J]．科技与管理，2008．（5）．

④ 汤明．企业成长的四维理论[D]．北京：北京大学出版社，2007．

⑤ 王云峰，贾建．高技术企业成长制约因素分析[J]，管理科学学报，1999（4）．

⑥ 叶明．战略联盟：高技术企业成长的新途径[J]．东南大学学报（哲学社会科学版），2002（3）．

⑦ 陈士俊，柳洲．复杂性科学视角下的高技术企业成长机制研究论纲[J]．科学学与科学技术管理，2004（3）．

⑧ 张连怀．从三次产业革命看高技术企业成长[J]．经济问题探索，2004（5）．

⑨ 曹兴，陈琦．异质性 技术核心能力与高技术企业成长[J]．科学学与科学技术管理，2009（4）．

关问题进行了研究；奚菁、王文峰（2007）[①]，周鸿勇（2006）[②]，郑海航、陈宇（2008）[③]，王洪君、牛国良（2009）[④]，周立新（2009）[⑤] 等对家族企业的成长方面的问题进行了研究。

二、关于创业企业方面的研究

（一）关于创业理论的研究

高建、盖罗它（2007）对国外创业政策的理论研究进行了全面、系统的研究，认为我国目前创业政策的制定缺乏理论基础和理论指导，今后，我国应该重视创业政策制定的系统性，借鉴创业政策的理论框架，把减少创业障碍、促进创业活动、推动经济增长的政府创业政策基本目标的实现建立在科学的理论基础和政策体系上。[⑥] 张玉利、杨俊（2009）认为创业研究的主要学术贡献在于：关注创业过程的研究主张受到了重视；有关创业行为特殊性和内在规律的研究取得了巨大的进展；提炼创业导向的基本维度。这些学术贡献可以在一定程度上推动创业环境建设，提升创业者的创业技能。[⑦]

（二）关于创业企业的实证研究

兰欣（2010）从成都市大学生创业现状、创业过程中遇到的营销困境入手，在问卷调查的基础上，运用因子分析探索成都市大学生创业营销过程中的营销困境因子，并从营销困境的外部环境和内部环境两方面进行分析，认为，

① 奚菁，王文峰 . 组织认同与中国家族企业成长 [J]. 经济管理，2007（23）.

② 周鸿勇 . 论家族企业的本质特征与健康成长 [J]. 武汉理工大学学报（信息与管理工程版），2006（8）.

③ 郑海航，陈宇 . 家族企业成长的社会网络资本 [J]. 经济管理，2008（11）.

④ 王洪君，牛国良 . 家族企业成长中的制度转型 [J]. 资源与产业，2009（3）.

⑤ 周立新 . 家族企业网络化成长模式对企业成长的影响及机制：基于东西部地区的实证研究 [J]. 南开管理评论，2009（3）.

⑥ 高建，盖罗它 . 国外创业政策的理论研究综述 [J]. 国外社会科学，2007（1）.

⑦ 张玉利，杨俊 . 试论创业研究的学术贡献及其应用 [J]. 外国经济与管理，2009（1）.

外部环境中创业教育体系不完善也是原因之一，具体在课程设置和授课方式等方面都略显不足。① 李学强、王明慧、孙祥林、贾晨芳（2010）对山西省186家大学生创业企业的生存状况进行了调查，并针对大学生创业企业在发展中遇到的问题，认为大学生创业者应做好充分的准备、发挥自身的专业优势，国家和院校应给予足够的支持，加强创业教育和培训，增强其创业素质和创业能力。② 赵都敏、王蓉（2012）基于对我国7个省份创业企业的调研，检验了创业政策对创业企业成长的影响作用，并指出，创业政策对创业企业成长有显著的正向影响，创业机会对创业企业成长则有负面影响，而创业资源对创业企业成长的影响不明显。③

（三）关于大学生创业园区的研究

叶琦（2010）从就业创业角度，对浙江省大学生创业和创业园的现状进行了论述与评价，认为该创业园在创业教育中存在一定的误区，软硬件建设亟待提升，大学生创业教育接触得比较少，在今后的发展中，必须对创业环境和创业园的建设进行优化。④ 李海红、曲洺皞（2013）在阐述了建设大学生创业园的背景、大学生创业园的概念及作用的基础上，选取了有代表性的创业园区进行实证研究，认为大学生创业园是当前高校最典型的一种创业教育与创业实践有机结合的途径。⑤ 唐晓波（2002）针对大学科技园创业企业在发展中遇到的治理、融资、知识产权等方面的问题，都给出了比较具体的对策，特别是大学科技园应为创业企业营造良好的环境，实现大学科技园与创业企业的良性互动。⑥ 仇志海（2012）依据企业生命周期理论，将在高校创业园扶持开展创业

① 兰欣．成都市大学生创业营销困境与对策研究．西南交通大学2010年硕士学位论文．

② 李学强，王明慧，孙祥林，贾晨芳．大学毕业生创业企业生存状况调查分析[J]．大学生就业，2010年，第S3期．

③ 赵都敏，王蓉．创业政策支持对创业企业成长的影响研究——第七届（2012）中国管理学年会创业与中小企业管理分会场论文集，2012年10月22日．

④ 叶琦．基于就业创业角度的浙江大学生创业园建设研究．中国社会科学院2010年硕士学位论文．

⑤ 李海红，曲洺皞．我国大学生创业园的研究[J]．白城师范学院学报，2013（5）．

⑥ 唐晓波．大学科技园创业企业面临问题的研究．中南大学2002年硕士学位论文。

活动的创业企业生命周期划分为孕育、创办、运营三个阶段，主张在孕育阶段要构建多元创业教育体系，在创办阶段要协助筹建创业项目，在运营阶段要全程参与咨询指导，使高校创业园真正成为大学生创业者和创业企业的孵化器与诞生地。江汉、虞志霞、张媛媛（2012）认为，大学科技园不仅是高校学生自主创业的孵化器，更是推动大学生创新创业的重要载体。但是，目前的资金、经验、核心优势、风险意识等因素都制约着大学生的创业，因此，应就以上几方面制约因素，采取有针对性的对策来完善大学科技园学生创业支撑体系。① 曲国丽、刘聪（2013）从园区管理的角度分析了大学生创业园区新创企业孵化失败的原因，借鉴了以往国内外的成功经验，认为一个成功、高效、可持续健康发展的大学生创业园区必须建立包括新创企业的进入筛选、孵化过程和退出保护三个阶段的孵化机制。②

（四）关于创业企业对策的研究

李明立（2012）将生命周期理论应用在大学生创业孵化项目中，选取具体的案例进行分析，认为传统观念和现行的管理机制制约着大学生创业孵化项目，由此也反映了高校在创业教育中的缺失或不足。③ 吴冰、王重鸣（2007）通过对小型创业企业相关数据的生存分析，使用生存表分析和半参数 Cox 模型，研究了小型创业企业的生存情况，认为创业者的性别和受教育水平都对小企业的生存有影响。④ 杨飞（2012）就如何让大学生创业企业更长久地走下去的问题开展研究，认为加强知识管理在大学生创业企业的发展过程中至关重要，通过建立学习型组织，完善知识管理体系，建立信息支持系统，鼓励跨组织交流等方式，可以更好地加强创业企业的知识管理，实现创业企业的长远发展。⑤

① 江汉，虞志霞，张媛媛 . 大学科技园学生创业支撑体系探究 [J]. 中国高校科技，2012（9）.

② 曲国丽，刘聪 . 大学生创业园区新创企业的孵化机制研究 [J]. 经济视角，2013（11）.

③ 李明立 . 大学生创业孵化项目生命周期研究 . 山东大学 2012 年硕士学位论文。

④ 吴冰，王重鸣 . 小型创业企业生存分析 [J]. 科研管理，2007（5）.

⑤ 杨飞 . 大学生创业企业知识管理的必要性及对策研究 [J]. 现代商贸工业，2011（20）.

三、关于创业教育的研究

（一）国外研究

关于创业教育概念的研究。对于创业的概念，熊彼特、德鲁克等人进行过研究，一种观点认为创业教育就是“Enterprise education”，强调个人品质的发展，其实质是一种创业文化教育。[①] 这种观点强调培养学生的事业心、创业技能。另一种观点认为创业教育是“Entrepreneurship education”，它侧重对创业机会的把握，强调将创业计划变成创业行动，是有关企业家精神的教育。[②] 日本学者山根荣次认为，企业精神事实上就是从无到有的创造能力，是整合资源、管理的能力，是通过调节人、财、物将不利条件转化为有利条件的能力。早稻田大学大江健认为，企业家精神不但包括企业家的头脑，还包括创业知识技能；企业家精神应该包括素质和能力两个部分，相应的创业教育也应该包括针对企业家素质和能力的教育。[③]

关于创业者的研究。在创业者的素质方面，20 世纪 60 年代，麦克利兰就认为创业成功与否与创业者的素质高低有着密切的关系。科赫认为创业者的主要特征在于对创业价值的认同、创业态度和创业需求。[④] 德国经济研究中心通过对创业者的跟踪调查，认为创业者必须具备一定的心理素质，如：健康的身心、控制欲望、自信、紧迫感、观念化能力、人际关系态度、情绪稳定、崇高理想等。[⑤]Robert A. Baront 和 Candida G. Brush 从创业者的交往能力方面进行

① Gibb，A. A. Enterprise culture and Education: Understanding Enterprise Education and its Links with Small Business, Entrepreneurship and Wider Education Goals. International Small Business Jouranl, 1993, 11(3).

② 侯定凯 . 创业教育——大学致力于培养企业家精神 . 华东师范大学 2000 年博士学位论文 .

③ 李永志 . 日本高校创业教育 [M]. 杭州：浙江教育出版社，2010.

④ Koh. H. C. Testing Hypotheses of Entrepreneurial Characteristics–a study of Hong Kong MBA students, Joural of Management Psychology, 1996, 47(1): 7–17.

⑤ 姚梅芳，葛宝山 . 生存型创业理论研究 [M]. 北京：现代教育出版社，2008.

了研究，认为创业者在人际交往能力、说服劝导能力、情商和外表上都有很大差别，并指出社会适应能力是创业者成功的决定因素。在创业者能力方面，斯彭瑟认为，创业者应具备六方面的能力，即自我实现和解决问题能力、个人的成熟度、影响力、知识和统制、对他者的指向性等。日本学者认为创业者还应具备判断能力、外部交往能力等，并认为创业者应具备的素质包括发现力、独创力、好奇心、探究力、问题发现能力、问题解决能力、信息收集能力、分析能力、决断力等。[①]

关于创业教育内容的研究。在国外的创业教育研究中，关于课程、方法、评价的研究较多。库里尔斯基认为，创业教育的课程应该由机会识别、整合资源、建立操作型商业组织等内容构成。[②]诺尔认为，创业教育课程应该包括创业的本质、创业者的自我评价、产生新的想法、制定创业计划、实现创业计划、创业环境、政策等。[③]欣德尔研究商学院实施创业教育的内容和方法后指出，创业教育最重要的是需要充满激情的教师与学生共同致力于对充满想象的知识的发展。[④]海缇指出，除传统的教学方法外，模拟创业、研讨、参观学习、竞赛活动、实践等方法也非常有效，要根据创业教育目标的不同采取不同的教学方法和政策措施，其重点是师资培养。[⑤]菲尔特·乔认为，要传授日益成熟的创业教育理论，强调“做中学”的方法。[⑥]布林德雷和里奇等学者认为，创业教育的目标不同，采用的教育方法也有差别，企业家与学生之间的互动

---

① 李志永．日本高校创业教育 [M]. 杭州：浙江教育出版社，2010.

② Kourilsky, M. L. Entrepreneurship Education: Opportrnity in Search of Curriculum. http: //www. entreworld, org/bookstore/pdfs/re–008. pdf, 1995.

③ Noll, C. L. Planning curriculum for entrepreneurship education. Business Education Forum, 1993, 47(3): 3–6.

④ Hidle K. Teaching Entrepreneurship at University: From the Wrong Building to the Right Philosophy [A]. In: Fayolle A(ed.)Handbook of Research in Entrepreneurship Education[M]. Northampton, MA: Edward Elegar Publishing Company, 2007: 104–126.

⑤ Hytti, U. and O'Gorman. C. What is“enterprise education”?An analysys of the objectives and methods of enterprise education programmes in four European countries. Education & Training, 2004, 46(1): 11–23.

⑥ FIET JO. The Theoretical Side of Teaching Entrepreneurship[J]. Journal of Business Venturing, 2001, 16(1): 1–24.

是创业教育中非常重要的方法。[①] 从创业教育的评价来看，研究主要从评价指标、评价内容等方面开展。麦克米兰和朗格认为，大学生创业教育的效果应以其对社会经济的影响力为判断依据，而非学生的课程与人数；重要的是学生对工作的认可度，给社会带来的影响。[②] 麦克米兰和吉林认为，创业教育的评价要考虑对社会做出的贡献以及创业教育项目自身是否成功。[③] 对高校创业教育项目的评价，多从课程、项目、师资等方面进行。彼得・罗宾逊对美国大学进行的评价包括：创业课程数量、提供的专业项目、创业师资情况、创业教育的组织、创业方面的奖学金、针对创业的学生组织。[④] 英国斯特林大学对实施了十年的“毕业生创业项目”（Graduate Enterprise Programme）进行评价，分析了项目的效果以及新的发展方向。[⑤] 维斯帕和贾特拉通过美国、加拿大等国家的 1186 位商学院院长进行调查，结果显示，高校的课程、师资情况以及校友的创业情况是评价高校创业教育的重要指标。威克哈姆则认为，高校的创业教育情况不一样，评价标准往往适合某一类院校，但是不存在通用的评价标准。[⑥]

关于艺术院校创业教育研究。国外艺术院校创业教育的研究成果并不是很多，但是很多实践成果在长期的教学中为学生的创业精神的培育、创业技能的培养以及创新能力的培养发挥了很大的作用。英国爱丁堡艺术学院是欧洲最大、建校历史最长的艺术学院之一，其历史可以追溯到 1760 年的爱丁堡美术学院。学院为了培养学生独立操作创业工作的流程，为每个学生建立独立的

---

① Brindley, C. and Ritchie, B. Undergraduates and small and medium-sized enterprises: Opportunities for a symbiotic partnership ?Education &Training, 2000, 42(8/9)：509-517.

② McMullan, W. E. &Long, W. A. Entrepreneurship education in the nineties. Journal of Business Venturing, 1987, 2: 261-275.

③ McMullan, W. E&Gillin, L. M. Industrial viewpoint-Entrepreneurship education. Techinovation, 1998, 18(4): 256-286.

④ Robinson, P. &Haynes, M. Entrepreneurship, education in American's major universities. Entrepreneurship Education and Practi-ce, 1991, 15(3): 41-52.

⑤ Flether, M. &Rosa, P. The Graduate Enterprise Programme: ten years on. In Scott, M. G., Rosa, P. and Klandt , H(eds). Education Entrepreneurs for Wealth Creation. Ashgate Publishing Ltd. 59-79.

⑥ Wyckham R G., Ventures Launched by participants of an entrepreneurial education program[J]. Journal of Small Business Management, 1989(2): 54-61.

工作空间，学生从大学二年级开始进入工作室，并设立三个不同的可预定的展览空间，培养学生从创作到展览，再到市场营销的能力。多媒体艺术专业的学生可以拥有一流的视频剪辑、网页设计和桌面出版的工作条件，了解独立运作从创作到市场和网络营销的所有工作流程。英国皇家艺术学院是世界上最有影响力的艺术设计学院之一。在帮助研究生艺术创业方面，皇家艺术学院的方法与众不同，它成为文化创意产业的培养基地。授课教师都是世界闻名的艺术家、实践家和理论家，学生能在设计的环境中学艺术，在艺术的环境中做设计。集中而个性化的教学形式，专用技术设施和研究中心，共同创造了一个独一无二的、充满创造力的环境。其艺术设计专业的课程由来自各领域的执业设计师、建筑师和理论家负责。学生可以参与行业实时项目和研究，并参加设计、品牌、心理学、文学和美术等领域的从业者或者艺术家的系列讲座。

美国加州艺术学院是一所由迪士尼集团投资兴建的非营利性高等艺术学院，是目前美国最前卫的艺术学院之一。它以注重想象力与创造力启发的艺术教育而世界闻名，培育出许多分布在世界各地的电影制片、动画制作等领域的创业创意人才。其舞蹈专业不仅强调现代技术、创造性的技艺和舞蹈素养，同时为学生提供发展的途径与艺术创造力，将专业素养、专业技能水平和创业流程培训相结合。学生不仅要学习创作和表演，还要学习舞蹈制作的各个领域的知识，如舞台美术、灯光设计、服装设计、音频和视频制作、市场营销等，了解舞蹈创业的各个流程的工作。

（二）国内研究

关于创业教育课程的研究。郭万牛等人认为，要促进课程的综合化，逐步建立起科学有效的创业教育学科课程体系。创业思想包括创业者哲学、创业伦理学、创业心理学、创业职业道德等；创业技能包括经济学、公共关系学、法学、管理学、社会学等；创业实践包括创业计划、创业实践等。李春琴认为，高校应当通过开设创业意识类、创业知识类、创业能力类、创业实务操作类等课程，提高学生的创业水平。李梅认为，高校创业教育课程应当设置创业能力、创业基础知识和创业实践类课程，提高大学生的创业意识、创业品质和创业能力。[①] 木志荣认为，高校创业教育应该是一个系统工程，不仅包括课程体系，还包括非课程体系，他提出建立由创业课程、创业研究、创业论坛、创业竞赛和创业者联盟所构成的创业教育体系。朱顺德则认为，要就创业教育列入学校的课程，单独设置全校范围的创业教育辅修课，并加强专业学科与其他学科课程的交叉融合。

关于创业教材的研究。随着国外引进项目的教学实践不断开展，适合我国经济发展和高校人才培养特色的创业教材也不断被开发出来。其中，刘平的《大学生创业教程：理论与实践》通过分析多年来创业实践的经验、教训与感受，广泛汲取中外创业理论、实践与教育成果，对创业观念、动力、创业者素质、创业环境、创业商机的识别和把握、创业类型与创业模式、创业开局制胜战略与赢利模式、成功创业条件和创业失败误区等方面进行了研究，并针对创业中的困难和风险提出了对策，成为 21 世纪高职高专规划教材。[②] 聂元昆主编的《创业管理——新创企业管理理论与务实》从创业者与创业精神、创业环境、创业机会、创业资源、创业战略、创业计划、创业运营、创业评估与成长管理等方面进行了研究，有效地指导了大学生开展创业实践。[③]

关于创业教育概念的研究。王树生（2003）认为，所谓创业教育，就是开发受教育者创业基本素质，提高受教育者创业能力的教育活动。简言之，创业教育就是培养创业者的教育活动。他还提出创业教育的模式应该是包括学校模式、课程模式、教程模式和实践模式集合组成的模式集群。[④] 张霞（2006）从教育学的角度对高校开展创业教育的必要性及其实施方案作了论述，认为目前高校创业教育还极其薄弱。最后，从创业教育目标、课程、实施模式、评价及师资建设五大方面详细论述了加强和构建我国创业教育体系的思路和对策。[⑤] 罗美萍（2006）梳理了创业教育在我国高校的发展历程，分析了我国高校创业教育的现状，就高校大学生创业教育的实现途径，提出高校必须树立全面的创

① 李梅 . 高校创业教育课程体系探讨 [M]. 北京：中国纺织出版社，2009（2）.

② 刘平 . 大学生创业教程：理论与实践 [M]. 北京：清华大学出版社，2009.

③ 聂元昆 . 创业管理——新创企业管理理论与务实 [M]. 北京：高等教育出版社，2011.

④ 王树生 . 创业教育研究 . 东北师范大学 2003 年博士学位论文 .

⑤ 张霞 . 高校创业教育实施的必要性及其实施方案 . 陕西师范大学 2006 年硕士学位论文 .

业教育观，改革创业教育课程体系和教学模式，推进创业教育方式和方法的创新，营造创业教育的良好氛围，为最终实现大学生自主创业的目标创造积极的条件的观点。① 席升阳（2007）认为，创业教育的提出、探索是大学发展的内在逻辑，它推动着大学由知识生产向知识应用转型，也成为大学迅速地向社会中心迁移的实现方式。在对创业教育的发展、大学创业教育观念的形成、创业教育理念体系的构建、我国大学创业型人才的培养等方面进行充分的论述后，最后总结到，创业型大学是中国大学的未来之梦。② 张俊、颜吾芟（2008）从创业教育的由来、创业教育的价值和意义、国外的成果经验等方面进行了细致的论述，结合我国大学生创业教育在发展中出现的一些问题，作者分别从政府、高校、大学生自身这三个方面提出了相应的建议。③ 王锐、刘杰（2008）认为，大学生创业教育既是教育领域的问题，也是社会面临的课题，应该同时针对教育领域和社会管理体制方面采取必要的措施。④ 吴婕（2009）将高校大学生创业教育作为研究对象，阐释了创业教育的概念、意义、存在的问题、创业教育模式、创业教育体系构建、创业教育与就业的关系等方面的内容，总结了大学生创业教育研究中应注意的几个问题和亟需深入研究的问题。⑤ 谷力群（2013）认为，在我国当前的创业教育环境中，对创业精神的培养不够重视，在分析了创业环境、创业文化、创业教育、个性心理及家庭等方面因素对创业精神培养的影响作用后，提出培养创业精神更重要的是塑造大学生的创业核心素质，必须具有全面性、系统性、成长性的特点。⑥

关于创业教育目标的研究。房欲飞认为创业教育的目标是提高和开发学生的创业基本素质，包括创业意识、创业知识结构和技能、创业能力和创业心理素质、向社会输送敢于和善于把握时机自主创业的人才。⑦ 李时椿认为，高校创业教育的目标体系有四项基本要素：创业精神、创业心理、创业知识、创业

---

① 罗美萍 . 我国高校大学生创业教育的现状及对策 [J]. 浙江工商大学学报，2006（2）.

② 席升阳 . 我国大学创业教育的理论与实践研究 . 华中科技大学 2007 年博士学位论文 .

③ 张俊，颜吾芟 . 论大学生创业教育 [J]. 北京交通大学学报（社会科学版），2008（1）.

④ 王锐，刘杰 . 大学生创业教育及创业研究 [J]. 中州大学学报，2008（5）.

⑤ 吴婕 . 我国高校大学生创业教育研究述评 [J]. 现代教育科学，2009（5）.

⑥ 谷力群 . 论大学生创业精神的培养 . 辽宁大学 2013 年博士学位论文 .

⑦ 房欲飞 . 试论我国高校创业教育体系的构建 [J]. 当代教育论坛，2006（3）.

能力。[①]丁立群认为，创业教育的基本目标是培养学生创业的综合素质，即创业素质。创业素质是以人的先天禀赋为基础，在环境和教育的影响下形成和发展起来的、在创业实践活动中表现出来并相对稳定地发挥作用的身心组织要素的总称。[②]高校要根据创业教育的目标加强四个方面的教育，一是培养创业意识，二是建立创业知识结构，三是增强创业能力，四是锤炼创业心理品质。[③]盛群力认为，创业教育要贯穿整个教育领域，特别是要培养学生意志坚定、自信自强，树立“不断学习、学而不厌”的意志，还要教会学生“善待自我、欣赏别人”，这样才能培养出适应新时期发展的创业人才。[④]

关于创业教育模式的研究。教育部2006年通过总结创业教育的试点经验，提出了三种创业教育模式，一是以课堂教学为主的创业教育模式，二是以实践为重点的创业教育模式，三是实践和教学结合的模式。[⑤]王会涛（2012）分析了大学生创业的内涵、特点，对大学生自主创业环境进行了SWOT分析，认为大学生创业的基本模式主要有创建新企业、加盟连锁、概念创新模式三种，并从大学生、政府、学校、社会四个角度分别提出了相应的对策。[⑥]

关于创业教育对策的研究。丁三青（2007）通过对“挑战杯”全国大学生创业计划竞赛的解读，对中国高等教育所遭遇的挑战进行了实证研究，认为对于创业计划竞赛中凸显的我国高等教育的弊端，应加大改革力度，构建真正意义上的创业教育体系进行解决，走出竞赛功利化的误区；创新人才培养理念，解构人才的“被格式化”；打破“以赛代学”模式，构建创业教育“立交桥”。[⑦]赵志军（2006）认为，推进创业教育应着眼于构建整体创业教育体系，形成学校、社会、家庭合力推动，教育、科技、企业、金融、财税、传媒全面支持的格局。只要充分发挥政府的推动作用、学校的主导作用、学生的主体

① 李时椿，常建坤．创新与创业管理[J]．南京：南京大学出版社，2008（169）．

② 丁立群，吴金秋．创业教育的目标与功能[J]．中国高等教育，2004（24）．

③ 房欲飞．大学生创业教育的内涵及实施的意义[J]．理工高教研究，2004（4）．

④ 盛群力．创业要贯穿整个教育领域[J]．教育与职业 2008（19）．

⑤ 中华人民共和国教育部高等教育司．创业教育在中国：试点与实践[M]．北京：高等教育出版社，2006（19-20）．

⑥ 王会涛．我国大学生自主创业的模式选择和对策研究．云南财经大学2012年硕士学位论文。

⑦ 丁三青．中国需要真正的创业教育[J]．高等教育研究，2007（3）．

作用、社会的促进作用，创业教育就一定能够健康发展。[①] 木志荣（2006）认为，推动我国创业教育发展的关键在于：建设合理的创业教育课程和非课程体系，组织培养优秀的创业教育师资。[②] 朱明（2007）先以“大学生”和“创业教育”作为检索词，将中国期刊全文数据库 2001—2006 年的相关文献进行了统计分析，分别从创业教育的主要内容、创业教育的途径与模式、创业教育存在的主要问题、大学生创业教育与就业的关系、创业教育的内涵、创业教育的评价体系等方面，将以往的学术成果进行综述，认为我国大学生创业有集中性、广泛性、专业性、多样性、发展性等特点，并就大学生创业教育中存在的问题和对策进行了分析。[③] 梅伟惠、徐小洲（2009）认为中国高校创业教育存在三大现实矛盾，即：就业压力日益严峻与大学生创业意识薄弱的矛盾，创业机会大量涌现与大学生创业能力低下的矛盾，受教育程度越高与创业积极性越低的矛盾。中国高校创业教育面临着三个亟需解决的问题，即：创业教育认识和定位偏差、创业教育师资极度紧缺、创业教育课程体系亟需建立。针对当前存在的问题，中国创业教育应该采取“观念指引、分类建设、制度保障”的发展思路。[④] 黄兆信、王志强（2013）认为，中国的创业教育应改变传统的发展战略，应立足自身办学特色与优势开展创业教育，制定面向全校、立足长远的创业教育发展战略，加强创业教育与专业教育之间的深度融合，重视创业教育通识课程和创业类专业课程的设计和教学，构建创业教育师资的成长平台，逐步形成一整套促进创业教育和专业教育融合的机制。[⑤] 翁细金、夏春雨（2011）认为，创业文化是高校校园文化的重要组成部分，加强校园创业文化建设已成为促进高校创业教育发展、提高创业型人才培养质量的必然要求，并从培育校园创业精神、营造校园创业氛围、开展校园创业文化活动、汲取地域文化精髓以及整合社会资源等五个方面提出了推进校园创业文化建设的有效途径。[⑥] 苏

① 赵志军 . 关于推进创业教育的若干思考 [J]. 教育研究，2006（4）.

② 木志荣 . 我国大学生创业教育模式探讨 [J]. 高等教育研究，2006（11）.

③ 朱明 . 我国大学生创业教育研究综述 [J]. 职业教育研究，2007（6）.

④ 梅伟惠，徐小洲 . 中国高校创业教育的发展难题与策略 [J]. 教育研究，2009（4）.

⑤ 黄兆信，王志强 . 论高校创业教育与专业教育的融合 [J]. 教育研究，2013（12）.

⑥ 翁细金，夏春雨 . 高校校园创业文化建设研究 [J]. 中国高教研究，2011（1）.

茂兴（2007）对毕业生非正规就业（即隐性就业和潜在就业等情况）的特点和原因进行了分析，对此，学校应积极引导大学生树立正确的观念，加强就业创业教育，为毕业生提供实践的锻炼机会。[①] 邓润生（2014）认为，提高大学生就业创业能力，可以从为毕业生提供信息咨询、帮助毕业生树立正确的就业创业观、培养大学生正确的就业创业意识、不断创新就业创业模式、培养全面发展的学生等方面进行；同时，高校要重视创业教育，完善教育体系。[②]

四、关于艺术院校创业教育方面的研究

（一）关于艺术院校创业教育理论的研究

叶清（2010）通过阐述创业教育的内涵及艺术院校开展大学生创业教育的必要性，分析目前制约艺术院校创业教育发展的主要问题，认为对艺术类大学生开展创业教育的核心是创新教育，并提出了完善创业教育课程体系的建议，使学生知识的积累能够贯穿大学四年；创造校园创业文化氛围，用灵活多样的方式调动学生独立思考的积极性；拓宽创业教育传授渠道；开展创业实践活动，将一切可利用的资源同创业教育相结合。[③] 刘卫红（2011）认为，在我国快速发展创意产业的背景下，艺术院校应加强对艺术专业学生的创业教育，通过打造创意创业复合型人才培养的学科平台，构建艺术专业创业型人才培养模式，开拓艺术创意创业基地三条路径，建立面向我国创意产业发展需求的创业教育体系，使艺术院校真正成为促进创意产业发展的人才培养基地。[④] 孙丽华、杨建春（2011）认为，创业教育既是大学教育生态的重要构成元素，其本身也是一个系统工程，对于艺术院校创业教育，必须根据其现实情况和特点采取具体的对策。作者从理念、内容、模式、方法、教育参与者及其内外部的文

① 苏茂兴．新形势下艺术类毕业生非正规就业情况浅析 [J]. 中国大学生就业，2007（2）.

② 邓润生．关于提高大学毕业生就业创业能力的思考 [J]. 长春教育学院学报，2014（6）.

③ 叶清．艺术院校开展大学生创业教育的探索与实践 [J]. 长春理工大学学报（高教版），2010（4）.

④ 刘卫红．构建艺术院校创业教育体系 [J]. 文艺争鸣，2011（6）.

化环境等方面，全面阐述了构建完善的创业教育生态系统的方案，以更好地指导艺术院校毕业生的创业。[①] 王昱华（2013）认为，对于艺术院校而言，创业教育是薄弱环节，面对新的就业形势，艺术院校应在创业教育中增加创业资源整合、创业计划、创业融资、创业管理等内容；同时，要努力培养全体教职员工的创新思维和创业意识，通过创业教育课程的丰富、创业实践基地的建立、学生职业生涯的规划等思路的调整，以促进艺术院校创业教育的发展。[②] 张祚键（2013）认为，支持创业的政策难以落实，缺少专门针对艺术类大学生的创业园区，高校的引导教育不足、扶植力度不高，大学生创业意识缺失等方面原因导致了艺术类大学生创业成功率较低。因此，我国高校要从思想和实践两个方面切实开展创业教育，培养复合型人才，政府和高校要积极从各自的角度出发，营造适宜艺术类大学生创业的环境。[③] 王艳婷（2014）综合比较了艺术类大学生在创业中的优缺点，认为提高艺术类大学生创业的途径主要是加强大学生对创业观念的认识，培养大学生的创新意识和创业意识，创业教学过程中设置合理的教学体系，提高艺术类大学生对创业环境的认识，健全艺术类创业教学师资队伍，开展艺术类学生的创业实践教学。[④] 孙贵斌、付晨夕（2011）从艺术类大学生自主创业须具备的素质入手，分析了影响其自主创业的深层原因，提出学校应通过开展创业教育、构建平台、引进项目、树立典型榜样等方面来促进艺术类大学生自主创业，实现自主创业的发展。[⑤] 赵晶晶、都业红（2010）认为艺术类大学生在创业中存在创业准备不足、缺乏商业经验、创业分散且形式单一、筹集创业资金困难等问题，高校应当创建创业园来扶持艺术类大学生创业，具体可以通过提高创业培训指导、搭建创业平台、分担创业启动资金、提供创业政策扶持、营造良好的创业氛围等措施进行。[⑥]

① 孙丽华，杨建春．艺术院校创业教育生态系统的构建 [J]. 江苏技术师范学院学报，2011（12）.

② 王昱华．艺术院校大学生创业教育与实践研究 [J]. 北京教育，2013（2）.

③ 张祚键．当代艺术类大学生自主创业问题探析 [J]. 江苏教育学院学报，2013（5）.

④ 王艳婷．当今高校艺术类学生创业教育之探索 [J]. 云南社会主义学院学报，2014（2）.

⑤ 孙贵斌，付晨夕．艺术类大学生自主创业方法研究 [J]. 高等教育，2011（9）.

⑥ 赵晶晶，都业红．浅谈艺术类大学生创业 [J]. 辽宁经济管理干部学院学报，2010（3）.

（二）关于艺术院校创业教育实证的研究

朱娜（2012）以四川美术学院为例，从美术学院的就业问题着手，针对具体的院校案例，提出了加强就业教育与思想政治教育紧密结合、建立学生思想上对专业的认同感、深化美术院校自主创业的内涵、开设适宜的就业教育课程、拓展多样的就业形式等对策。[①] 王成文（2012）以江苏省某综合类艺术院校为例，对艺术类毕业生自主创业情况进行分析，认为艺术类毕业生自主创业的特点主要为创业人数比例相对较高、技术和资金门槛低、在校期间的成绩和表现与创业关联不大，但是针对艺术类毕业生综合知识技能比较匮乏、创业团队不稳定、缺乏核心竞争力等问题，必须建立有针对性的创业教育体系，完善创业帮扶体系。

（三）关于艺术院校创业教育对策的研究

王新宏（2012）认为，艺术类专业的毕业生创业理念缺乏系统规划、创业综合技能有所欠缺、创业过程困难重重，这些问题都制约了他们的自主创业的发展。在今后，必须深化艺术类专业设置与人才培养改革，提高艺术类大学生综合能力；加大艺术类大学生自主创业辅导力度，提高艺术类大学生创业技能和竞争力；整合学校有效资源，支持艺术类大学生艰苦创业、自主创业；提高自主创业服务管理质量，为艺术类大学生自主创业提供服务保障。[②] 孙丽华（2012）认为，艺术类高职院校创业教育体系建设是一个系统工程，应建设教学运行体系，着力提高创业教育的实效；建设综合能力培育体系，提高学生的创新创业能力；建设支持保障体系，优化创业教育的生态环境。[③] 周宝松、李齐建、朱蕾（2012）针对艺术院校（以美术类院校为例）自身的特点，分析了艺术院校创业教育体系和创业培养机制建设的必要性、目标内容、方法，在具体的创业教育机制建设选择上，采取“以学科专业建设为主体，以创业课程建

① 朱娜．美术院校大学生就业中存在的问题及教育引导对策研究．西南大学 2012 年硕士学位论文．

② 王新宏．艺术类大学生自主创业的教育与引导 [J]. 湖北成人教育学院学报，2012（5）．

③ 孙丽华．艺术类高职院校创业教育体系建设刍议 [J]. 中国职业技术教育，2012（19）．

设为主导，以创意产业园区建设为依托”的创业教育模式，依靠艺术院校独有的专业特点和学科优势，在进行学科和专业建设的同时，积极推进创业教育体系和创业培养机制建设。[①] 胡巍威（2012）认为艺术类大学生创业形式主要有：公司兼职、培训班、服务咨询公司、创新工作室、开店等，而创业教育的路径是：尊重个性，师生互动；思维创新，能力创新；巩固基础，提升实践；因材施教，创业启蒙。[②] 庞映平（2013）从高职设计艺术专业毕业生的角度，对其学习创业知识、增强创业能力、心理准备、创业准备等方面进行了论述。[③] 进行关于艺术类大学生创业现状、特点，并提出相应对策的研究的学者比较多，如王锦花（2008）、朱伟（2012）、蓝少鸥（2010）、王凯宏（2013）等。杨丽莎（2011）以艺术院校图书馆为例，具体分析了图书馆在创业指导服务中的角色。艺术院校图书馆应结合学生的生源特点和专业优势，配合相关部门开展创业教育；发挥文献资源优势，提供创业信息服务，以更好地提升学生的创业能力。[④] 陈家友、庞卡（2005）认为，在近年来高校毕业生就业难的状况下，社区为艺术高校毕业生提供了广阔的自主创业空间，艺术高校毕业生可开展社区创业。[⑤] 方舟（2012）以大学生创业模式为研究切入点，分析了艺术类大学生创业的特点和现实问题，从创业教育的角度提出加强创业教育课程的设置和师资配备、搭建创业平台、营造良好的创业氛围等对策。[⑥] 全小军（2013）认为，在后金融危机时代，文化市场的繁荣带动了艺术类学生就业创业的发展，培养创业意识、指导创业知识、实践创业过程、优化创业环境可以克服艺术类学生专业性强而就业面窄的困境。[⑦] 阎媛（2014）简述了艺术类毕业生的就业现状，面对当前艺术类毕业生就业难的局势，她认为应建立艺术类毕业生就业观念指导的长效机制，必须改变学生就业观，加强技能培训，适当地降低预期值，根

---

① 周宝松，李齐建，朱蕾 . 艺术类院校创业教育体系和创业培养机制建设方法研究 [J]. 艺术教育，2012（1）.

② 胡巍威 . 高校艺术类大学生创业现状及能力培养 [J]. 产业与科技论坛，2012（16）.

③ 庞映平 . 高职设计艺术毕业生自主创业研究 [J]. 教育与职业，2013（3）.

④ 杨丽莎 . 图书馆在创业指导服务中的角色分析 [J]. 图书馆学刊，2011（8）.

⑤ 陈家友，庞卡 . 服务社区——艺术高校毕业生自主创业的创新思维 [J]. 玉林师范学院学报（哲学社会科学），2005（4）.

⑥ 方舟 . 艺术类大学生创业现状浅析 [J]. 南昌教育学院学报，2012（1）.

⑦ 全小军 . 后金融危机时代艺术类学生创业能力培养浅谈 [J]. 企业导报，2013（16）.

据社会需要培养出高素质的综合型人才。[①] 周山华（2014）系统分析了艺术类高职创业教育在发展中存在的诸多问题，从培养目标、课程体系、师资队伍、教学方法、支持体系等方面提出了艺术类高职创业教育模式构建的思路。[②]

（四）关于艺术院校创业实践研究

谢薇薇、陈英弟（2007）以浙江传媒学院艺术类学生自主创业情况为研究依据，认为学院应积极努力，得到政府的大力支持；学院应继续致力于课程体系改革，为在校生提供自主创业的教育；学校在创业强化教育的基础上，组织一批综合实力较强的学生，增加自主创业的成功率。[③] 王虹（2011）以无锡商业职业技术学院艺术设计学院为例，对大学生创业的现状进行调查，针对大学生创业教育中存在的问题，提出完善创业教育体系，营造创业氛围，培养大学生的创业意识和创业能力，转变传统观念，构建政府、学校、社会三位一体的创业教育体系的观点。[④] 王玉苓（2011）以辽沈地区社会艺术培训市场中的音乐美术专业大学生自主创业群体为实例，在对艺术类大学生自主创业的现状进行研究的基础上，发现了来自社会环境、学校、家庭和个人等方面的问题，并提出了相应的对策，即优化创业环境、强化创业教育、开启创业思路。[⑤] 冯绍君（2012）以广西艺术学院为例，以加强艺术类大学生创业教育为主题，从艺术类大学生就业创业指导服务体系的升级与扩容入手，以“锻造一支队伍，活化一门课程，构筑三个平台”为主要内容，探讨了加强艺术类大学生的创业教育，提高艺术类大学生的就业创业竞争力的问题。[⑥] 柏小剑（2014）通过对国内艺术设计类专业就业状况的调查，分析了艺术设计类专业创业型人才培养的现实意义，提出“创业”以“创新”为基础，“创新”以“创业”为深化，只有形成培养目标、内容、条件和策略“四位一体”的人才培养模式，才能使

① 阎媛．艺术类毕业生就业观念和就业指导的长效机制建立 [J]. 艺术科技，2014（2）．

② 周山华．艺术类高职院校的创业教育模式研究 [J]. 教育与职业，2014（6）．

③ 谢薇薇，陈英弟．浙江传媒学院艺术类学生自主创业情况调查与对策研究 [J]. 浙江传媒学院学报，2007（2）．

④ 王虹．大学生创业现状调查及对策研究 [J]. 山东商业职业技术学院学报，2011（6）．

⑤ 王玉苓．艺术类大学生自主创业实证研究 [J]. 辽宁师范大学学报（社会科学版），2011（5）．

⑥ 冯绍君．艺术类大学生就业创业指导服务体系初探 [J]. 高等教育研究，2012（17）．

学生毕业后适应市场经济对人才综合素质能力的需求，实现社会、学校、学生三方共赢的发展模式。[①]

五、已有研究可借鉴之处与存在问题

从知网文献资料查询统计来看，创业教育成果大多是从教育的角度来进行研究，目前关于艺术院校创业教育研究的成果不是很多。可以看出，国内的研究多是从 2007 年金融危机到来前夕逐渐开始的，大部分是从教育的角度进行的，从经济学和其他学科角度入手研究的成果并不多。

（一）现有研究的可借鉴之处

现有研究对创业教育的发展、内容、模式、途径等方面进行了研究，提出了创业教育的基本理论框架，在此基础上开展了大量的实证研究。在企业成长（尤其是创业企业成长）方面，国外学者提出了较为完整的理论体系，国内的研究者从现实存在的问题出发进行了针对性的研究。国内关于艺术院校创业教育的研究刚刚起步，研究成果较少。从已有的成果来看，对本研究可资借鉴的地方有以下方面。

企业成长理论的借鉴。在研究视角上，传统的创业教育研究多从学校和学生的视角进行，本研究是从企业成长的视角进行研究，已有的企业成长相关理论为研究视角的确定提供了依据。国内外关于企业成长的理论从企业成长的要素、阶段、路径以及发展过程进行研究，形成了比较成熟的理论体系。而通过对企业成长的现实需求的研究，对创业教育进行审视和反观，企业成长的相关研究成果无疑提供了丰富的理论依据。

创业教育理论的支持。笔者对中外创业教育发展的历程进行了梳理，提出创业教育是随着社会、经济的发展而不断丰富的。已有的研究成果从创业教育方法、内容、课程、途径、模式等方面进行了研究，形成了完整的理论体系。对国内外大学创业教育经验的整理和提炼，为本研究提供了理论基础。

① 柏小剑 . 从“就业”到“创业”[J]. 大众文艺，2014（6）.

实证研究成果的指导。现有实证研究通过对中外高等院校创业教育案例进行分析、问卷调查，对理论进行了进一步的论证。同时，对创业企业成长和高等院校创业教育的研究，为本研究选择实证研究的方法、工具等提供了参考，对企业成长现状和高校创业教育的研究也为本研究的经验事实研究提供了依据。学界对于大学创业园区和孵化器的研究成果不多，但是对研究提供了些许启示。

国外创业教育经验的借鉴。通过对国外创业教育的大量文献资料的研究，为本研究开拓了思路。对于最早开展创业教育的美国等西方国家的研究，从发展的历史背景分析可以看到创业教育与经济、社会的发展息息相关。创业教育针对企业的发展和社会责任，从课程设置、教学方法、教学内容到与企业的合作孵化等等，都提出了非常有价值的研究成果，为本研究从企业成长视角研究创业教育提供了理论指导。而对于与我国国情相近的印度以及与我国文化相近的日本的创业教育的研究，更具有借鉴意义。

（二）现有研究的不足

我国的创业教育刚刚步入全面发展阶段，研究也尚处于探索阶段。已有的理论研究多从学校教育的角度开展，注重学生综合素质和创业精神的培养，缺乏对创业实践环节的教育；注重企业的创建过程的培训，忽视了对企业长远发展应具备的素质的培养；注重以学校为主体的灌输式的教育，忽视了市场对创业者素质的需求。在研究视角、理论模型和研究方法等方面还存在着不足，还有许多值得我们去探索和研究的问题。

研究对象笼统。已有的研究往往忽视了不同院校的专业特色、地域差异和文化差异等影响因素，研究成果的针对性和可操作性较差。多采取实证研究的方法对某一院校或某一地区的高校的创业教育进行研究，样本量小，缺乏理论和借鉴价值。现有的关于艺术院校创业教育的研究寥寥无几，多从某一院校或某一个存在的问题入手进行对策研究，深入系统地研究艺术院校的创业教育整体方案的成果很少。

研究视角单一。目前的研究成果大多从高校和高等教育的视角来进行研究。对于创业教育内容、方法、课程、教材、模式、途径等内容的研究，多从学校培养学生的角度出发，虽然对于创业实践有一定的指导意义，但是忽视了培养优秀的创业者和企业家的目标。从企业角度进行创业教育研究的成果很少，而关注企业未来成长的创业教育研究更少。

研究方法简单。现有研究大多是理论演绎和以案例分析为主的定性研究，进行的定量研究不多，尤其是艺术院校的创业教育研究，从企业成长和创业者角度进行的创业教育实证研究成果不多。

研究途径孤立。现有的针对企业成长的研究非常丰富，而从企业成长需求出发的研究很少。现有的创业教育的研究成果同样很丰富，但多是从高校自身角度出发进行研究，以学校为创业教育实施的唯一主体，忽视了与之相关的其他因素的影响，忽视了创业教育的最终目标。同时对于“创业”概念的界定模糊，往往只是将“创业”界定在企业成立，而忽视了其生存与成长，所以研究成果不能适应创业的最终需求。

第二章
国内外艺术院校创业教育经验

艺术院校的创业教育既具备了普通高等院校创业教育的普遍特征，又具备极强的专业特性。国内外艺术院校创业教育的经验和事实，对我国艺术院校创业教育的研究具有一定的借鉴意义。美国是最早开展创业教育的国家，而英国是最早发展文化创意产业的国家，这两个国家具备的创业教育的普遍经验以及艺术院校创业教育的特殊经验可资我国艺术院校开展创业教育借鉴。而我国最早开展创业教育的几所艺术院校，其独具艺术特色的创业教育模式和极具活力的创业教育实践，为艺术院校开展创业教育提供了经验。

一、国外艺术院校创业教育经验

（一）国外创业教育普遍经验

创业教育的研究兴起于20世纪70年代的欧美国家。1970年，美国第一次创业学术会议在普渡大学召开，内容涉及大学在促进创业发展中的作用。1974年，Jeffry A. Timmons编写出版了世界上第一本创业课程教材*New Venture Creation*，提出以系统的课程设计来培养学生的创业能力，“以问题为中心”和大量案例分析的鲜活教学方式促使了学生进行积极思考。此后，创业教育逐渐在全球掀起热潮。

1. 国外创业教育概况

西方国家开展大学生创业教育的时间早，积累了丰富的经验。国内学者主要对美国、英国、日本、德国、澳大利亚、加拿大、法国、韩国等国家的大学生创业教育发展历程、成功经验、借鉴与启示等进行了广泛研究，笔者对世界各国开展创业教育的情况进行了梳理。

表 2-1　国外高校创业教育状况一览表

国家	创业教育状况
比利时	高校针对非商业领域的学生开设的创业教育课程非常的少。创业教育在经济和工程领域的院校开设。所有大学都开设了创业基础入门课，旨在培养所有学生的创业和自我雇佣意识。然而，很多“硬科学”的系主任们并不接受这一课程
捷克	尚没有系统的创业教育，仅在一些大学里有开展，但只是基于个人的行为。创业教育在技术研究领域大多受到限制，只与商业和经济有关。在一些情况下，大学里的技术转让机构会针对有兴趣把知识市场化的年轻学者，有选择地提供一些实践导向的创业教育课程
丹麦	在经济、人文和技术领域有很多创业教育课程，并且这些课程在不断增加。2004 年，政府创立了丹麦国际创业学院（IDEA），关注高校创业教育。丹麦国际创业学院也提供了针对研究生的政策支持，2007 年丹麦新政府颁布政策要求所有大学生都应该学习创业教育课程
意大利	几乎没有高校创业教育。仅仅在一些经济、管理、工业工程和工商管理硕士（MBA）领域有一些有关创业的课程，例如会计责任、工业组织、创新经济学、管理学和策略模式。一些教授开设少量关于创业的讲座，但并不成体系
塞浦路斯	创业教育仅仅局限在塞浦路斯大学和四个主要的私立学院中的 MBA 项目中。塞浦路斯大学组织了塞浦路斯创业大赛，只有针对高科技方面的创业，很多参赛者来自非商业专业。同时，有很多创业的研讨会来帮助参赛者实现他们的创业梦
列支敦士登	列支敦士登大学是唯一一个提供创业教育的学术机构。在本科学习的第五学期，有一个叫“创业精神”的创业教育项目，在研究生阶段，有一个创业学学位。很多创业教育的课程由列支敦士登大学创业学院提供和开发
卢森堡	卢森堡大学和卢森堡国际大学研究所已经开始进行创业教育，培养创业精神和商业创新。在一些非商业领域，科学、技术和通信方面有一些创业教育课程，2003 年在新工程硕士课程里有创业教育课程。2007 年设立了创业和创新研究生学位，并在卢森堡大学设置创业教职席位
立陶宛	仅仅有一些学生和老师进行自发的创业教育的尝试。几乎不存在高校创业教育
挪威	20 世纪 80 年代中期，在主要的工程学院里面就有创业教育课程。在 2003 年，学院依法获得创新知识产权的责任，大学开始对创业教育感兴趣。一些机构已经有创业型硕士项目。越来越多的学生开始对创业感兴趣，学生组织也开始发生作用

续表

国家	创业教育状况
希腊	从2000年起，政府在欧洲社会基金（EPEAEK II）的支持下已经采取了创业教育的相关计划。高校创业教育政策并不具有强制性，但几乎所有的高等教育机构都把这一计划纳入自己的教育项目中。同时，专门为学生设立了一项“泛希腊”奖，用以表彰在创业教育项目中的表现突出者
法国	法国政府一直致力于在学生中培养创业精神和价值观。其高等教育包括大学校和大学两个部分。在创业态度和商业创新方面，大学校要好于大学。在大学，创业教育在科技领域发展得比较好，但是在非商业领域发展十分缓慢。有9个工艺学院已经开展，一些大学设立创业中心，提供创业课程。创业教育的教学经验和工具通过一个国家性的数据库来收集和共享
爱沙尼亚	爱沙尼亚创业教育非常薄弱。在非商业和技术学科只有宏观和微观经济学课程。一些公共课有时会有会计和创新课程。在大学里，创业教育课程几乎没有，即使有，相关课程质量也很差
马耳他	通过选修课的形式，马耳他企业局努力为学生提供基本的创业教育。然而，在非商业学科依旧没有创业教育课程
爱尔兰	近几年，创业教育非常流行和受欢迎，很多高等教育机构提供了创业教育模块和其他创业教育项目，比如新企业创建和企业发展。创业教育不仅仅在商业院系，另一些院系也对创业教育表现出浓厚的兴趣和需求，学生能跟随国内外的创业家学习创业经验
德国	高校创业教育最近几年发展迅速。2008年开始，已有58个创业教育工作席位，有14个教授职位作为公开招聘计划。从1998年的1个创业教职席位，到2008年发展到58个。此外，还有40个附属席位，例如创新管理、市场、财务管理等方面的教职席位。一些大学发展为创业型大学
奥地利	创业教育非常多样化，不以必修课的形式呈现。技术大学和科系已经提供创业课程和跨学科课程。维也纳大学和维也纳科技大学的校友团为潜在的创业者提供了一系列的工作坊。企业孵化器为大学和应用科学大学的高科技发明者提供创业帮助。林兹美术大学与林兹大学合作，以选修课的形式开设了创业课程。创业教育课程是否应该采取必修课的形式依旧在讨论中
英国	大约有95%的高等教育机构采用不同形式开展创业教育。一项2007年关于高校创业教育的调查显示，36%的创业活动在课程内，64%的创业活动在课外进行。针对课程，61%在商业学科领域，9%在工程学领域，8%在艺术与设计学科，4%在科学学科。这些课程80%都在本科阶段开设
瑞典	所有的商学院和技术大学都有创业课程。课程非常多样，有5学分的课程模式，也有两年制的研究生项目。在高校的其他学科里，创业课程几乎没有

续表

国家	创业教育状况
芬兰	大学允许学生到其他机构学习创业课程。非商业学科因缺乏专业的创业教师而发展缓慢。大多数教授来自大学的经济学院或部门，在商业学科有 5 所大学把创业作为主要的学科
波兰	1990 年之后，高等教育对创业开始产生很大的兴趣，一些新的私立商业学院在它们的名字中加入“创业”这个词。在一些商学院，学生可以选择关于创业的专业课程。然而在非商业学科院校，几乎没有创业课程。最近，一些全国性的“创业动力”项目为非商业学科领域的学生提供创业教育的机会
葡萄牙	创业在非商业课程中还未涉及，综合性大学已经有创业园和孵化器为学生提供创业课程和商业计划竞赛。如佩德罗努内斯学院孵化器、科英布拉创业园和 Biocant 创业园
西班牙	很多大学设立了创业者发现和辅助项目，为学生提供一个把创业想法变为现实的支持体系。有 52 个这种类型的课外项目和机构，49 项创业教育课程。这些项目为有创业想法的学生提供了指导，一旦他们完成学业就可以创业。在商业和经济学科里大约有 55% 的创业课程，在技术和社会学科有 21% 和 19% 的创业课程
罗马尼亚	公立高等教育中没有创业教育。在私立大学则已经发展出创业教育的“胚芽”，一些教师教授创业课程，并十分支持。很多创业课程在研究生层次开设。没有创业或商业管理部门
斯洛伐克	高校创业教育在斯洛伐克十分受欢迎。很多大学设立了专门的创业学院，在其他学院也有专门的创业部门。斯洛伐克有 15 个创业学院，面向技术科学和自然科学领域专业的学生开设，其他专业的学生也可以通过创业课程来获得学分
匈牙利	在商业相关学院和科系，通过必修课为学生提供基本的创业技能。在非商业科系，有的学院不提供创业培训，有的通过短期的必修课或选修课提供基本的创业培训，有的提供宽泛的创业技能必修课和选修课。三分之二的非商业学院设有创业教育方面的专业
美国	最早开始创业教育的国家。已形成了包括政府、民间组织、实业界在内的支撑体系。政府通过立法作出规定，予以规范，成立小企业开发中心，实行“小企业孵化”计划等。课程可分为：创业知识、意识、能力素质和实务类；师资一般由专职教师和风险投资者、成功企业家等兼职教师组成。典型模式有百森商学院以培养创业意识为主，哈佛大学以培养实际管理经验为主，斯坦福大学以培养系统的创业知识为主。发挥考夫曼基金会等民间组织力量，获取企业、社会团体、个人的捐助；企业可直接参与，提供创业实践、实习基地，聘请管理人员到高校授课等

续表

国家	创业教育状况
加拿大	政府高度重视，经过60余年的发展，已经形成了涵盖社区学院、商学院以及综合性大学的完整体系。商学院模式注重培养复合型人才，社区学院培养具备基本技能的某行业特定创业人才。综合性大学培养具备相当专业知识、有可能跨行业发展的创业人才。课程以案例分析为主，项目教学为辅。著名高校大多建立了属于自己的创业研究中心和孵化器组织
日本	在政府的推动下，形成了官学协作的体系。企业经常主动就人才需求向学校提供意见和建议；和大学联合开发创业教育教材、课程，设计创业教育的培养方案，向大学生提供见习实践基地，为具有潜在盈利空间的创业计划提供风险基金，帮助大学生启动创业。创业教育师资以全职高校教师居多
印度	创业教育开展较早。印度创业教育大多由高校或高校教师自主组织开展的，很少有教育主管部门或其他行政部门参与。印度的创业教育师资由两部分构成，一部分是负责理论教学的学校教师，一部分是负责实践教学的访问教授。印度创业教育课程与专业课程整合在一起，具有很强的针对性。加尔各答管理学院将创业教育课程糅合在管理学科之内
澳大利亚	建立层次与模块并存的课程体系。专业模式培养具备企业家素养的创业型人才，基础课程以与创业学相关的基础课程为主；核心课程注重创业实践能力培养；培训模式是一种技术培训与继续教育相结合的模式，政府研发大纲，明确教学内容和课程，以培养创业意识为主；普及模式建立新企业创立流程与企业经营管理方式的配需，培养创新能力、创业意识，挖掘创业潜能
新加坡	在十多年的发展中建立了一套覆盖小学、中学和大学的完整体系，小学通过“虚拟股份”之类的游戏，培养商业意识。中学在课程中引入企业管理知识。注重创业教育国际化，南洋理工大学开设硕士学位课程。国立大学企业孵化中心解决创业初期遇到的资金、网络等问题，并建海外学院，让学生在海外热点地区实习。邀请海外专家对课程进行调整，开设国际性课程，定期参加国外大学的合作研究项目，参与斯坦福区域创新创业精神研究部（SPRIE）、全球创业观察（GEM）项目和全球创业型大学—学生调查（GEUSS）项目等

世界各国的创业教育经验和成果非常丰富，基于本研究的理论需求，笔者对已有的研究成果进行比较分析，选取其中最适合本研究的理论作为依据。美国是全世界最早开展创业教育，也是创业教育系统建设最完善的国家，其经验可资世界各国开展创业和创业教育借鉴。英国是世界上最早发展文化创意产业

的国家，其艺术事业和艺术产业的发展在全球具有领先地位。因此，这里选择对美国、英国的创业教育进行更为细致的研究。

2. 美国高校创业教育的普遍经验

在创业教育模式方面，美国高校主要有两种创业教育模式：一种是复合式创业教育模式（Composite Model），另一种是整合式创业教育模式（Integrate Model）。采用复合式创业教育模式的学校，课程一般为创业或小企业领域的介绍性的内容，这些课程结束后，通常会要求学生写一份商业计划书，并且到小企业协会（Small Business Institute）实习。创业教师一般被指派课程，他们可能对课程没有浓厚的兴趣，课程通常是被指派的教师的附属物。整合式创业教育模式主要通过独立的创业教育系或教育中心进行创业教育。在这种模式下，教授将集中精力进行创业教育领域的教学和研究，基本的教学责任在创业系或者创业中心。百森商学院于 1978 年成立了创业教育中心，仁斯里尔理工大学于 1986 年成立了创业教育中心，加州大学洛杉矶分校于 1988 年成立了创业教育中心。截至 1996 年，美国共有 93 所大学设立了创业教育中心。整合式创业教育模式营造了一个更为有效的协调创业教育各方面因素的环境氛围，更能引起来自管理者、普通行政人员、教师和学生的重视，比复合式创业教育模式更有效。

在创业教育课程方面，截止到 2005 年初，美国已经有 1600 多所大学或学院开设了创业课程，并且形成了完善的创业教育课程体系，涵盖了大学专科、本科和研究生层次。美国高校创业教育的课程有艺术管理学院开发的一般性课程，也有独立的创业院系或创业中心开发的创业整合课程以及辅助性教育机构开发的课程。课程按照培养目标分为创业意识课程和创业潜能开发课程。创业意识课程又分为创新精神课程、团队意识培养课程、学习化意识培养课程和创业技能训练课程。美国高校在创业教育领域十分注重企业家精神的培养，哈佛商学院将必修的管理学改为“创业精神管理学”。杰弗里・蒂蒙斯将创业教育理解为“为未来几代人设定创业遗传代码来培养最具革命性的创业人才”[①]。创业潜能课程主要包括行动能力培养课程、权变能力的培养课程等。

① 陈明 . 美国的创业教育 [J]. 江西教育（管理版），2005（9/A）：41–42.

创业技能训练主要有现实测评技能（Reality Testing Skills）、公司评估技能（Venture Evaluation Skills）、公司启动技能（Venture Start-up Action Skills）、职业评估技能（Career Assessment Skills）、民族特性评估技能（Ethical Assessment Skills）、分配制作技能（Deal-making Skills）以及相关的领导和公司责任（Leadership and Corporate Accountability）课程、法律基础课程、财务管理技能课程等。在西北印第安学院（Northwest Indian college），如果学生主修创业课程的话，可以获取准技术学位（associate of technical arts degree），创业课程主要包括提供商业运转训练，如市场、销售规划、会计学、计算机应用等。美国创业教育除了重视意识培养和潜能开发外，特别强调对技能本身的训练。

在创业教育师资方面，要求教师对创业领域的实践、发展趋势及创业教育社会需求变化有良好的洞察力，对大学生如何开展创业教育也有自己独到的见解，他们在担任创业教育教师之前，都参加过企业见习或者亲自体验过创业。在担任创业教师的过程中，他们仍然与企业保持密切的联系。美国高校创业教育师资力量雄厚，他们不仅有深厚的专业理论功底，而且有丰富实践经验。据创业教育资源网调查数据显示，在大学创业教育教师中，有 117 名教授，40 名副教授，11 名助理教授和 5 名讲师或助教。美国的一些大学和学院还设置了创业学学士、硕士和博士学位，为创业教育提供了专业的师资源泉。一些大学和考夫曼基金会联合提供了“创业教育者终身学习计划”项目，对创业教师进行有关创业教育知识和创业实践的培训。此外，美国高校经常组织创业教师的研讨和交流，使教师不断获取新知识和新经验，不断开拓创业教育的新领域。

3. 英国高校创业教育的普遍经验

一是建立完整的创业教育体系。英国政府对创业提供政策保障，形成了良好的法律保障体系。英国的公司法明确规定了中小企业、封闭公司的法律地位，方便公司设立、降低运营成本。法律对大学的知识产权进行管理与保护，明确规定大学无权自动拥有产生于学生之中的知识产权，确保了英国大学生们能够自主创新创业。同时，良好的资金支持也是保障创业教育开展的基础，英国计划专门拔出巨款，资助英国高校开展创业教育领域的国际交流与合作。

“大学生创业计划”提供无抵押、发展债券式的创业启动金。政府通过专门为加强校企合作而设立的“高等教育创新基金”向高等教育相关机构提供资助。政府建立了科学创业中心（UK–SEC）和全国大学生创业委员会（NCGE），来管理和实施创业教育，鼓励毕业生自我创业。同时，成立了半政府性质的英国大学生创业促进委员会和民间学团性质的英国创业教育者联盟，旨在促进英国高等学校加强对大学生企业家资质的培养，尤其是鼓励毕业生的自我创业。英国的创业教育逐步形成一个完整的社会体系和教学研究体系，高校在创业教育支撑体系下，积极通过创业实践提高大学生创业能力，有效地缓解了社会就业压力。

二是健全创业教育社会援助网络。英国有很多的智库和非政府组织关注经济的高效发展，他们更重视高等教育机构培养创业精神，鼓励其他社会组织与高校通力合作来培养国家未来的企业家，其中企业对大学生创业是最主要和最重要的支持网络。1986 年，由各个行业著名企业家和大学的知名学者组成的工业与高等教育委员会，旨在通过提高高等教育和企业间的相互理解、合作和支持来促进各种各样的学习。英国企业对大学生创业发挥着重要的作用，于 1986 年成立的壳牌技术创业项目（Shell Step），使学生获得实践经验，增强对中小企业的认识，将在中小企业就业或自我创办企业作为未来职业的一种选择。中小企业的业主也认识到了大学生对企业发展所带来的利益。

三是完善高校创业教育课程体系。目前，英国已经形成了较为完整的大学创业教育整体发展框架。英国科学创业中心（UKSEC）和全国大学生创业委员会（NCGE）成为英国创业教育管理的重要组织。目前，英国创业教育主要存在两种教育课程，一种是“为”（DO）课程；另一种是“关于”（ABOUT）课程，涵盖构思、融资、设立、管理等知识课程，也包含演讲沟通、团队合作等技能课程。这两种课程的教学方法和评估体系存在差别。这些课程为大学生提供了实践学习经验，培养了学生的学习实践能力，并能相互交流从中获得的知识。除了开设创业课程，学校也给学生们一些实质性的创业指导。如拉夫堡大学规定，该校“学生创新和创业奖学金的获得者将享受一揽子创业指导，包括知识产权法规、公共关系和营销建议、商业计划和资金申请、良好风险基金的介绍等等”。高校还联合起来专门成立针对全国大学生的创业网络，通过提供包括英国创业计划、创业大事列表等资源来支持学生创业。此外，每两个月就由学生创业协会主办一次全国范围内的会议，目的是帮助创业群体共享知识和思想，增强对创业的认同感。

（二）国外艺术院校创业教育经验

国外艺术院校的创业教育除了具有普遍性，还因为其专业的特色，具有更多的特性。注重技术技能的培养成为创业教育的核心，而开发利用社会资源，对创业教育在教学内容上进行丰富，在教育资金上进行支持，也是国外艺术院校成功开展创业教育的必要因素，这些经验对我国的艺术院校具有较高的借鉴价值。

1. 注重与专业教育融合

英国和美国的艺术院校专业学习强调实践性，不论是作品的创作还是展示，都具有很强的实践性、独立性。英国和美国的艺术院校注重将创业教育融入专业教育中，将创业知识、创业技能和创业精神、职业道德等无痕地与专业教育结合。

首先，强调创业实践的独立性。英国爱丁堡艺术学院多媒体专业的每个学生从大学二年级开始将会有一个独立的工作空间，同时还有三个不同的可预定的展览空间。在这个独立的空间内，学生可以享受到一流的视频剪辑、网页设计和桌面出版的工作条件。学生在受到专业教育的同时，独立地开展创业全过程的模拟训练。

其次，以工作坊为主的教育形式。工作坊是艺术院校专业教育中采取的一种教学形式，它由多人共同参与，通过彼此间的相互对话沟通、共同思考、进行调查与分析、提出方案或规划并开展实际行动，是一种轻松快乐的互动学习方式。在学习过程中，将创业教育中的团队合作精神融入其中，学生可以学习艺术市场运作中经营管理、决策制定、市场分析等知识。

最后，是注重职业发展和个人成长。通过邀请行业知名艺术家和设计师定期参与学校的教学活动，为学生进行职业生涯的讲座，树立学生的职业理想和职业追求。圣马丁艺术学院强化职业生涯的重点，通过举办规模宏大的经纪人会议，参与各类艺术中心的实践和决策，加强学生职业理想的树立，通过与行业顶级专家的合作和学习，为学生的个人成长确定远大的目标。

2. 注重技术技能的培养

技术技能是艺术院校学生创业的核心竞争力。在美国和英国的艺术院校的专业教育中，技术技能的培养是基础。其一，要注重技术技能培养的全面性。学生不仅要了解本专业的知识，进行本专业的技术技能的培训，还要接受与企业运行相关的其他所有知识的学习和实践。美国加州艺术学院舞蹈专业的学生接受的课程学习不仅是舞蹈技能的学习，还涉及舞蹈制作的各个领域，如舞台美术、灯光设计、服装设计、音频和视频制作等。其二，注重技术技能的创新性。创新是艺术的最基本特征，各种艺术形式只有创造了自己独特的风格，才能有立足之地，所以注重创新和创意是艺术院校创业技术技能培养的灵魂。美国加州艺术学院重视想象力与创造力启发，培育出遍布全世界的艺术家、表演艺术工作者、艺术企业管理者、电影制片人、动画制作人等创意人才。英国皇家艺术学院金匠、银器、珠宝和金属制品专业鼓励以开放的心态深入思考，培养具有创新设计能力和非凡创意的人才。学生可以挑战并质疑常规和传统，崇尚个性化的设计。其三，注重技术技能的国际性。英国和美国的艺术院校在教学管理、人才培养、科学研究上于世界各艺术领域内均享有盛名。美国加州艺术学院服装设计专业运用全球性的方式探索服装和装饰设计模式，与国际领先的团队进行合作，使学生了解国际最先进的设计理念和管理思想，提高参与国际合作和商务运行的能力。英国皇家艺术学院授课教师都是世界闻名的艺术家、实践家和理论家，学生能在充满创造力的国际化环境中接受个性化的教育教学。

3. 注重全过程体验学习

美国和英国的艺术院校创业教育注重全过程的学习，主要体现在两个方面。一是企业成长全过程的模拟学习，在这些院校的教育中，按照企业运行的模式，将专业教育置于模拟的或者真实的产业环境中，学生通过学习和实践体验产业运行的规律，了解企业运转的各个环节的知识和技能，开拓国际化的视野，了解国际流行趋势和艺术发展潮流，为未来的创业奠定坚实的基础。如美国加州艺术学院制片管理专业的核心课程包括知识产权、市场营销、公共关系、预算、筹款和文本分析等，学生制片人直接通过电影学院和表演中心参与影片制作全过程。格拉斯哥美术学院为环境艺术专业的学生创造与当代世界艺术家共同工作的机会，使其有机会接触最高端的创作空间和管理经验。二是在专业学习全过程融入创业教育。在艺术专业课程的教学中融入创业教育内容，从培养创业精神入手，激发学生的创业意识，培养学生的创业技能，在学习的过程中为学生提供创业实践的机会。英国皇家艺术学院服务设计专业开设的课程有结构化的学习（包括从业人员和资深学者的讲座及大师班）、工作坊（围绕设计任务进行为期 3 ～ 4 周实践）、研讨会（导师主导）、行业专家评审以及一对一创业导师辅导等。课程的每一阶段的学习都会融入创业教育内容，同时也注重邀请行业专家参与教学全过程，与学生进行面对面的交流和辅导。

4. 注重与产业结合

与产业的密切合作是国外艺术院校创业教育的显著特征，艺术院校的管理、教学和实践环节与行业结合紧密，学生完全是在实际的产业环境中实现专业成长。从具有行业领先优势的师资队伍，到国际化的实践平台都使美国和英国艺术院校的创业教育与产业紧密结合，积累了独具特色的创业教育经验。爱丁堡艺术学院表演服装设计专业直接与剧院、舞团、电影电视公司紧密联系，将创业教育置身于真实的产业环境中，学生的学习过程就是一个完整的企业成长过程。学生不仅要学习剪裁技术、材料、服装历史、图案和刺绣的技术技能，还要学习企业运作的技能。英国皇家艺术学院创新设计工程专业强调学生服务社会的意识，提出未来企业要通过设计为社会提供社会效益和经济效益。伦敦中央圣马丁艺术与设计学院时装专业不仅可以学习时装设计的专业课程，还开设了市场预测、品牌推广、产品开发、公共关系和广告策划等课程，邀请行业内专家进行授课；向学生介绍国际制造商和具体消费者市场的情况，使学生了解国际流行趋势和发展状况，并且经常邀请欧洲最有名望的设计师与学生进行交流，使学生有机会了解行业和产业发展的最新趋势。

5. 注重整合社会资源

国外的创业教育的师资资源大部分来自校友和行业内知名人士，学院派的艺术氛围对艺术家和校友有很好的凝聚作用，而这些校友资源和社会资源是艺术院校保持其艺术领域领先地位的重要保障。一是校友资源的合理运用，从学生进入学校开始，这些艺术院校会对学生进行学校历史的教育，对校友的事迹和成就进行宣传。在教学过程中，校友会参与学校的专业教学和创业教育，分享自己创业成功的经验。学校在艺术领域的地位为艺术家们提供了很好的平台，参与学术和公益活动能提高艺术家的社会影响力，这种良性的互动使校友以学校为荣，以为学校服务为傲。爱丁堡艺术学院通过强大的校友网络关系为学生提供实践机会。伦敦中央圣马丁艺术与设计学院邀请顶级的毕业生和专家开办专业讲座，为学生的专业实践和创业教育提供经验。二是挖掘丰富的社会资源。国外的艺术院校与本领域的社会机构联系紧密，既为这些机构培养优秀的人才，又可以挖掘这些机构的社会资源，为学校的专业教育和创业教育提供帮助。在伦敦，很多艺术院校坐落于博物馆、音乐厅、大剧院周边，学生可以方便地参观博物馆，也能到音乐厅、剧院欣赏演出，为学生提供了很好的学习和了解艺术领域前沿信息的条件。甚至散落在艺术院校周边的画廊和商店也为学生们提供了丰富的学习和实践资源。三是开发行业资源。韩国釜山大学与相关艺术行业企业密切合作，为设计学部、影像大众传播学部的学生提供参与实践的机会，学生直接参与工作，学习创业技能，设计制作作品。学校还开通海外实习渠道，培养国际化的文化艺术人才。

案例1 媒体实验室（MIT Media Lab）

在当今世界，创客运动在国际上风行，作为一种先进的创业教育模式，创客空间（Hacker Space）经过多年的实践和探索，已经形成成熟的教育体系。在这个实体的空间里，不同专业领域的人因为相同的兴趣爱好和共同的目的聚集在一起分工合作、学习交流。通过开放交流的实验室、工作室和机械加工室，成员有着不同的经验和技能，以团队协作的方式进行创作和创造。媒体实验室（MIT Media Lab）就是创客空间的一个成功案例。

媒体实验室是1980年在麻省理工学院的尼古拉斯·尼葛洛庞帝教授和前总统约翰·肯尼迪总统的科学顾问杰罗姆·威斯纳的努力下建立的，它将追求技术领先作为自己的目标，通过创新技术，为人们创造一个更好的未来。在媒体实验室近40年的发展过程中，其完善的体制和成果吸引了世界各国高校前去参观和考察，成为创业教育的典范。尤其它在艺术教育领域一直处于领先的地位，其独特的创业教育模式被很多学校学习和借鉴。而纽约大学艺术学院在同一时期建立了媒体实验室，它在课程设置和教学模式上都有新的尝试。

一、具有相对独立的组织机构

麻省理工学院的媒体实验室具有相对独立的机构，成立了相应的管理集团，但仍隶属麻省理工学院的建筑与设计学院。独立的机构设置，使媒体实验室在管理上有更多的自主权和自由度，有利于建立自由的学术空间和宽松的研究氛围。在学术研究和学科发展上与麻省理工学院保持统一，并进行有效的支持和补充。管理团队的组成不仅有学院的工作人员，还有加盟企业的高级管理人才，保证了媒体实验室的研究和发展处于行业的领先地位。

二、多学科的交融协作

1985 年，贝聿铭媒体实验室设计建造了“威斯纳馆”，从此开创了一个新的纪元。从最初的第一个十年重点对多媒体、电子音乐、全息技术等进行创新研究，丰富和增强人类表达的手段，掀起数字革命的新浪潮，到今天致力于嵌入式技术、数字、多媒体、音像视频、艺术设计等领域成果转化的研究，实验室已经走过近 40 年的历程，在众多领域的研究中取得了骄人的成绩。媒体实验室鼓励打破学科界限，实现不同研究领域非传统的融合。长期以来，实验室预测计算机、多媒体、出版、广播、通信、艺术设计等行业的未来发展趋势，随着科技的高速发展，不同的学科之间的交融更加紧密，包括多媒体、电子音乐、平面设计、视频、全息技术和计算机人机交互等。忠于其创始人的愿景，今天的媒体实验室继续专注于研究、发明和创造性使用数字技术来丰富人们的思维方式，探索新的科学领域。一大批具有丰富学科背景的产品设计师、纳米技术学家、数字虚拟化专家和行业研究人员来到这里，互相交流合作，利用先进的计算机技术和丰富的研究经验，在媒体实验室开展技术、产品和平台的研究。

三、拥有开放的实体空间

麻省理工学院媒体实验室建有 15100 平方米的开放性工作室，24 小时向会员开放。一些公共空间还可以租赁给麻省理工学院的赞助项目和学院的教育研究委托项目的人员使用。媒体实验室为研究者和学生提供了一个令人兴奋的、充满刺激的和非正式的工作环境。媒体实验室创作的演示和原型仅用于研究目的。作为赞助协议中的一项权利，加盟的赞助商可以访问他所赞助的新技术开发实验室，并购买他所感兴趣的产品或服务。实验室也会定期招聘工作人员，在网站公示空缺岗位，有意愿来这儿工作的学生和研究者可以通过网络进行申报，参与到媒体实验室的管理、服务和研究工作中来。媒体实验室开放的空间和自由的氛围吸引了各种不同背景的人员加入，其中包括工程师、科学家、艺术家、设计师等。不同的专业背景、工作经历和生活环境使他们具有不同的思维方式、观察能力和工作状态，这些人在实验室相互配合、相互协作和启发，使实验室充满了“魔力”，这种开放性、多样性正如麻省理工学院媒体实验室的标志一样——一个可以形成无数种多变性与可能性的锥形标志，它形象地体现了麻省理工学院媒体实验室的无限智慧。

四、建立丰富的项目平台

媒体实验室是一个研究生层面的学术研究项目。纽约大学艺术学院的项目为期两年，学生在修满 16 个基础课学分、40 个专业课学分和毕业论文项目学分后，可以从这个创客空间和学位项目中获取硕士学位。麻省理工学院以多个研究项目为平台开展学习与研究，学生在此学习，不仅能进行创新创业方面的实践，同样也能在完成一定学分的学习后获取硕士学位。

麻省理工学院的媒体实验室通常有 400 多个活跃的研究项目，当学生毕业的时候，他们研究的一些项目会结束或者转换到新的项目中。人们可以通过网络了解每个项目的具体信息，可以与自己感兴趣的项目负责人进行直接沟通。丰富的项目平台可以吸引众多学习者加入，麻省理工学院媒体实验室的导师队伍由 200 多名资深研究人员、合作企业研究人员、科学家及博士后、技术及行政人员组成。活跃在该实验室的研究生约有 150 名，他们来自不同的专业，通常具有一定的工作经历。学科背景和工作经历丰富的师资队伍为项目的开展提供了指导和保障。

五、先进的教育理念

麻省理工学院倡导“机会均等、积极行动”的学术研究理念，在创新创业教育中强调“以人为本”“跨学科”“原创性”和“开放性”的原则，以项目为平台，自由组建研究团队。目前有多个研究团队，如摄影文化、流动媒体等活跃在实验室。不仅研究生可以参与项目的研究和开发，本科生也可以申请加入实验室计划外的项目，本科二年级以上的学生可以申请以实习生的身份参加暑期研究项目，每年大约有200多名本科生通过这样的方式来到实验室工作。

媒体实验室充分地与企业开展合作，麻省理工学院媒体实验室每年运行资金4500万美元，资金主要来自70多个联盟会员（微软、谷歌、三星、松下、思科、诺基亚等）。企业的加盟不仅有了雄厚的资金支持，同时也带来了最前沿的研究项目，而研究成果的转换变得更加快捷。

在课程设置方面，重视专业课的多样性。纽约大学媒体实验室除了7门基础课外，还开设了新媒体应用技术、动画设计、视频与声音等100多门专业课。教学中不仅强调技术技能的培养，更突出创新精神和创业能力的培养，鼓励学生学会思考和表达自己的思想，抛开各种束缚，开发出自己想要做的产品。指导学生探索使用先进的技术技能，有效提升、改善和愉悦人们的生活。

在教学方面，纽约大学媒体实验室注重学科的融合和交互。招收的学生来自艺术、科技、经济、政治等多个领域，拥有丰富的专业背景。学生们在交流中可以对其他专业领域的知识有所了解，有利于用全新的视角开展研究，这对学生的创新创造有很大的帮助。而麻省理工学院媒体实验室，在鼓励学生互相交流学习的基础上，允许学生自由邀请媒体实验室的教授、研究员，或者其他研究生参与到自己的研究小组中来共同完成项目。

麻省理工学院和纽约大学的媒体实验室为我国艺术院校的创业教育提供了很多经验，同样的艺术专业背景，相似的人才培养模式，使媒体实验室这种创业教育的模式，对我国艺术院校具有现实和可行的借鉴作用。

案例2 芝加哥哥伦比亚学院

芝加哥哥伦比亚学院是美国一所私立大学，成立于1890年，是一所学科专业丰富的综合院校，哥伦比亚学院是美国最大的艺术与交流学院，在国际上享有盛誉。学院设置了娱乐与媒体管理、美术与设计、创意写作（小说）、创意写作（诗歌）、教育、影视与音像、新闻学以及影视音乐作曲等专业。学院作为顶尖的电影学校，在美国一直都备受瞩目，最受欢迎的专业包括影视与音像、美术与娱乐管理、设计、新闻学以及摄影术等。

芝加哥哥伦比亚学院顺应时代的发展致力于培养学生丰富的理论知识、熟练的技术技能和较高的艺术修养，使学生能成为具有创新精神和创造力的、引领文化艺术发展的人，并且在事业成功的同时创造美好的生活。学院将创业教育融入其他专业教育中，基于帮助学生创造美好生活的愿景，从学生的需求出发，利用多种实践教学平台和校外实践合作项目，开发学生的创造力，培养学生的创业能力。芝加哥哥伦比亚学院的创业教育具有以下特点。

一、非功利性

学校将创新创业教育作为艺术教育和专业培养的重要组成部分，将其与教学、科研、实践融合在一起，将创业能力和创新精神作为学生能力培养的一部分，融入各种课程中。而并不是将创业教育作为一门单独的课程来设置，也并不是为了让学生创办一个企业而专门进行技术技能培训和企业知识传授。哥伦比亚学院更加重视教育的本源，致力于为艺术专业学生建立一个教育的自然生态系统，而非传统教育中惯用的温室生态系统。学校在开设艺术专业课程的同时还开设了数学、计算机等自然科学，以及历史、人文等社会科学的很多课程，为学生提供了一系列完整的社会科学及自然科学教育课程，学生可以自由选择。学校还为学生创造学习实践的机会，使学生置身于真实社会环境中，按照社会的需求和自身的兴趣去选择教育的方式和内容，从而在校园内寻找到最适合自己的职业方向和成长方式。

二、自由性

芝加哥哥伦比亚学院在创业教育中为学生提供丰富的实践平台，任何学生和校友都可以通过申请进入平台。各平台都成立了评审小组，根据平台的工作内容对申请加入的人员和项目进行评审，通过后可以进入平台，并得到支持和指导。Shop Columbia 就是这样的平台，它是一个以服装、美术、摄影、杂志、设计等艺术产品为主的校园商店，它的经营管理以及产品设计都是由哥伦比亚大学的学生来完成的。自 2008 年开放以来，Shop Columbia 为广大学生提供了宝贵的实践场所，600 多位学生艺术家在这里出售自己创作的艺术作品和产品的特许经营权，从而获得真实的创业经验。Shop Columbia 的核心是帮助学生学习如何进行企业管理，了解市场信息，从而建立自己的品牌。学生和校友提出申请，将自己的作品提交评审小组审核。评审小组的人员由各艺术学科的教师、艺术领域的专家、时尚界的专业人士组成。如果申请人不符合条件，评审小组会及时反馈情况，并提供建设性的意见，帮助申请者提高艺术品的展示和销售水平，从而使其作品最终进入商店。如果学生的实践活动与学业发生冲突，学生没有足够多的时间投入他的商业业务中时，Shop Columbia 也会协助学生进行管理。学生可以通过建立小型商业网站，每周或者每月定期与客户进行交流，在保持对商业业务管理的同时保证有足够的时间来完成研究工作和学习任务。Shop Columbia 的教师帮助学生在实践中形成自己的商业思维，很多学生通过在这里的实践不断成长，最终建立起一个独立的商店。

三、人性化

2015 年，芝加哥哥伦毕业学院推出了五年战略行动计划，旨在确保学校继续致力于学生成功创业，坚定其信心，使毕业生的水平保持世界领先。为了使学生适应不断变化的世界，更好地实现育人的总目标，学院围绕总目标制定了六个子目标，指导师生开展创新创业教育。这个计划将师生团结为一个整体，每一位教师、职员、学生管理和服务人员都为实现这些目标而共同努力。而其中最重要的目标便是“学生成功”，不仅是事业成功，同时也强调了生活的成功——创作美好幸福的生活。学院在教学实践中同样高度重视以人为本，建立一种独特的学习社区，汇集大量创造性人才，开展作品创作、媒体艺术、文学交流和推广营销。学生在学习社区可以自由交流，接触到世界文化创意产业最前沿、最先进的工作思想。学校管理者认为，教育是为了让学生创造美好的生活，创业教育要从学生的学习需求出发，从学生的兴趣爱好出发，让学生理性地选择学习的方式和内容，尊重和支持学生发挥自己的创造力，参与到教学中来。

四、高端性

学校的学生实践教育保持着合作对象的高端性和国际化，坚持与世界一流的研究机构和艺术机构开展实践合作。学生的培养计划根据合作方的需求进行调整，如与意大利洛伦佐·德·美第奇国际研究所开展艺术品的保护研究的合作，学生有一年的时间在意大利进行学习和实践，学习艺术和科学、创造性艺术、设计、意大利语和文化四个领域的课程。同时，进行艺术品的修复工作，在意大利浓郁的艺术氛围中获取艺术和材料保护项目的第一手经验。而电影和动漫等与影视相关的专业，学生直接参与到好莱坞等世界知名的电影公司的拍摄和后期制作中去，制作了很多优秀的电影作品，创造了无数骄人的成绩。学生通过学校搭建与大型企业和著名的研究机构的合作平台，参与到专业学习和创业实践中去。通过学习了解专业领域最先进的技术和最前沿的信息，了解行业的发展态势，熟悉市场运作的流程，参与科研项目的研究，不仅能得到最优秀的学者和专家的直接指导，还能参与艺术领域内最优秀作品的创作和营销。学生在这样高端的教育环境中所获得的经验将为未来的创业打下坚实的基础。

五、多元化

哥伦比亚学院努力将校园建设成一个多元化的社区，鼓励思想的多元化、学习主体的多元化和学习方法的多元化，最大限度地激发学生的创造力。如学院与芝加哥“城市文化与特殊事业部”共同发起对艺术家阿奇博尔德·莫特利的研讨活动，活动通过展览、表演、艺术沙龙、电影展示等形式吸引了人们的关注，众多的艺术人才参与到活动中来，很多学生也以各种各样的方式参与其中，开展丰富多彩的创作和研讨。

这些参与对象有着不同的专业背景，呈现多元化的结构。他们中有音乐、美术、舞蹈等专业的学生和从业人员，通过自己的理解和创作来诠释莫特利的作品。莫特利的作品记录了1930年代到1940年代美国黑人的生活场景，展示出丰富多变的绘画风格。在活动中，人们形成了一种共识，那就是今天的艺术创作必须跨越学科，才能吸引观众。

学生在活动中展示着多元的思想，不同专业的学生通过艺术家的作品来寻找灵感进行创作，也从艺术家工作和生活发生的故事中寻找素材来创作作品，约1500人通过协作参与到音乐作品的创作中来。有的音乐通过捕捉女性的高跟鞋走在街上的声音、拥挤的公寓儿童的喊叫声等来反映莫特利作品中对生活在芝加哥城市底层的非裔美国妇女状况的描述。有的学生受莫特利作品中夸张色彩的启发，通过使用不同的乐器和器材，创作出不同寻常的音乐。而舞蹈专业的学生在莫特利城市场景的绘画作品中寻找灵感，通过各种舞蹈形式，与乐队的艺术家充分合作，创作出令人耳目一新的作品。而艺术教育专业的学生则在老师的指导下开展教育和展览活动，并进行广泛的宣传。

整个活动充分地体现了哥伦比亚学院服务社会、建立多元化社区的责任和理想。通过参与活动，也使学生体会到各种艺术形式之间的协作的重要性，各艺术学科之间的边界越来越模糊。学生必须不断拓展自己的知识领域，提高专业技术技能，参与各类型艺术实践，才能适应社会的需要。

六、系统化

芝加哥哥伦比亚学院在长期的教学实践中构建了独具特色的系统化的娱乐管理实践平台，有创业意愿的学生可以通过这个平台真实地参与体验娱乐管理的全过程。Arts, Entertainment and Media Management Program（艺术、娱乐和媒体管理实习，以下简称 AEMMP）平台通过独特的课程体系为商业和创业的学生提供现实世界的娱乐管理经验，它为学习音乐的学生提供社交媒体和网络营销服务。学生允许进入所有与之合作的企业的网站，了解这些企业在音乐制作、起草和签订绩效合同等方面的工作细节，了解公司发展过程、生产状况和特色业务，真正去体验现实世界的音乐业务。

AEMMP 的课程丰富多彩，吸引了很多学生。它通过社交媒体网站，定期公布艺术营销活动的清单。每年芝加哥城市艺术节由哥伦比亚大学师生来组织，AEMMP 会通过微博来展示学生在艺术节上的表现。学生通过走出校园，参与大量的艺术实践活动来获得更多的创业方面的实践经验。在 AEMMP 实习平台，本科学生与研究生共同参与实践学习，这对本科学生来说是非常有益的。研究生拥有的专业素养和实践经验，为一起学习的本科生开拓视野、提高专业水平提供了很多帮助。而本科生活跃的思维和创新的能力也为研究生带来新鲜的体验。

在 AEMMP 实习过程中，学生要相互合作和相互支持，学生在这个团队会承担很多任务，承担很多风险和压力，但是这是非常真实的体验，因为这个团队直接对接行业，合作对象广泛，团队拥有不同专业、不同领域的丰富的人才。在 AEMMP 工作团队实习的学生，可以在这里寻找天使投资人，从而实现自己的艺术梦想，管理自己的职业生涯。可以像专业的娱乐公司一样创建一个自己的企业，可以跨越任何障碍，在相互支持中取得成功。每一个公司成员都是股东，参与投资，激发每个学生的创业积极性。

回顾哥伦比亚学院的发展历史，创新与卓越是学院一直坚持的办学理念。学院在发展过程中创造了很多辉煌的成绩，尤其是在创业教育方面，成为全世界艺术教育机构的领跑者，吸引了来自世界各国的学习者和参观者。在新的发展时期，哥伦比亚人不断总结历史经验，在继承的基础上寻求创新发展，面对众多的挑战，为下一个新的飞跃发展做好充分的准备。

二、国内艺术院校创业教育经验

长期以来，我国的文化单位和艺术团体均属国家事业单位，稳定的工作和丰厚的薪酬使艺术工作者创业意愿很低。艺术院校是为数不多的保持精英教育的高等院校，培养的艺术人才专业素养极高，是文化市场的稀缺资源，“皇帝的女儿不愁嫁”的就业状况，使艺术院校依旧保持以就业为主的教育模式，所以我国艺术院校创业教育起步较晚。随着国家经济文化的发展，从 2012 年开始进行文化体制的改革，直至今日，已经有 80% 的艺术单位改制为企业，艺术人才原有的“铁饭碗”被打破，原有的户籍制度也改变了。从“艺术圣殿”走下来的艺术人才面临着广阔的市场，虽然资源市场的稀缺性决定了其创业的难度相较于其他专业要低很多，但是心理的调适和能力的补充，将是他们面临的巨大考验，创业教育变得尤为重要。

(一)艺术院校创业教育环境的改善

从 1989 年“创业教育”第一次在我国提出，就得到党和国家的高度重视。党的十六大后政府逐步把培养大学生创新能力、引导和鼓励大学生创业放到国家发展的战略高度。党十七大报告中指明了“促进以创业带动就业”的方向，并在十八大报告中再次提出“引导劳动者转变就业观念，鼓励多渠道多形式就业，促进创业带动就业，做好以高校毕业生为重点的青年就业工作”。党的十八大以来，我国不断深化高等学校创新创业教育改革，修订人才培养标准，改革教学育人机制，加强师资队伍建设，强化创业实践训练，构建创业帮扶体系，把创新创业教育融入人才培养，为建设创新型国家提供源源不断的人才智力支撑。多年来，各级政府部门出台了一系列关于大学生创业的支持政策，涉及高校创业教育支持政策、创业融资、税费减免的财政金融支持政策、大学生创业孵化园的商务支持政策等。在近些年教育部印发的关于大学生就业工作的指导文件中，对大学生创业教育的关注度逐年上升，对艺术专业的学生也给予了特别的关注。教育部针对创业教育课程建设、师资队伍建设、质量检测跟踪体系建设、加强创业教育理论研究等方面提出了要求。在 2012 年，教育部针对本科院校规范了创业教学的基本要求，在教学目标、原则、内容、方法和教学组织五个部分提出了规范和要求。[①]2014 年，国务院为了更加稳妥地应对 727 万高校毕业生就业的新压力，与时俱进地提出“鼓励大学生通过网店形式实施创业”，制定了“我国大学生创业引领计划(2014—2017)”，确保大学毕业生中创业所占比例有所提高。这些政策和指导意见有力地推动了我国艺术院校创业教育的发展。十年过去了，高校毕业生人数已经增长了一倍，就业的压力、疫情的影响使大学生创业的难度更大。面对压力，教育部在不断地完善创业政策，2023 年实施了“2023 届全国普通高校毕业生就业创业促进行动”，提出要“充分发挥中小企业吸纳就业作用”，同时要“支持自主创业和灵活就业”，要求各地各高校鼓励和支持高校毕业生自主创业，在资金、场地等方面向毕业生创业者倾斜，为高校毕业生创新创业孵化、成果转化等提供服务。

① 中华人民共和国教育部 . 普通本科学校创业教育教学基本要求(试行)[R]. 2012.

（二）艺术院校创业教育模式不断丰富

我国艺术院校的创业教育从20世纪末开始，在借鉴国外创业教育经验的基础上，结合独特的学科专业特点，在整合学校、国家、行业和校友资源的基础上，面向对应的产业，摸索创业教育的道路，不断丰富创业教育的内容，形成适应艺术生创业需求和创业企业成长的创业教育模式。

1. 素质教育模式

该模式注重学生创业精神的培养，将其作为素质教育的重要组成部分。开设创业选修课，并细化选修课内容，开设创办企业基本知识、企业管理知识以及创业精神和职业道德等课程，学生通过自主选择课程来进行学习。在课程教育的同时，通过创业竞赛、创业校友讲座、研讨会等多种形式，使大学生与企业面对面地了解创业过程，激发大学生参与创业实践的热情。很多艺术院校成立了创业中心，为大学生创业活动提供了资金支持和技术保障。

2. 实践演练模式

该模式以创业知识、技能为重点，开设必修课和选修课，在授课方式上采取小组实践的形式，学生们通过创业计划方案的讨论和拟定，了解创业知识，提高创业技能，发挥创业创意潜能。通过小组实践教学，大学生加强了团队合作意识，在互动启发的教学氛围中，学习了创业的知识，激发了创新意识。有的高校成立创业管理培训部门和学院，统筹安排学生的创业教育。

3. 孵化平台模式

在国家政策的推动下，一些艺术院校建立了创新创业园区和创业企业孵化器，这些平台与政府部门合作，在资金、政策、信息等方面享受国家支持，逐步形成具备专业特色的创业教育平台，如创新园、文化创意产业园、创业孵化园等，都为学生提供了广阔的创业实践基地，吸引了大量有创业意愿的学生加入园区，在创业导师的指导下进行创业的实践。

4. 综合教育模式

该模式以创新教育和素质教育为主线，培养具备创新能力和创业精神的高素质人才。在专业教育中融入创新教育和创业教育，通过实践环节的教学，为艺术院校学生提供创业模拟平台，以期提高学生的技术技能和商务运作能力。

配合课程教学，邀请企业的创业者和行业的管理者进行经验的传授，以提高学生对市场的认知和对创业风险的了解。

（三）艺术院校创业教育专业特色突出

长期以来，在为数不多的艺术院校中，创业教育的开展呈现两极分化的特点。因为专业教育精英化的模式，艺术人才成为稀缺人才，多年来保持着很高的就业率，良好的就业形势使艺术院校创业教育的开展缺乏现实的需求和动力，尚处于起步阶段。但是，与产业结合紧密的艺术专业院校的创业教育随着我国创业教育的整体发展而不断发展，其中，中国传媒大学和北京服装学院在创业教育和创业实践上具有鲜明的专业特色，不仅在艺术市场上形成了独特的企业管理模式，而且在服务地方经济、引领行业发展上形成独特的运行机制，在创业教学和创业实践上引领艺术院校的发展方向，起到了很好的示范带动作用，形成了独具特色的艺术院校创业教育经验。

案例1 中国传媒大学文化创意园

（一）园区基本情况

中国传媒大学文化创意园是中国传媒大学下属的，集创新人才培养、创意项目孵化、文化公司聚集、国际国内文化交流合作等功能为一体的文化创意园区，位于朝阳区高碑店高井文化园内（中国传媒大学西校区）。园区致力于拓展传媒教育培训资源，打造传媒、创意产业领域高级人才教育培训高地；致力于产学研用结合，孵化和推动影视、动漫、数字媒体、广告、游戏等科研项目的市场化和产业化发展；致力于以传媒大学为能力源，聚集有影响力和发展前景的优秀文化创新型企业入驻园区，并扶持其更快更好发展。

2009年11月，朝阳区在第四届北京文博会上首次对社会发布建设北京“CBD—定福庄国际传媒产业走廊”的规划构想。2013年，“CBD—定福庄国际传媒产业走廊”空间规划和产业发展规划相继完成，作为国家“十二五”重点项目的“CBD—定福庄国际传媒产业走廊”计划，西起东二环，东至通州交界，北到姚家园路，南至广渠路，占地面积约78平方公里，沿通惠河和朝阳路、朝阳北路，围绕传媒相关产业，打造一条传媒产业带。

2010年3月16日，中国传媒大学和北京中视东升传媒有限公司合作运营的中国传媒大学东亿国际创意园在北京CBD—定福庄国际传媒产业走廊揭幕，创意园位于北京市朝阳区，与东扩后的CBD商圈接壤，占地130亩，规划建设近30万平方米，创意园总投资10.5亿元，一期投资3.2亿元，建成了一栋2万平方米的演播大楼和三栋总规模5万平方米的综合楼。中国传媒大学文化创意园是中国传媒大学下属的，集创新人才培养、创意项目孵化、文化公司聚集、国际国内文化交流合作等为一体的文化创意园区。创意园由中国传媒大学文化产业孵化器、创新人才培养基地、文化产业集聚区、高端影视制作区、传媒精英总部五大功能区组成，如图2-1所示。截至2014年12月，创意园区已有50余个文化产业重点基地，18000家文创企业，文创收入年均增速超过20%。

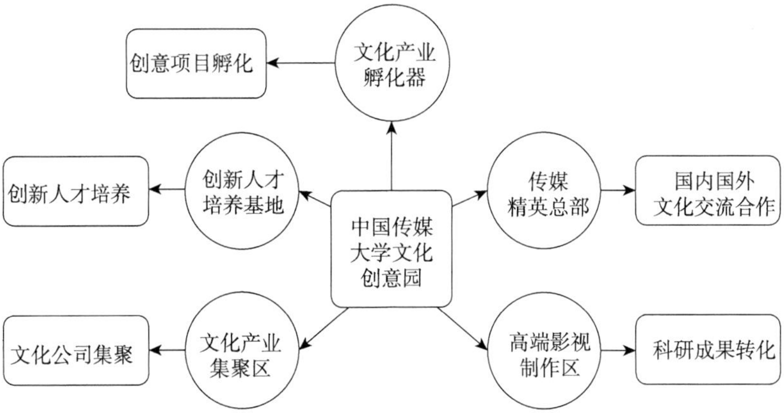

图2-1　中国传媒大学文化创意园区功能图

（二）创业教育特点

1. 确立科学的创业教育理念

大学教育的目标不仅仅是教会学生必要的专业技能和专业知识，更为重要的是帮助大学生更深刻、更透彻地理解他们周围的世界，以及怎么去利用个体掌握的技能和知识去改变自身所处的环境，在自我价值实现的同时为社会的发展贡献自己的力量。社会目前存在着创新创业教育功利化的观念，由于我国创业教育还处在发展阶段，水平不高，社会更加倾向于从商业价值方面评判创业教育。即使在高校之中，教育管理部门和教育管理者也普遍认为创业教育只是针对极个别大学生的就业行为和创业实践，无法彻底理解其人才素质培养的价值，因而往往很难在教学层面推进创业教育，更谈不上把创业教育整合到学校的人才培养规划之中。而就创业教育的受众而言，功利性的价值判断使得很多大学生的视野出现偏差，致使他们误认为创业教育就是可以马上带来经济效益的商业行为，而无视创业教育对人的综合素质和能力的提升乃至职业品格的强大塑造作用。

创业教育是一个系统工程，必须依据艺术教育的特点和实际情况来确立符合现代教育规律的科学创业教育理念，将学业教育与创业教育紧密结合。为了树立创业教育的科学理念，中国传媒大学将创业教育目标内嵌于学校教育教学目标中，把创业教育课程和专业基础课程、公共基础课程、学科专业课程的教育内容进行有机结合，在专业基础课程、公共课程和专业课程教学中融入创业教育的内容和理念，尝试将“第一课堂”与“第二课堂”进行有机统一。比如，组织学生进行教学实习实践，先后到贵州凤冈电视台、河南开封电视台、北京金松林动画公司、北京优购文化发展有限公司进行实践和学习。同时，中国传媒大学积极推动“实践类课程”共享，打破了传统的课程设置模式，为不同专业的学生提供了一个学习实践共享和交流的平台。通过“实践类课程”共享，学生综合素质和能力得到大大提升，跨学科的专业知识和实践对于学生未来的创业行为有积极的作用。

2. 确立以文化创意园区为主要载体和平台的实践育人模式

个人性和实践性是艺术创作的两个明显特征。艺术院校学生和老师艺术创作的基础空间是教师的个人工作室，但是教师个人工作室也存在着一些明显的不足。一是创意教育空间有限，高校教师个人工作室由于办公面积的制约，承载能力有限，很难实现人才的聚集；二是创业教育资金支持不足，创业项目的启动往往离不开资金的支持，可是由于高校教师和学生的资金限制，一些非常好的创业项目无法启动；三是创业教育智力来源单一化，创意的思维、创业项目的产生需要不同行业、不同领域的人才进行激烈的思想碰撞，后期还需要进行严谨细致的项目论证，单单依靠学校的智力资源远远不够。

中国传媒大学以文化创意园区作为学生创业教育的主要载体和平台，有效解决了以上的三个问题。首先，文化创意园区拓展了高校创业教育的空间，文化创意园区内的学校单位和科研机构以及企业都可以成为高校创业教育的平台和场所；其次，文化创意园区为高校创业教育提供了雄厚的资金支持；最后，文化创意园区内汇集了传媒、传播、信息咨询、科技、影视文化等多个行业的顶尖人才，各个行业的人才在一起进行多层次、全方位的交流，对于创业教育的发展有非常好的促进作用。

3. 创业教育管理以校企合作为主

中国传媒大学注重加强学校与企业的协同与合作。中国传媒大学创意园区目前入驻的学校单位包括中国传媒大学MBA学院、文化发展研究院、新媒体研究院、培训学院、亚洲传媒研究中心、国际传媒教育学院、区域经济研究院、国家文化创新实验区中国传媒大学推进办公室等单位；入驻的企业有北京中传杨帆影视文化发展有限公司、四两千斤文化传媒有限公司、北京芬格时代文化传播有限公司、北京麦卡科技有限公司、北京魔法精灵文化传媒有限公司、北京高峰盛世信息咨询服务公司等。

在创意园区内，中国传媒大学的科研单位和机构将学校的设计、研发资源与园区内的企业相结合，形成产学研协同创新创业的良性机制。创意园作为一个全新的互动平台，将企业、风险投资机构、孵化器、科技园以及政府相关经济和管理部门紧密相连，为大学生的创业活动创造了一个良好的生态环境。在此创业教育生态系统中，不仅加强了企业、社会与高校的联系，又强化了企业界、风险投资界与学生的联系，使得学生的创业学习和实践丰富化，增强了中国传媒大学的创业教育功能。

4. 中国传媒大学文化产业创意园的运作模式、运营理念和管理考核方式

中国传媒大学创意园区与其他创意园区的显著区别在于其独特的运作模式。中国传媒大学创意园区孵化器与传媒精英总部互相补充，孵化器起到扶持中小企业和项目的作用，传媒精英总部起到引进大企业，以形成品牌效应的作用。中国传媒大学的文化产业孵化器是中国传媒大学规划中的“环中传文化经济圈”的重要组成部分，其规划定位在于促进传媒行业的产业集聚，打造传媒巨头的聚集区，成为传媒发展的风向标。

创意园采取中国传媒大学与北京中视东升文化传媒有限公司合作运营方式。根据合作协议，传媒大学将与中视东升公司合作使用三栋综合楼，传媒大学负责带项目进来，收益由双方分成。在管理机构设置方面，创意园设有理事会和管委会。管委会负责对中国传媒大学文化创意园区发展建设进行综合指导。管委会设主任、副主任各一名，下设正科级管理机构四个：行政人事部、发展规划部、产业促进部、孵化器管理中心。其中，孵化器管理中心为中国传媒大学文化产业孵化器的常设管理机构，负责孵化器的日常管理工作。

中国传媒大学文化产业孵化器有独特的经营理念。由于孵化器依托于CBD—定福庄国际传媒产业走廊、中国传媒大学学科优势和传统品牌效应，所以该孵化器主要招收的是针对那些初创的与传媒行业相关的文化项目和企业，孵化和推动影视、动漫、数字媒体、广告、游戏等科研项目的市场化和产业化发展，聚集有影响力和发展前景的优秀文化创新型企业入驻园区，培养高校应用型高端人才，全方位地扶持入孵企业的成长和个人项目走向成熟。

孵化器对于入孵企业接收分为半年、一年、两年三类，以一年为一个基本的考核期，入孵企业必须严格遵守孵化器的规章制度。除了管委会的日常监督之外，入孵企业还要定期提交项目进度实施方案，考核是由专家组成的评审团对入孵企业进行公开的评审评议。经过考核，不合格或是没有进展的项目，企业必须按照专家提出的建议进行及时的整改，以确保项目和企业质量达到最优。如果不接受整改，那么只能退出孵化器，避免资源的闲置和浪费。此外，在平时不接受管委会管理，违反孵化器规章制度，情节严重者也必须退出孵化器。因此，孵化器中的企业数量是随时变化的，随时可能有企业进入，也随时有企业要退出。

5. 通过国内外交流学习提升创业教育师资水平

创业教育是管理教学中最具综合性、学科跨越最多的学科。创业教育课程以行动为主要导向，经验教育的体验多于理论知识、概念规则的讲授，这就对创业教育的师资水平提出了比较高的要求。创业教育师资不仅要有较宽的知识面和广阔的视野，而且要能认识和利用创业教育的规律，同时还要具有较高的职业素养和职业实践指导能力，既能把握社会职业需求，又能够提升学生的创业素养。建设一支由艺术设计类专家、广告传媒类专家、营销管理类专家、成功企业家、政府经济部门公关人才、孵化器管理专家、职业律师等人员组成的实践经验丰富、理论功底深厚的高水平创业教育师资团队是顺利实施创业教育的重要前提和保障。复合型师资队伍的建设也有利于弥补学生们在校内受到创业教育课堂的局限和社会经验的不足的缺欠。

中国传媒大学极为重视师资创业教育水平的提升。一是加强本校师资队伍创业能力的培训，学校积极创造条件鼓励教师参与创办经营企业、企业咨询以及各项研究活动，增加其管理实践经验，进而提升其创业教育管理水平。中国传媒大学动画与数字艺术学院教师李智勇创作的《功夫兔与菜包狗》先后荣获第16届TBS DigiCon6数码大赛东京放送评委会特别大奖、2014年金熊猫北美国际微电影节最佳动画短片和2015年第九届伊朗德黑兰国际动画节电视动画片金奖三个重大国际奖项。2015年3月12日，2014级国际新闻传播硕士班8名师生前往梅地亚新闻中心，参加了第十三届人大三次会议的中国人民银行新闻发布会。

二是聘请国内外知名创业教育专家开展创业讲座，引进创业教育人才。2015年3月，中国传媒大学邀请到美国宾夕法尼亚大学沃顿商学院客座教授、美国海军陆战队参谋学院和军官学校军方顾问、纽约大学Stern商学院工商管理硕士（EMBA）课程客座教授、纽约大学公共关系与企业沟通硕士课程客座教授、美国伯克利大学神学联盟研究生院斯塔尔国王学院的客座教授、瑞士联邦理工学院安全研究中心的核心成员赫里奥·弗雷德·加西亚（Helio Fred Garcia）为师生作了“突发事件中的声誉之战”专题讲座。此次讲座，加西亚教授融合他几十年的专业沟通指导实践及教学经验，选用大量典型和具有广泛影响力的商界政界案例，从独特的角度阐述了一套有效而新颖的危机应对方法及沟通技巧。

6. 提升创业教育中学生的主体地位

个人需要的满足、价值实现、权力获得以及对自由和解放的追寻，都要通过人的主体性社会实践来实现。艺术院校的创业教育同样离不开学生“主体性”的实践。中国传媒大学为了提高创业教育中学生的主体性地位，主要做了四个方面的工作。

一是不断推进素质教育，提高学生的综合素质。2014年10月，由中国传媒大学心理健康教育中心主办的2014级新生心理素质拓展活动在中国传媒大学附属小学操场上举行。此次素质拓展活动分为4场举行，中国传媒大学约2500多名新生参加活动。同学们感受到了素质拓展要传达的“经历、体验、成长”的精神，心理素质和身体素质得到了提高。中国传媒大学在探索和推进创业教育的过程中，注重学生创业综合素质的提高，一方面是注重学生择业观点的改变，帮助学生将消极被动的择业观念转化为积极主动的创业观念；另一方面是注重对创业教育相关领域的体验，帮助学生获得创业的感性认识，如创业环境、创业风险、创业团队合作等方面的认识。

二是开展创业实践活动，激发学生创业潜能。2014年6月，在中国传媒大学经济与管理学院艺术管理业界导师、中国广播电视协会电视制片委员会张明智会长的鼎力支持下，2013级经济与管理学院的广播电视专业硕士全体同学获得了直接进入五个电视剧剧组学习的机会。这些剧组既有展现当代大学生村官奋斗风采的《亲亲阿伦河》，也有讲述都市爱情奇遇的《有点二的桃花运》，有工人阶级通过自身奋斗成功的《我叫汪革革》，还有讲述革命时期风云诡谲的地下战场的《无名者》，更有《东方战场》这样讲述中国军民与各国人民热血抗战的史诗剧。同学们进入剧组后被分配到了不同的岗位，有的同学担任现场制片助理，学会了如何高效率地组织现场工作人员协调配合，按质按量地完成拍摄任务；也有同学担任剧组的财务管理，协助做好剧组的预算工作，并对支出进行有效控制；还有的同学负责演员副导演的工作，帮助电视剧挑选合适的演员；也有的同学兼职充当起了群众演员，等等。同学们在实践中感知了各个具体岗位的工作内容，为以后的创业积累了丰富的前期经验。

三是加强社团建设，调动学生创业的兴趣和热情。中国传媒大学现有校级社团63个，分为学术科技类、文艺类、公益实践类和体育类四个类别。在校团委的指导下，由社团联合会统一监督、管理，分别挂靠不同学部（院），各专业教师担任指导教师。社团联合会作为各社团的联合机构，作为校级学生组织之一，在服务与管理社团的同时，通过组织“社彩秋韵”社团文化展演晚会、“公益锻炼日”系列活动、社团文化季等，锻炼了学生们的人际交往、团队管理和领导能力，而这些关键能力的获得对于成功创业有非常重要的作用。

四是广泛开展各种创业竞赛。创业竞赛是一种有效的大学生创业模拟练习，涵盖理论竞赛和实践竞赛两部分内容。创业竞赛包括组队、挑选项目、培训、市场调研、最终完成创业计划书、答辩等阶段，通过创业竞赛，学生不仅学习积累了宝贵的创业知识，创业能力得到提高，也锻炼了沟通交流和组织管理能力，培养了学生的团队意识。更为重要的是，通过参与整个过程，学生获得了极为重要的模拟创业经历。

中国传媒大学组织了创新创业计划竞赛、广告设计大赛、模拟企业经营竞赛等活动，最具代表性的有两个：一是中国传媒大学MBA学院于2014年10—12月举办的“经纬杯”中国传媒大学研究生创业大赛。大赛组委会为成功晋级的每个参赛队配备一位具有丰富创业实践经验的创业导师。创业导师主要是来自国有大型企业的领导人、跨国公司中国区现任或前任领导人以及大中型民营企业的创始人，从知识完善、素质培养、能力提升、经验分享、人脉拓展和创业辅导等方面帮助参赛团队拓展人脉资源，提升经营管理能力。此外，晋级决赛的所有创业团队经过推荐，进入中国传媒大学文化创意园孵化器，参加全国及北京市创业大赛，推荐与中国传媒大学MBA实践导师企业进行深度合作；获得一、二、三等奖的创业团队创业导师及全体成员赴世界500强企业参观学习，并与企业高管面对面交流。

二是由经济与管理学院2014级管理科学与工程专业研究生胡蒙娜、黄欣竹、尹江玲、武剑四位同学组成的“小旋风”团队，2014年4月份在第七届“尖烽时刻”商业模拟大赛全国总决赛表现出色，荣获“MBA/研究生组”全国二等奖，卢威老师被评为“优秀指导教师”。“尖烽时刻”（Peak Time）是欧洲最大的国际商业模拟竞赛之一，是由中教国际交流中心主办，芬兰Cesim和捷创营销协办的国际性赛事，目前已成为全球顶尖商学院学生进行交流合作的一项重要赛事，自2008年引入中国后，已在中国成功举办六届，得到了全国知名院校的积极响应。通过比赛，学生们提高了运用商业技能的综合能力，使之享受到了学习带来的快乐，积累实践经验，提升专业知识使用能力，也分享了人脉资源；同时，也让更多的学生拥有与国际院校交流的机会，分享了国内外商业模拟教学的经验。

案例2 北京服装学院服饰时尚设计产业创新园

（一）园区基本情况

2012年3月，由北京市人民政府与北京服装学院共建的“中关村科学城第四批签约项目——北京服装学院服饰时尚设计产业创新园”（以下简称“中关村时尚产业创新园”）落成。中关村时尚产业创新园作为中关村国家自主创新示范区唯一的服饰时尚设计产业项目，作为北京建设世界城市和“设计之都”战略的坚定支持者和践行者，于2012年10月23日在北京服装学院正式开园。园区也是北京服装学院下属的，集创新人才培养、创意项目孵化、时尚创意企业聚集、国际国内时尚创意文化交流合作等为一体的创意园区，北京服装学院创意园区主要功能如图2–2所示。

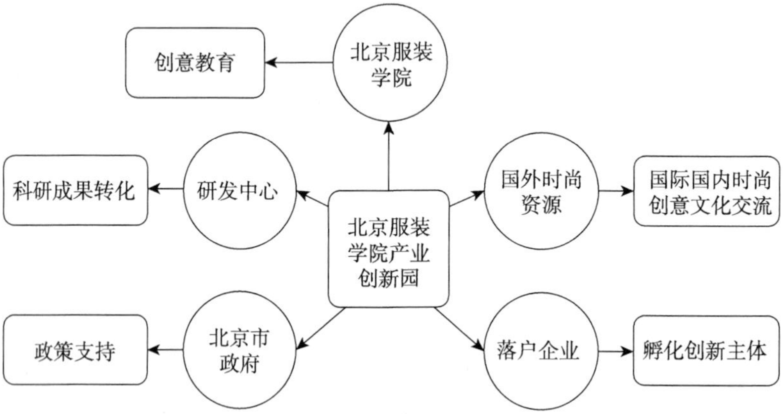

图2–2　北京服装学院产业创新园功能图

创新园以服饰时尚产业为主线，依托北京服装学院在服装服饰设计研发方面的地位和影响力，以及北京服饰时尚产业大力发展产业研发、设计、商贸、展演和信息咨询等主要环节在全国的竞争优势，以聚集一批知名服装和时尚企业研发中心及营销总部，实现一批重大科技成果转化和产业化，孵化一批有竞争力的原创设计师创作及创业，带动周边区域发展，彰显“时尚、高端、创意产业特色”为核心目标。同时，以重大科研课题的组织和产业化项目的实施为主要抓手，以建设国家级服饰时尚设计创新平台、公共服务平台和开放性创新团队为支撑，推动教育、科学、艺术、时尚与产业的结合。创新园立足学校发展，整合校内外资源，面向国内外市场，促进首都时尚产业整体结构优化升级。

中关村时尚产业创新园占地总面积10000平方米，其中，1300平方米的1号秀场、1100平方米的银色大厅、600平方米的大展览厅、300个座席的艺术报告厅、100个座席的大会议厅已成为北京时尚新地标。中关村时尚产业创新园是北京服装学院集“创新人才培养、创意项目孵化、时尚创意企业聚集、国际国内时尚创意文化交流合作为一体”的创新产业园区。园区依托北京服装学院，拥有专业权威的时尚设计研发团队，包括国家服装安全研究与检测中心、中小学校服设计研发中心、北京市服装数字化工程技术研究中心、企业文化产品研发中心、BIFT collections 时尚品牌研发中心等。

北京服装学院2014年毕业生中，创业人数达109人，占毕业生总数的7.54%，创业人数在北京市名列前茅。创业领域主要集中在服装（服饰）定制、平面设计、美术培训、科技创新等领域，毕业生依托专业创业，创业成功率较高。

（二）创业教育经验

1. 拓展创业教育的教学内容

创业教育是一个综合性的系统工程，包含课程体系和非课程体系。创业教育体系需要学校和社会的共同参与，是理论性和实践性的结合，而不是开设几门创业课程那么简单。北京服装学院为使创业教育的教学内容丰富化和多元化采取了几项措施。一是紧紧围绕创业过程的具体环节开发试点班的创业教育课程，针对创业技巧、创业心理、创业风险、创业理论和创业指导等不同内容，教授创业学、小型企业管理、新企业创建、风险投资、新产品开发、创造学、技术创新、创业营销等创业教育体系中的主干类课程。同时结合创业教育，讲解一些创业相关的法规、政策以及企业运营管理的知识。此外，北京服装学院还积极推进专业类创业教育课程的开发，探索将创业教育的知识和内容融入专业课程体系之中，为专业教师开设选修课程提供支持，鼓励专业教师在教授专业课程的过程中加入创业教育的内容，从而提高创业教育在学校和学院的影响力。二是积极举办展览讲座、艺术讲座、画展、艺术展、教学艺术作品展、毕业作品展及动态秀，比如2014年11月的“BC品牌&土城空间”新锐设计师联展，2014年12月的艺术讲座“关于日本住宅的洋式化和洋馆并列型住宅的诞生过程”，2014年12月的北服思政课实践教学艺术作品展等等。三是实行国际化创业教育培训，北京服装学院2015年1月与英美友好院校联合推出冬季短期赴英美时装周学生交流团项目和艺术研修交流团项目，鼓励更多的学生走出去，了解国际艺术时尚和文化，培养学生的国际意识，提升其国际交往能力、国际竞争能力，进军国际时尚舞台。

2. 将创业理念贯穿专业教育始终

创业教育与社会、人文、历史等其他学科的不同在于它在实践过程中创造了自身的教育内容、教育目标和教育方式，参与创业教育的相关主体通过这一过程完善和丰富了创业教育。艺术院校创业教育应紧密联系当前经济社会发展的要求，提高教学方法和教育管理模式的现代化水平。北京服装学院不断致力于将创业理念融入专业教育之中，先后采取了多种措施。一是举办大型的专业学术论坛，开阔学生们的视野，将创业理念浸润到学生的思想和意识之中。2014年10月，北京服装学院主办了“先进纺织服装材料高层论坛”，论坛就纺织材料学科的前沿趋势和产业发展的前沿科技、热点问题，尤其是环保主题，进行了一次全方位的交流和沟通，帮助大家了解和把握国际国内、学术与产业的发展方向，正确理解服装材料科技与产业发展的趋势，理性思考产业发展过程中的问题与挑战，对于学生们的创业理念的提升有着重要的作用。

二是与市场紧密结合，不断了解最新的市场需求，增强学生们对创业方向和创业领域的把握能力。2014年10月，北京服装学院邀请英国皇家艺术学院的学术院长Naren Barfield、米兰的高级女装设计师Raffaella Codognesi、耐克的高级创意设计师Bobbie John、Ermenegildo Zegna高级设计师、产品经理Valerio Musso与青年设计师及北服师生一道探讨设计未来的可能性。通过此次活动，学生们不仅认识到了专业教育的重要性和对消费者的洞察和市场调研的必要性，而且了解了行业的最新动向和前沿研究方向，对于学生们创业方向的选择和把握有非常重要的借鉴意义。

三是通过“艺术节”的形式将创业教育融入专业教育之中。2014年，北京服装学院举办了第十届“科学·艺术·时尚”节，“科学·艺术·时尚”节是北服全校性的科技文化学术活动，已成为展现北服办学成果、推进艺工融合、构建具有北服特色大学文化的重要载体，是北京服装学院最美的文化品牌。本届“科学·艺术·时尚”节期间，还同时举办校友返校日系列活动、第四届首都大学生创意集市、科研合作签字仪式、“爱·家园”学生环保主题作品展、“学风杯”晚会、大学生人文知识竞赛、美丽北服摄影展等系列主题活动，以及北服讲堂、先进纺织服装材料高层论坛、“前瞻2015：新媒体、新思维、新时尚”论坛等近十场学术讲座论坛。

3. 创业教育管理以学校部门管理为主，产业结合紧密

中关村时尚产业创新园由北京北服时尚投资管理中心负责运营管理。目前入驻的企业主要有六大类，分别是以香拿（北京）商业有限公司、北京吴博姜凯珠宝首饰有限公司、钛得时光（北京）科技有限公司等为代表的4家箱包、珠宝、首饰类企业，以北京普蓝展览服务有限公司、北京臻艺文化传播有限公司、北京晶彩呈现文化传播有限公司等为代表的14家文化展览、传媒类企业，以北京楚和听香服装服饰有限公司、北京杠宝服装设计工作室、北京丽华四季服装设计中心等为代表的25家服装、服饰类企业，以全球旅行家科技（北京）有限公司、本基文化发展（北京）有限公司、北京众智众能网络科技有限公司等为代表的17家电子商务企业，以北京互动堂艺术设计有限公司、空间进化（北京）建筑设计有限公司、王及王（成都）设计顾问有限公司等为代表的3家建筑设计类企业，以北京众智京鹭信息技术有限公司、未来汇（北京）教育文化发展有限公司、北京新饰觉欧尚文化发展有限公司等为代表的5家教育、技术开发类企业。

从上述入驻的企业来看，覆盖了专业全面的时尚产业链，从设计、技术研发、市场运营、文化传播到终端销售，园区内的企业产业结合紧密，互补优势明显。在创新园区内，拥有以法律咨询、外文翻译、家教服务、心理辅导等信息与技术服务团队为主体的学生信息技术创业团队，同时创新园区为学生提供创业教育所需要的工商、税务等方面的咨询服务。在创新园区内，北京服装学院积极推进科技成果向市场的转化，鼓励教师成立创业教育协会，支持学生成立多元化的学生创业研究会，打造全方位、多层次、立体的创业教育体系。

4. 北京服装学院产业创新园的运作模式、运营理念和管理考核方式

北京服装学院产业创新园由北京北服时尚投资管理中心负责运营管理。有意向入驻园区或者注册公司的设计师填写入驻申请表和注册公司相关协议，并提交相关材料，经园区审核，则可进入合同签署流程。

创新园对落户企业管理宽松，不强求在当地办公，企业可根据需要自行决定在何处办公；对入驻企业可提供符合工商行政管理部门要求的注册地址，并可为落户注册提供各项必要的协助。如果需要在园区办公，创新办公区可供选择。

与中国传媒大学的创意园区入园要求相比，北京服装学院产业创新园对于专业性有更高的要求，条件也相对严格。此外，北京服装学院产业创新园建有“天工传习馆”，定期开展活动，充分发挥社会服务的功能，传播和弘扬中国传统文化，注重培养创业者的社会责任。

5. 加强创业教育资源的协同创新，建立创业教育实战综合平台

合伙或独立创办公司、进行创业的真实体验是创业教育的最终目标，也是检验创业教育开展是否成功有效的重要标准。北京服装学院拥有国家级实验教学示范中心、北京市重点实验室、工艺美术大师展、全国中小学校服研发中心及“未来即现在——国际青年设计师邀请展”等一大批优质的创业教育资源。

以“数字与交互媒体实验室”为例，它是北京市教委与北京市科委于2010年认定的北京市重点实验室。该实验室是北京服装学院科研创新的重要平台，对学校相关专业的发展、高层次人才培养和科研实力的提升具有积极推动作用。实验室主要从事苹果iPhone教育软件开发、手机虚拟3D互动游戏、数字立体动画、实验影像、虚拟数字博物馆、虚拟服装展演、时尚趋势研究、增强现实、数字娱乐产品开发等多个跨领域的研究项目，这些项目的实施不仅能整合协同创新资源，而且能带动相关部门的共同发展。目前，实验室拥有先进的实验设备和优秀的教学科研团队。实验室依托学校的1个国家级特色专业（艺术设计）、3个北京市重点建设学科（艺术学、设计艺术学、美术学）和2

个北京市特色专业建设点（艺术设计、工业设计）进行教学和科研，并获得北京市数字媒体科技创新平台的支撑。

除此之外，北京服装学院通过协同创新中心、国际化办学等，充分利用各种资源将学习与实践相结合，结合中关村创新示范区及国家发展战略，加强学科交叉，打破了传统人才培养模式。在学习专业知识的基础上，增加交叉学科的学习环节，实施个性化培养；另外促进了校际资源共享，让更多学生拥有第二校园的学习经历，感受不同高校的文化，整合各种资源。与此同时，北京服装学院加大国际化办学力度，不仅“走出去”，选拔优秀学生到巴黎、米兰等时尚院校学习，又致力于“请进来”，聘请国际一流学者到学校讲学。北京服装学院不断加大实训培养力度，给学生提供更多实践机会，并利用“支持小学特色发展”项目开展好基础创业教育。

6. 营造创业教育文化氛围，完善创业教育保障体系

良好的创业教育生态系统离不开文化环境的培养，艺术院校要建立完善的校园创业保障体系和创业文化教育体系，倡导崇尚创业、鼓励创业的舆论导向与文化环境，保障个性自由发展。

北京服装学院为了营造创业教育的文化氛围和建立完善的创业教育保障体系，进行了以下几个方面的努力。一是通过创业沙龙、创业论坛、创业访谈等活动形式，邀请业界成功人士和优秀校友来校交流，分享其典型创业事迹和成功的经验。二是收集毕业生成功创业的事例，编制并推广学生自主创业的典型案例教学教材，引领学生构建创业思路，培养创业意识，研究学习创业方法，激活创业潜能。三是鼓励部分优秀在校生创业，为其提供智力、场地、资金和社会管理等多方面支持，培养浓厚的校园创业教育文化氛围和建立完善的创业保障体系。2014 年，北京服装学院以创新园为依托，成立大学生创意创业中心，资助每位创业学生 5000 元。在 2014 届毕业生离校前，选拔出 20 名创业毕业生获取学校创业基金资格。

为了推动大学生创新创业工作，北京服装学院通过建设多种形式的创新平台体系，系统培养大学生创新创业实践与适应市场能力。2013 年成立的“BIFT · WORKS 大学生创新创业实践基地”，由学校和企业共同支持建设，学生自主经营和自我管理。独特的建构模式和运行方式开创了全国大学生创新

创业基地建设的新举措，为大学生创新创业提供了更加广阔与直接的实践平台，已实现年销售近80万元的骄人业绩。BIFT · WORKS位于北三环爱琴海购物中心，是由学生自主开发的新锐设计集成品牌，浓缩了北服学子的艺术精髓与设计才华，集时尚、创意、创新、文化于一体，涵盖众多青年学生集成品牌和设计师个人独立品牌。目的在于将时尚、教育、产业有机结合，为有才、有志的青年设计师搭建时尚平台。通过甄选、包装、推广后，集中对外展示、销售，从而推出年轻设计师自己的品牌。使大学生创意设计成果转化到市场中去，了解终端消费市场，助力未来事业发展。

BIFT · WORKS作为北京服装学院对外展示形象的窗口、与外界合作的桥梁、创意输出的渠道、接触市场的平台，对助力学校发展，尤其是推动学校创新发展有着积极作用。BIFT · WORKS使学生在学校原有的教学科研体系之外，亲身接触到当下的行业动向与潮流，时刻了解时下市场需求，也不断将行业发展的新动态与外界人士的意见建议反馈给学校的科研教学体系，使学校的科研教学日益完善，更具有时代性、针对性，能始终站在行业发展的前沿，为学校增强科研实力、优化教学模式、提高产业水平、扩大社会影响贡献力量。

第三章

基于企业成长的艺术院校创业教育理论框架

随着新型城镇化建设和社会转型逐渐步入新的发展阶段，我国的经济结构不断优化，经济发展步入新常态，这就要求我国的经济结构应突破旧有的发展模式，以创新和创业引领我国经济发展新空间。大众创业、万众创新将成为经济增长新引擎，创业教育成为各个领域关注的焦点和热点。作为以技术技能发展为核心的重要教育类型，艺术院校教育体系中的创业教育也开展得如火如荼。与普通高校创业教育不同，艺术院校创业教育更加关注蕴藏于个体本身的技术技能和社会的支持力量。从企业成长的视角分析艺术院校的创业教育，可以发现校企互动、创业者的创业素养、技术技能积累、专业化实践活动及现代学徒制的教育教学方式等都在很大程度上影响和推动着艺术院校的创业教育开展及艺术类小微企业的成长。

一、创业者的创业素养对企业成长的规定性

创业者是创业的主体，也是创业是否能够开展和如何开展的决定性因素。创业者的素质、能力、精神状态及价值追求等都直接影响着企业的生存与成长状况。创业者的创业素养主要体现在创业精神、创业能力及创新能力等方面，这些因素对企业成长都有着决定性的影响。

（一）创业精神决定企业成长

创业精神即企业家精神，强调在个人意愿的引导下，个体从事创新活动，进而创造一个新事业。它既是一种思维方式，也是一种实践行为，其实质是创新。著名政治经济学家熊彼得认为，创业精神是一股“创造性的破坏”力量，创业者采用的“新组合”使旧产业遭到淘汰，原有的经营方式被新的、更好的方式所摧毁。① 创业者的创业精神包括三个维度的内容。一是强大的创业意志

① 约瑟夫·熊彼得．经济发展理论 [M]. 北京：商务印书馆，1990.

和热情。创业热情和创业意志是个体开始创业活动的重要推动力量，也是影响创业者开启创业旅程的重要心理支撑。如果说创业热情是短暂的，那么创业意志则是支撑创业者完成创业历程，推进企业成长的强大心理动力。二是创新意识。创新意识主要是指在对原有知识和技术技能掌握的基础上，进一步发现新的知识体系或建构新的技术技能体系，抑或打破原有的知识结构体系，创立新的知识体系的意识和自觉。创新意识是创业者开展创业活动的首要前提。与其他创业类型不同，艺术院校的创业活动强调创新性，因此，对艺术院校创业者而言，应该具备基本的创业意识，方可促进企业成长和发展。三是冒险意识。创业活动是一项复杂的实践活动，期间涉及诸多不可控的因素，具有较强的不可预测性。然而，通常情况下，风险与机会相伴而生，企业成长过程中不可避免地会面临诸多风险，也暗藏着诸多的发展机会。因此，创业者的风险意识和冒险精神是影响企业成长的重要因素，也是决定企业成长能力和发展规模的重要因素。

创业精神的维度分析对企业成长的规定性主要体现在三个方面。第一，创业意志和热情使创业者勇于克服企业成长过程中的困难和阻碍。企业成长过程是一个迎接顾客、市场和经济发展态势等诸多因素考验的过程，必然会遇到诸多问题、挑战和意外的情况，不同的创业者对这些情况的反应也必然不同。具有创业热情和坚定意志的创业者能够不畏困难，勇于面对企业成长过程中遭遇的各类困难，并及时调整企业发展的战略规划，制定详细的应对措施，力促企业走出困境，走上健康的发展道路。从当前艺术类企业的发展情况看，艺术类企业大多规模较小，因此，这一类企业抵御风险的能力也相对较弱，创业者能够根据市场的发展趋势，勇于面对可能出现的困难，及时调整战略，是企业成长过程中的重要支撑力量。第二，创新意识可使创业者及时调整企业的发展战略。市场是不断变化发展的，这就要求企业的发展战略也要根据市场和需求的变化不断进行调整，要求创业者能及时捕捉市场变化的信息。对艺术院校创业者而言，更应具备创新意识，在对同类行业发展充分了解的基础上，结合自身专业发展趋势，不断研究深化，拓展新的发展方向，如此方可推进企业成长，使其在市场中立于不败之地。第三，冒险意识使创业者为企业成长抓住宝贵的机会。任何风险都蕴含着诸多机会，因此创业者应具备冒险意识，并结合自身的专业知识和技能、团队的智慧等，共同规避风险，抓住风险背后潜在的机会，为企业成长赢得宝贵的资源，逐步推进企业的成长。由于艺术类企业规模较小，抵御风险的能力较弱，因此大多数创业者对企业发展采取保守的态度，这也导致企业成长过程中丧失了诸多发展的机会。从整个市场的发展规律看，任何类型企业都与风险相伴而生，因此，风险意识也是艺术类企业成长壮大的重要机会。

（二）创业能力影响企业成长

创业能力是创业者在创业的过程中应该具备的各种能力的总和，包括组织管理能力、核心技能、合作沟通能力和宏观统筹能力等，它是凝结在创业者身上的、推进企业成长发展的重要能力表征。相对于创业潜质而言，创业能力更强调是创业者经过后天训练和学习所获得的一种能力表征，更加强调社会、学校及他人给予的教育、帮助和支持作用。在大力倡导创新创业的过程中，创业者的创业能力是影响企业成长的重要因素，是决定企业发展方向的关键。对艺术院校创业者而言，创业者的四方面创业能力将直接影响企业成长的状况。第一，创业者的专业知识和技术技能。与职业教育相似，艺术教育具有较强的技术性，且技术性贯穿于学生学习和未来职业发展的始终，是影响个体发展的重要因素。与其他类型企业不同，艺术类企业成长十分强调凝结在创业者身上的专业知识和技术技能，艺术技能的创新和突破将在一定程度上影响企业的声誉和知名度，也将进一步推进企业成长。因此，对艺术院校创业者而言，创业者的专业知识和技术技能是其创业能力的首要体现。基于此，创业者应充分利用艺术院校的师资和实训基地等资源，在创业之前丰富自己的专业知识，使自己精湛的技术技能服务于企业发展与成长。第二，创业者敏锐的市场观察力。作为市场的重要组成部分，企业要不断迎接市场中的各种变化和挑战，敏锐的市场观察力能够使创业者更加清楚地了解当前的供需状况，寻求创业的契机和企业发展成长的方向与未来走向，从而在不同阶段为企业发展规划路线和明确定位，避免企业发展陷入踟蹰不前的困境。艺术类企业规模相对较小，受市场的影响较大，因此，对艺术院校的创业者而言，敏锐的市场观察力极为重要。创业者应及时关注国家政策调整的趋势，及当前我国经济发展的整体态势等，提升对市场变化的敏感度。第三，获取社会资源的能力。企业成长受到诸多社会因素和环境因素的制约和影响，因此，企业成长过程也需要创业者为其营造一个良好的发展环境，这就要求创业者不仅具备系统的知识积累和精湛的技术技能，也应具备获取社会资源的能力，服务于企业的发展与成长。对艺术院校创业者而言，获取社会资源的能力，包括获取经济资源的能力，获取社会资本、构建社会网络的能力，以及获取人力资源的能力等。丰富充足的经济资源是企业成长的物质保障，广阔的社会资本则可以为企业成长提供不竭的发展动力，"创业网络（Entrepreneurial Network）蕴含大量宝贵的隐性知识，是影响新企业生存与成长的关键要素"①。人力资源是企业智慧产生的源泉，是推进企业成长的重要动力。获取社会资源能力的强弱是对创业综合能力的考验，影响着企业的成长与发展。第四，抵御挫折的能力。在心理学上，抵御挫折的能力也被称为"逆商"，主要指个体处于逆境，面对困难时表现出的乐观豁达的精神状态及勇于承担的行为方式。创业是一个充满风险、不稳定性因素较多的活动，作为初次创办企业的学生群体，由于社会阅历缺乏，创业经验不足，难免会在创业过程中遇到诸多挫折和失败，因此，抗挫折能力便成为影响企业成长的重要因素之一。当前，创业者抵御挫折的能力较低，成为"短命企业"的重要原因。由于我国当前的艺术类市场较不成熟，创业者在创办企业和企业成长过程中必然会遭遇诸多困难和挫折，所以抵御挫折和失败的能力逐渐成为影响创业能力的重要因素，需要创业教育给予高度关注。

国内外的已有研究成果也证明了，创业者的创业能力是企业成长发展的关键影响因素。随着企业的不断发展成长，创业者也应该根据企业发展的阶段不断调整发展战略目标和规划方案，并不断提升自身的创业能力和企业管理能力等，确保企业走在一条良性发展的道路上。

（三）技术技能积累影响企业成长

技术性是艺术教育的根本属性，不仅体现在教育教学的整个过程，也体现在对个体考核评估的各个环节。对艺术院校的学生而言，技术技能水平是衡量

① Hoang, H., Antoncic, B. Network-based Research in Entrepreneurship: A Critical Review[J]. Journal of Business Venturing, 2003, 18(2): 165-188.

个体学业水平的重要标准，也是其开展创业活动和推进企业成长的重要影响因素。技术技能积累是国务院在《关于加快发展现代职业教育的决定》中着重强调的职业教育发展路径和模式。技术技能积累主要是指个体或企业在发展的过程中强调对以往技术的传承及对新技术技能的探索、创新和创造，从而使个体或企业的技术类型和技术水平等达到一个新的水平。从获得机制分析，技术技能积累不仅是个体或企业技术传承与创新的问题，也涉及个体或企业管理的问题，是一个错综交织的体系，影响着个体或企业的发展。艺术院校学生在院校学习的过程中就十分注重对专业知识和技术的练习和积累、提高与创新，这将对其之后的创业活动和企业成长产生重要的影响。

企业成长是一个内涵丰富的词汇，不同的学者有不同的理解。国外学者彭罗斯认为，"'成长'通常可以表述为两种不同的内涵，有时候指的是单纯数量上的增加……而在其他一些时候，可以从它的本意引申出规模的扩大或是发展过程导致质量上的提高……"①通常，量的扩大表现为规模成长，是企业成长的量变过程，而质的提高是企业成长的质变过程，企业的进化主要依靠这个过程，只有将量的扩大和质的提高有机结合才能促进企业的健康和持续成长。②汤文仙等学者在彭罗斯的基础上，结合企业成长的具体情况提出，企业成长包含了三个维度，即规模扩展、知识积累和制度建设。从国内外学者的典型观点看，学者们对企业成长的内涵并不存在明显异议，而对成长过程的维度划分却有着不同的观点，即二维法和三维法的划分。通过分析不同维度的内容可以发现，制度保障实质上是企业的质的成长的重要内容。因为企业成长质量的提升必然与其健全的制度密切相关，也即，制度保障是贯穿于企业成长的重要内容，并不能成为划分企业成长的重要维度。依据以上分析，企业成长主要包括企业规模的扩大和企业发展质量的提高。技术技能积累对企业成长的影响也主要体现在对企业成长规模和企业成长能力两个方面的作用。

企业规模是企业成长的最直观体现，主要体现在企业资产的增加、雇员增多、企业空间发展的提高等方面。企业规模的扩大是企业内生力量的外在表

---

① 伊迪斯·彭罗斯.企业成长理论[M].上海：上海人民出版社，2007.

② 李烨，李传昭，罗婉议.战略创新、业务转型与民营企业持续成长——格兰仕集团的成长历程及其启示[J].管理世界，2005（6）：126–135.

现，其根本在于创业者和企业员工等的技术技能积累状况。由于艺术类创业活动更多注重创业者的专业能力和素养，因此，小微艺术企业的规模扩大最根本的依靠力量在于创业者的技术技能积累状况。艺术院校创业者的技术技能积累对企业规模扩大的作用主要体现在以下三个方面。

第一，艺术院校创业者的技术技能积累有利于增加企业资产。企业资产总值是衡量企业发展规模的重要指标，创业者的技术技能积累是增加企业资产总值的重要资本。创业者的技术技能积累是经过了艺术院校的系统专业知识和技术技能训练、掌握了专业技术技能操作和演练的核心精髓，创业者能够熟练进行技术技能演示和操作，从而获得社会的认可和肯定。技术技能的传承是创业者在市场立足的基本要求，创业者根据在艺术院校所习得的专业知识和技能，根据市场的需要进行组织管理，确保技术技能的操作和展示能够满足顾客的需要，从而获得社会公众和市场的肯定，获得良好的社会声誉。在技术技能传承的基础上进行技术创新是技术技能积累的更高阶段，也是企业规模扩大的核心影响因素。“新古典理论中，企业被抽象成一个生产函数，而企业的成长则被看作是内生于技术变革的生产函数变化”[①]，技术创新与技术变革能够在最大程度上节省各类成本，并能够以全新的技术呈现方式和操作方式吸引公众的注意力，并通过提升技术的使用功能，获得公众的支持和认可。以技术传承和创新为载体，艺术院校创业者能够在最大程度上获得技术技能积累，并通过发挥技术技能的作用和功能，在市场上立足，获得公众的认可和支持，以此提升企业的经济效益，增加企业的资产总值。

第二，艺术院校创业者的技术技能积累有利于增加企业的雇员。作为大学生创业群体中的一部分，艺术院校创业者在初创企业时大都是创办小微企业，一方面是受经济因素、创业能力及综合能力素质等的影响，另一方面则是由于艺术院校创业者创办的企业大都是技术型企业，主要依靠创业者本身的专业技术和素养来发展壮大。随着创业者技术技能积累不断增长，企业在市场中的地位逐步提高，口碑逐渐提升，企业也愈加能够获得更多客户和公众的认可。此

① 杨洋．企业成长的一个概念框架——基于若干学者的企业成长概念分析 [J]. 东南大学学报（哲学社会科学版），2011（5）：62-65.

时，企业要满足公众的需求，保质保量完成客户的任务，已不能单靠当前企业的人员的技术技能积累，便需要适当增加企业的雇员来帮助企业完成任务。这样，不仅能够满足公众的需求，也能够进一步扩大企业在市场中的影响力，企业规模也在技术技能积累总量不断提高的基础上逐步扩大。

第三，艺术院校创业者的技术技能积累有利于扩大企业发展空间。企业发展空间包括两个方面的内容，一是企业发展所占用的土地规模，二是指企业发展领域的拓展。艺术院校创业者的技术技能积累能够使企业拥有更多的技术资本，获得社会公众的认可和支持，从而逐步扩大企业的发展用地。企业发展占地规模的扩大主要是在企业资产总值增加的基础上和顾客增加的基础上进行的面积扩展，使企业能够满足更多顾客的需要，逐步扩大企业在市场中所占的份额，增强企业的吸引力和社会声誉。企业占地规模的扩大是企业规模扩大的重要表现，也是企业成长的重要衡量指标，意味着企业的成长能力的提升。企业发展领域的拓展是在技术技能创新的基础上，根据市场的需求，创业者根据自身的专业技术技能进行创新和拓展，开辟出新的技术发展方向，满足顾客的需求。随着文化艺术市场发展逐渐成熟，人们的需求多样性和选择多元性趋势逐渐增强，创业者需要根据人们的需要和市场发展的多元化趋势在技术技能传承的基础上不断进行技术创新，从而获得发展的新空间和优势地位。

企业成长的质量提升是企业规模扩大的内在源泉和动力，决定了企业未来成长的可能性，是企业长存的基本要求。企业成长的“质量”也即企业成长的能力，主要通过企业的外在规模及可持续发展状况得以体现，企业成长能够为企业的规模扩大提供重要的内在支撑。尤其是近几年来，企业成长能力受到了国内外商界和教育界的热切关注，可以说，“企业成长能力是基础，决定了企业未来的规模，随着成长能力的不断演化和对规模的持续作用，成长能力和规模形成动态的演化轨迹”。[①]

在国内外关于影响企业成长能力的因素分析中，学者们都一致认为技术技能积累是影响企业成长能力的重要因素，尤其是技术创新能力。在工业经济向

---

① 杨洋．企业成长的一个概念框架——基于若干学者的企业成长概念分析 [J]. 东南大学学报（哲学社会科学版），2011（5）：62–65.

知识经济过渡的背景下，新技术对企业发展的影响明显，企业间的竞争更多地表现为能力的竞争，最根本地表现为技术创新能力的提升。艺术院校创业者在企业成长的过程中不仅要注重对基本技术规范的遵守和传承，更要注重技术技能创新对增加企业利润、提升企业品牌的作用。实际上，技术创新在艺术类小微企业成长过程中的作用体现为优化技术管理结构、突破技术技能发展障碍、增进技术技能操作或展示的美感与人性化等方面。

第一，优化技术管理结构有利于提升技术应用的灵活性和适应性。技术管理不仅体现为艺术院校创业者对自身技术技能的管理，也体现为创业者对企业技术技能的管理。毋庸置疑，在企业成长过程中，技术的地位和作用都极为重要，但是拥有丰富的专业知识和技术技能积累，并不能真正将企业做强做大，还需要创业者有较强的技术管理能力，能够根据具体的情景和需求，优化技术管理结构，创新性地运用技术技能解决遇到的新问题。艺术院校的创业者对自身专业技术的强依赖性，意味着创业者在熟练掌握既有专业技术技能的基础上，必须根据市场形势和商业政策的不断变化及时调整自己的专业技术技能结构，从而避免市场带来的冲击，提升企业的成长能力。另外，优化技术管理结构也是创业者拓展企业发展领域的重要途径。经过系统性的艺术院校专业技术技能学习、校内外的实习实训环节及创业过程中的技术技能创新，创业者大多具备了丰富的技术技能积累。在面对企业成长过程中遇到的诸多风险和困境时，创业者必须根据遇到的实际问题不断优化调整自身的技术技能结构，对自身的技术技能进行良性管理，灵活运用自身技术，方可使企业化险为夷，逐步提升企业的市场适应能力。

第二，突破技术技能发展障碍，有利于开启技术创新的新维度。随着时代的发展和技术技能的不断更新，人们对技术技能和服务的要求也逐步提升，这也意味着在任何一种专业技术技能系统要达到公众满意的程度，就必须在坚持技术规范的基础上不断地进行技术技能创新。小微艺术企业将技术技能视为企业成长的生命线，将技术创新视为企业成长的重要砝码，其突出表现在各小微企业都竞相突破当前技术技能的发展障碍。任何一种技术都会面临现实困境或不适应的状况，艺术类小微企业也不例外。这一困境将严重影响艺术类小微企业的成长壮大。因此，艺术类小微企业技术创新的根本在于突破现有技术技能的发展障碍，弥补技术技能发展中的短板，以改变当前的不利处境。这便需要创业者及时洞察企业成长过程中存在的技术技能障碍，并具备丰富的专业知识和系统的技术技能积累，及对市场发展趋势的敏锐观察力，克服并消除技术技能发展中的障碍和不利因素，攻破技术难关，获得技术技能创新，提升企业成长的能力，推动企业的发展壮大。

第三，增强技术技能创新和积累，有利于提升企业的核心竞争力。企业核心竞争力是企业在市场中获得竞争优势的关键，核心竞争力的提升是企业成长能力增强的重要表现。对艺术类小微企业而言，创业者的技术技能创新和积累直接影响着企业的核心竞争力。在迈克尔·波特（Michael Porter）的核心竞争力钻石模型中，他认为创新能力是影响企业核心竞争力的重要因素，尤其是技术技能创新，对企业在同类市场中的影响力巨大，是决定企业成长能力的重要影响因素。技术创新是超越了同行业技术应用和发展的平均水平的一种具有尖端性、独特性、人性化和功能性的技术发展状态，是企业发展的重要优势，能够为企业带来更多的客户关注度和市场广泛度，是企业利润产生的重要源泉。

此外，技术创新对企业核心竞争力的推动作用还体现在提升企业的品牌影响力。企业品牌影响力是企业核心竞争力的重要方面。对艺术类小微企业而言，技术技能创新是打造品牌、提升品牌影响力和核心竞争力的关键。与普通高校的创业活动不同，艺术院校学生的核心资本是其技术技能积累，也是其进行高校活动的重要前提。艺术院校创业者的技术技能积累是影响其技术创新的关键，直接影响着艺术类小微企业核心竞争力的形成和企业成长。因此，艺术院校的创业教育过程也应十分注重将专业教育和创业教育相融合，提升艺术院校学生的技术技能积累，为其技术技能创新奠定基础。

二、企业成长对创业教育的需求

（一）企业成长对学习能力的需求

企业家作为企业的领头羊，其学习能力对于企业发展和快速成长起着非常关键的作用。在新古典经济学兴起之后，完全信息和完全市场被作为严格的假定条件，假定企业家完全按照简单的计算公式来确定商品价格和产量，排除了市场中不确定性因素的存在，但这也将企业家对信息的判断力和决策力等重要职能和作用排除在了促进企业发展的因素之外。[①] 而随着市场的日益复杂化，在现代企业理论兴起之后，研究者们加深了对企业家作用的研究，认为企业发展的道路是曲折的，所面临的挑战也是不确定的，企业家在面对不确定的因素时，必须做出决策，为企业指明发展的道路和方向。

企业家不仅是指能够实现生产要素的重新组合者，是敢于决断并承担风险的创新者，还是一群善于发现机会的人，也是通过努力来追求自身利益最大化的人。之所以称其为企业家，就在于他们不断地去发现市场中的盈利机会，并积极争取资源使企业源源不断地获利。这种市场机会并不是任何人都能得到的，很大一部分原因是由于信息不对称。正因为企业家有高度的市场敏锐性，他们才能快速、准确获取相关信息，找到企业发展的机会。所以，企业家从其本质而言，就是能够敏锐识别那些未被人识别或发现的机会，并把机会转化为可以用于满足市场需求的产品或服务，从而实现盈利、促进企业的成长的人。在企业家寻求市场机会的过程中，不是所有的机会都会被他们发现和利用，他们需要根据企业的发展需求对机会做出利用与否的理性选择。在现有的研究中，一般采用企业家导向来衡量企业家发现市场机会的能力，这种能力的本质可以归结为如何抓住并利用稍纵即逝的机会。正是市场中的不确定性，以及存在的信息不对称，使得企业家的洞察力的价值显著增强。这种企业家能力所产生的收益，更多可以被归结为一种非均衡市场中的机会把握能力。由于经济主体的认知会随着经验的积累或阅历的增长逐渐增强，所以市场中的机会无法持续地存续下去，被别人发现的概率会逐渐提高。企业家的这种能力不是因为他们具备某些方面的知识，更多的是取决于企业家经验的积累和学习机制的强化。当然，一部分人的市场发现能力也跟他们与生俱来的天赋有关。

小微艺术企业作为经济领域的生命有机体，是一个系统整体，它是由多个子系统所构成的，这些子系统通过不断与企业外界环境发生物质、能量和信息

① 张焕勇 . 企业家能力与企业成长关系研究 [D]. 复旦大学博士学位论文，2007.

的交换实现企业自身的成长和发展。在小微艺术企业成长过程中，创业者的决策对小微企业的成长起着关键作用，他们的决策质量决定着小微艺术企业的最终命运。小微艺术企业规模小，其发展更受到创业者的能力影响。创立企业的过程本身就意味着创业者的发现市场的敏锐能力、组织能力以及在繁杂的市场信息中鉴别信息的能力。创业者的自身成长和小微企业的成长都需要一定的时间，创业者成长为企业家也需要一个过程，这意味着创业者的技术技能不仅需要提高，而且决策能力也需要随之不断提升。

（二）企业成长对创新能力的需求

创新是企业发展的动力，中小企业是创新的主体，而企业家是企业进行创新发展的第一要素。有统计数据显示，小微企业的存活年限平均为 3 年，但是也有一些企业可以发展成为中型企业甚至知名的大企业。其中的关键因素和可持续增长的动力是什么？无疑，打破陈旧的生产方式，改变落后的市场观念，适应市场需求，将创新能力作为企业的内生力量，才是小微企业长期存活下去的动力。创新能力是指人们在丰富的知识和开阔的视野的基础上，通过创新性的思维活动，发现新问题，提出解决问题的新思路、新途径，并通过创造性的实践活动，产生新产品、新技术或新方法的能力。[①] 小微企业相比大型企业具备“船小好调头”的优势，不受产品规模和流水生产线的限制，具备很强的创新性条件。国家“十四五”规划纲要指出了坚持创新在我国现代化建设全局中的核心地位，把科技自立自强作为国家发展的战略支撑，面向世界科技前沿、面向经济主战场、面向国家重大需求、面向人民生命健康，深入实施科教兴国战略、人才强国战略、创新驱动发展战略，完善国家创新体系，加快建设科技强国。“坚持创新驱动发展，全面塑造发展新优势”成为落实规划的十二大重要任务的首位。一个国家如果不能从投资驱动的发展模式转变为创新驱动的发展模式，那么这个国家的经济也会萎靡不振。小微企业是创新的关键主体，国家的创新驱动战略为小微企业提供了很好的创新发展环境。一般情况下，创新具有较高的风险，但是在现有的竞争格局和国家战略驱动背景下，小微艺术

---

① 林健 . 卓越工程师创新能力的培养 [J]. 高等工程教育研究，2012（5）.

企业如果要实现自身的突破，创新则是最佳的途径之一。通过实施创新行为或活动，小微艺术企业可以实现在不确定性的环境下成长，赢得可持续发展的机会。

与创业能力不同，创新能力是贯穿创业过程和企业成长过程的一种能力，影响着企业的发展壮大。熊彼特认为，企业家被视为企业的“灵魂”，企业家的“创新精神”是决定企业成长的根本力量，[①] 尤其是当前市场的力量逐渐强大，行业竞争愈加激烈，创新精神和创新能力愈加成为决定企业成长的关键因素。与普通教育相比，艺术教育是一种更加注重感性体验、灵感和创新的教育类型，创新思维和创新能力的培养贯穿于艺术教育的始终。对艺术院校创业者而言，创新能力几乎成为其创业活动和企业成长的生命线，在其创业生涯中占据重要的地位。艺术院校创业者的创新能力主要包括三个方面。

第一，技术技能创新能力。技术性是艺术教育的显著特征，技术训练和技术创新在创业者的学习生涯中有着重要的地位。在艺术院校创业者的创业生涯中，技术技能水平也是衡量其整体实力的重要标准，是其在市场中立足的根本，其重要程度可想而知。技术技能创新能够在最大程度上提升艺术作品的创新性和技术含量，从而提升艺术品的整体价值。从能力获得的历程来看，技术技能创新能力的获得不仅内含了天赋的成分，还有后天努力的结果。在创业过程中，创业者不仅应该熟悉该行业相关技术技能的整体水平和发展趋势，了解国外该行业技术技能的发展现状，同时也应熟悉与该行业相关的其他行业技术技能的情况，从而找到技术技能创新的突破口，逐步提升自身的技术技能创新能力。

第二，制度创新能力。在企业成长过程中，与技术创新享有同等重要地位的是制度创新。这一论断在国内外均获得了专家学者的认可。“由技术或制度创新引致的经济发展是资本主义的本质特征”，[②] 企业家天生所具有的构建“自己王国”的冲动不断推动着企业的扩张。企业家始终在寻求变革，对变革做出反应，并把变革作为机会来利用，这就是企业家和企业家精神的定义 [③]。在竞

① 金指基 . 熊彼特经济学 [M]. 北京：北京大学出版社，1996.

② 金指基 . 熊彼特经济学 [M]. 北京：北京大学出版社，1996.

③ 德鲁克 . 创新和企业家精神 [M]. 北京：企业管理出版社，1989.

争性的市场中，企业成长不仅依赖创业者的创业精神和创业能力，也依赖于创业者在面对不断变化的市场时对原有企业制度进行的改革和创新，从而使改革后的制度更能顺应市场需求，满足企业成长的需要。“给定企业家的时间和精力，没有相应制度结构调整支撑的企业扩张只能导致经济上的无效率。”[①] 从当前艺术企业的发展状况来看，艺术类企业的制度结构大多沿用统一模式，制度创新体现不足，因此，对艺术院校创业者而言，在创业过程中面临的最大障碍将是制度创新能力，这是艺术院校创业者亟待加强的创新内容。

第三，知识创新的能力。知识创新是创新能力的直观体现，是以显性知识体现创新能力的重要方式。一般而言，知识创新是在技术技能创新和制度创新的基础上，对相应的创新进行理论抽象和理论化的过程，具有较强的普适性和迁移性。同时，知识创新也是对企业发展趋势的一种预测，并用论证性的语言证实预测和观点的可信性和合理性。知识创新能力并非一蹴而就，不仅需要在创业过程中有创新性的做法和体验，也需要将创新性的观点和体验转化为通俗可读的文本或观点，从而为其他企业发展和成长提供借鉴。对艺术类企业而言，知识创新是企业发展的巨大财富和重要发展向导，是引导企业发展的理论指南。这也对艺术类创业者的综合能力提出了较高的要求。

创业能力不仅要充分发挥并开发出自主思维创新能力的作用，也要在思维王国设计出“观念蓝图”，并把观念蓝图转化设计为“创业形象蓝图”，再转化为“创新实践蓝图”。在艺术类小微企业创业过程中，要注重技术创新和发展，从而将理论逐渐转化为实践，将“科技成果向现实生产力转化”。尤其是在当前，全国上下都提倡和发扬创新创业精神的时代，提高科技自主创新能力，有助于培养创业者的创业精神和创业能力，推动我国艺术类小微企业的健康成长和发展。

（三）企业成长对资源整合能力的需求

资源是企业赖以生存的基础，对资源进行整合和优化利用，是创业企业得以健康成长的保障。资源整合是通过组织和协调，把企业内外部不同来源、不

① 钱德勒.战略与结构——美国工业企业史上的篇章[M].昆明：云南人民出版社，2002.

同功能和不同形式的分散资源，按照企业成长的需求进行优化和配置，集合成一个整体，以促进企业的核心竞争力的形成。马鸿佳（2008）指出，新创企业的资源整合能力是指在新创企业中，以人为载体，在资源整合过程中表现出来的对资源的识别、获取、配置和利用的主体能力。①Teece（1992）指出，在当前的经济环境中，企业的竞争优势不仅来源于独特的资源，而且也来源于配置这些资源的方式。②Amit 等（1993）将能力定义为在资源组合过程中，企业应用组织流程实现目标而配置资源的能力。③Brush 等（2001）将创业型企业的资源整合过程归纳为集中资源、吸引资源、整合资源、转化资源四部分。④Simon 等（2007）提出了一个比较系统的三阶段资源管理过程模型：资源构建、资源集聚和资源利用。⑤ 而从小微艺术企业的特点和我国小微企业成长的现状来看，资源整合能力是小微艺术企业创业过程中，企业识别、获取、配置、优化资源以及运用资源的能力，可以从资源识别能力、资源获取能力、资源配置能力以及资源运用能力四方面来衡量。资源识别能力是企业对自身拥有的和能够使用的技术技能和知识资源的评估和认识。资源获取能力是指企业从内外部获取创业所需的各种有形和无形资源的能力，它包括企业从客户那里获取需求信息等无形资源、从对手那里获取信息资源、利用社会网络获取创业所需资源、在内部促进学习并开发无形资产等形式。资源配置能力是指企业对资源进行测量、转移、分配的能力，它包含删除创业无用的资源、资源的转移和结合、资源的共享性配置、资源的运用及外部资源获取能力等。

---

① 马鸿佳 . 创业环境、资源整合能力与过程对新创企业绩效的影响研究 [D]. 长春：吉林大学出版社，2008.

② Teece D J. Competition, cooperation, and innovation: organizational arrangements for regimes of rapid techno–logical progress[J]. Journal of Economic Behavior and Organization, 1992, 18: 1–25.

③ AmitR, Schoemaker P. Strategic assets and organiza–tional rent[J]. Strategic Management Journa, l 1993, 14: 33–46.

④ Brush C G, Greene P G, HartM. From initial idea tounique advantage; the entrepreneurial challenge of con–structing a resource base[J]. Academy ofManagement Executive, 2001, 15: 64–78.

⑤ Sirmon D G, HittM A, Ireland R D. Managing firm re–sources in dynamic environments to create value looking inside the black box[J]. The Academy ofManagement Review, 2007, 32(1): 273–292.

（四）企业成长对机遇管理能力的需求

机遇是有利于社会主体实现某个（些）目标但却不稳定的形势，常常表现为对于某个（些）社会主体实现目标有显著意义而易于消失的事件。①（黄津孚，2005）机遇管理是在实践中对机遇进行开发、评价和利用的管理过程，小微艺术企业在成长过程中，机遇管理能力起到至关重要的作用，创业企业的成长过程其实就是企业机遇管理的实现过程，过程的优劣直接影响企业的成长。

王建军认为，企业在其成长过程中存在着渐变和突变两种状态和过程，在动态复杂环境下，企业实力是企业成长中的渐变因素，而机遇则是突变因素。②企业的突变式成长是不稳定的快速成长，而经过一段时间的适应，这种不稳定会很快成为另一种稳定的状态，从而实现企业的成长。发现机遇、识别机遇需要企业通过对市场和环境进行深入的分析，在对企业成长所需要的资源进行分析和评估后，在企业内部和外部进行挖掘和搜索，寻找所需要的资源。发现和识别机遇并不意味着就能把握机会，必须经过科学的管理和创造性的劳动，才能使机遇转变为可利用的企业成长要素。在小微艺术企业中，起步之初的企业往往能掌握的资源是很有限的，这就需要企业家具有发现机遇、识别机遇、把握机遇的能力，同时要具备将多种机遇要素创造性地整合起来，构成新的机遇的能力。

机遇的发现识别、把握运用，以及新机遇的创造，形成了机遇管理的全过程。在小微艺术企业的成长过程中，投资环境、政策环境的变化都蕴含着各种机遇，创业者在企业发展过程中要准确地把握这种环境上的变化，进行深入的分析和研究，及时发现有利于企业发展的潜在的机遇并加以利用，以获得企业突变式的成长。在获得成长后，要及时地开发新的产品，开拓新的市场，完善企业内部管理机制，增强核心竞争力，稳固因机遇带来的企业突变式成长的成果，使之变成稳定的成长。然后再次去发现和识别机遇，寻找新的成长动力和机会，实现更高层次的发展。

① 黄津孚 . 机遇管理导论 [M]. 北京：首都经济贸易大学出版社，2005.

② 王建军 . 企业成长模式及其影响因素研究 [J]. 管理学家（学术版），2010：31–37.

三、校企互动支撑创业教育

随着国际形势的发展，各国对经济发展战略进行了大幅调整，尤其是发展中国家，愈加注重创业教育对本国经济发展的重要贡献。联合国教科文组织曾将创业教育称为教育的“第三本护照”，与学术教育和职业教育享有同等重要的地位。创业教育是以创业为目标，培养人的创业意识、创业思维、创业技能等各种创业综合素质，并最终使学习者成为具有一定创业能力的教育。任何类型的创业活动都很难实现从“校门”到“市场”的完美转变，因此创业教育实质上是搭建从学校到创业场的一个桥梁和中介，是为学生创业活动的顺利开展而进行的前期教育与培训。艺术院校的创业教育不仅需要艺术院校提供充足的人力资源支持、资金支持和平台支撑，也需要艺术类企业给予相应的资助和帮扶，共同致力于艺术院校创业教育。

（一）校企互动的创业教育资源共享

校企合作是职业教育发展的重要经验和财富，是推动职业教育教学开展、课程建设和人才培养的重要动力，对职业教育的发展改革有着重要的贡献。校企互动推动艺术院校创业教育的发展，共同支撑创业教育活动的开展，主要基于两点考虑：一是艺术院校创业教育与职业教育均强调技术技能对个体发展的重要作用；二是艺术院校创业教育和职业教育都注重实践活动在教育过程中的价值与作用。校企合作的育人模式可以在极大程度上满足艺术院校创业教育的需求，最重要的在于，校企互动的创业教育可以实现校企双方的人力资源共享，可有力地推进艺术院校创业者的成长，并对企业成长有着巨大的支撑作用。人力资源是促进创业教育顺利开展和企业健康成长的关键因素，也是保障创业教育质量的核心。校企互动对艺术院校创业教育的人力资源贡献主要体现在以下两个方面。

一方面，校企互动有利于创业教育的师资力量共享。师资力量是影响教育开展和教育实效性的重要因素，也是推动艺术院校创业教育开展和小微企业成长的重要动力。艺术院校的师资力量可以给创业者提供充足的理论支撑和技术技能指导，包括创业所需的专业知识和相关知识、专业技术技能教育和训练以及创业所需的基本知识和技能。随着国家对创业教育越来越重视，大多数艺术院校成立了专门的创业教育教师指导团队，这能够在最大程度上为创业者提供各方面的指导。创业教育是一个复杂的系统工程，不仅需要心理导师对创业者的心理素质进行调适，需要企业管理的相关师资力量对创办企业和企业成长的相关理论和知识进行系统的传授，也需要教育学科的老师对创业者的综合素质进行评估，并根据因材施教的原则对其应该学习的课程进行安排和调整，需要有创业经验的教师或创业成功的校友传授一些创业应该注意的技巧和技能、需要具备的心态和能力等。艺术院校通过为创业者提供强大的师资队伍，以定期或不定期的创业培训及实践演习培养创业者的心理素质和各方面能力，确保艺术院校的创业者在学校所习得的知识和技能能够真正为其创业活动服务。一般而言，艺术院校创业者的年龄大都较小，对社会的认知和市场的认知相对较少，在其走入社会开始创业之前，艺术院校应充分利用自身的师资资源对艺术院校的创业者给予正确的引导和指导，使其拥有丰富的知识储备和技术技能资本为其创业活动做准备。

另一方面，企业创业导师团队资源的贡献。艺术院校能够为创业者提供丰富的理论知识和技术技能指导与训练，但是难以为创业者提供真实工作场景中企业成长需要的各类知识、技能、资源等，难以使其真正体会到企业成长过程中个体应具备的知识结构和能力结构。创业活动是一项复杂的实践活动，仅有理论知识和技术技能资本是远远不够的，更需要在企业创业导师的指导下将院校所学的知识和技术技能应用于具体的实际工作情境中，以发现自身知识结构和技能体系所存在的不足以及与现实所需的差距，从而不断调整完善自己的知识结构、技术体系和能力结构。企业创业导师团队大都有丰富的创业经历，也在创业过程中遇到过诸多的困难和风险，企业的创业导师根据自身的经历对艺术院校创业者进行指导，能够增强教育内容的实体感和亲切感，使创业者能够获得更多的有效信息；企业导师对创业活动和企业成长过程中的典型经验进行详细分析，使创业者做好创业前的各种准备，有充分的心理准备、相应的知识储备和技术技能积累，最大程度优化自己的知识储备、技术技能积累和优秀经验。通过充分利用校企的师资资源和人力资源，艺术院校创业者能够从不同教师的授课过程和经历上学到需要的知识和技术技能，也使艺术院校创业者更加明晰自身的能力定位和目标方向，确立努力的方向和创业的目标。

（二）校企互动的创业教育资金分担

资金是进行教育活动的重要前提，也是首要基础。艺术院校创业教育不仅是有效解决艺术院校学生就业难的重要选择，也是繁荣我国艺术文化市场的必然选择，是一项国家经济发展的战略规划。由于我国艺术类产业发展相对缓慢且发展水平参差不齐，因此急需大力发展艺术产业来激发艺术类市场的活力。这就需要已有的艺术类企业积极参与到创业人才的培养过程中来。而制约艺术类创业人才培养的重要因素之一便是资金。尽管当前大多数艺术类院校都成立了创业教育基金，但是要真正达到创业教育的效果还远远不够。这便需要双方互相沟通交流，也需要国家相关机构颁布相应的政策，使艺术类企业积极与艺术院校合作，并为艺术院校提供创业教育资金，鼓励更多的学生开展创业活动，使创业教育基金真正能够达到“培养一批创业者”的效果。校企互动的创业教育基金主要来源于艺术院校对创业教育支持而给予的资金支持，与艺术院校合作的企业给予的资金支持，及创业成功的校友给予的创业资金支持。创业教育资金对艺术院校创业者的推动作用主要体现在以下三个方面。

第一，创业教育资金用于聘请成功的创业者或者相关专家。他人的经验或教训对初创企业的创业者而言都是极其宝贵的财富，创业者能够从他们的成功或失败中获得对自己学习或者创业有利的知识或者经验。从教育学的视角分析，重要他人的角色在个体的成长过程和职业发展过程中有着不可忽视的影响力，创业成功者坚持不懈的精神、风险意识以及百折不挠的意志力等都对创业者有巨大的激励作用，且这种激励效果将延续到以后企业成长的过程中，是创业者的重要精神支柱。创业教育的专家是在借鉴了国内外的先进经验和大量实践调研的基础上对创业教育进行升华和提炼的精英学者，有其独到的见解和认识，因此能够以更加专业和独特的视角对艺术院校学生的创业教育给予指导和建议，为其未来的创业活动提供经验。而艺术院校应充分利用创业教育资金，聘请创业成功者和专家，以服务于创业教育的开展和创业者的发展。

第二，创业教育资金用于创业实践活动或创业实践模拟训练。创办企业是一项实践活动，不仅关涉自己所学领域的知识和技能，也涉及企业管理运营、企业人员组织、人际交往等方面；不仅需要专业化的技术技能，也需要较强的综合能力，方可顺利开展创业实践活动。相对于创业教育聘请专家或者成功创业者而言，创业实践模拟训练需要耗费的资金较多。因为在创业实践模拟训练中会出现诸多意想不到的风险和开支，要保证创业实践模拟训练顺利进行便必然需要强大的资金支持，方可达到理想的效果。

第三，创业教育资金用于艺术院校创业者前期的创业支持上。创业活动的前期准备都需要充足的资金作支持，但与普通创业形式相比，艺术院校创业却具有高费用和高投入的特点。艺术院校学生创业需要投入较多的资金，如租用店面、购买创业活动所需的基本设备等。再加上艺术本身是一种体现美、关注美的事业，所以在其创业活动过程中也要将“美”与“艺术”贯穿始终，体现专业精神，方可获得顾客的信赖和支持。但是在这个过程中便会比其他类别教育的创业活动产生更多的消费。作为企业初创者，艺术院校的学生大多缺乏足够的资金开始创业活动，这将在极大程度上阻碍创业教育目标的实现，也影响大多数艺术院校学生实现自己的创业梦。这将在极大程度上耗费之前的艺术院校创业教育资源，或延迟艺术院校创业教育效能的发挥。基于以上情况，艺术院校的创业教育基金也可以适当地向那些缺乏前期创业资金的创业者倾斜。根据创业者的具体情况给予资金支撑，共同培育艺术类产业的创业者，逐渐繁荣我国的艺术类市场，推动我国的文化产业发展。

（三）校企互动的创业教育平台共生

校企互动支撑艺术院校创业教育不仅在于校企两个主体为创业者提供结构合理、质量较高的师资队伍，提供充足的资金支持，更重要的是在于校企双方共同为创业者提供创业教育平台。创业教育平台共生是指校企双方在艺术院校创业教育支持的过程中，同时构建多种平台，使这些平台能够互相依存、互相促进、协调发展，形成多元互补的强大合力，共同为艺术院校创业服务。

校企互动有利于共同探索艺术院校创业教育与专业教育的融合机制。一般而言，大学生创业的内容大多与其所学的专业相关，对艺术院校的创业者而言更是如此，他们大多会选择与其专业紧密相关的行业。可以说，艺术院校创业者的专业教育是其创业教育的重要基础。因此，在校企合作的过程中应注重将专业知识和专业技能渗透创业者的日常学习和实践实习中，尤其是在企业进行实践实习的环节，更应该将创业理念、创业精神贯穿始终，激发学生的创业意识，培养学生的自主创新能力，从而在校企合作过程中形成艺术院校创业教育和专业教育相融合的机制。

校企互动有利于实现创业教育的实训基地共享。创业教育是一项实践性较强的教育形式，除了基础理论知识外，还需要更多的实习实训和实践练习，甚至是真实创业场景的体验学习。创业教育的教育属性和社会实践属性是由创业活动的复杂性所决定的，意味着校企互动能够最大程度上满足创业者的需求。艺术院校可以根据创业者的具体需求和创业教育的具体目标，安排丰富多样的创业模拟活动，增加创业者的实体感受，为其以后的创业活动奠定基础，同时也为企业成长所遇到的阻力提供咨询和建议，最大程度地服务艺术院校的创业教育。企业则可以根据创业者的意愿和需求为其在企业中提供具体的岗位，使之以创业者的身份观察艺术类企业运行的基本规律，熟悉企业运行的基本方式，同时对企业运行可能出现的问题及时与企业管理者沟通解决，积累创业经验。在企业中进行创业活动的实践练习是创业活动开展的重要契机，能够在最大程度上锻炼创业者的创业思维和创业技能，使其将创业技能更好地与未来的创业活动相契合。与普通院校的创业活动不同，艺术院校的创业者更加依靠蕴藏于自身的技术技能资本，其进行创业活动需要更多的实践实习机会，方可使自身的技术技能优势与创业活动完美契合，获得企业的成长和发展。

校企互动可共同营建艺术院校创业孵化平台。创业孵化平台是推进创业教育和艺术院校创业者成功的重要动力。校企同建创业孵化平台充分利用了校企的人力资源和资金资源，是开展创业教育的重要保障。与校内的创业实践模拟和企业的实习实训环节不同，创业孵化平台是将艺术院校创业者纳入了创业的队伍中，是创业者真正在开展自己的创业计划。校企互动共建创业孵化平台对艺术院校创业教育的重要支撑作用体现在两个方面。一方面，借助创业孵化平台开展创业。结合自己的专业知识和技术技能，充分利用校企双方的人力资源、物力资源和财力资源等，艺术院校创业者将创业计划投入到创业孵化平台中，真实体验创业过程可能遇到的困难、风险和艰辛，了解自己在知识储备、技术技能及综合能力方面存在的差距，以更好完善自己的能力结构。另一方面，艺术院校创业者可以与孵化器平台中的其他创业者进行合作，这也是艺术教育内容的重要方面。随着社会分工的日益细密化，合作逐渐成为创业活动的重要形式。借助校企共建的孵化器平台，加强不同创业者之间的交流和合作也是提升创业成功率和推进创业教育发展的重要途径。

随着人们生活水平的逐步提高，艺术消费将成为拉动经济增长的重要方式，艺术院校创业教育亦将成为我国创业教育的重点内容。校企互动充分利用了学校和企业可提供的优势资源，能够最大程度为艺术院校创业教育提供师资资源和基地资源，确保创业者能够获得丰富的理论知识和精湛的技术技能，这也能够使艺术院校学生以创业者的身份体验企业成长可能遇到的各种困境，逐渐培养其创业思维和创业技能，真正为其开展创业活动打下基础。

四、专业化实践推进艺术院校创业教育

创业创新是近几年我国战略发展的重点。推进创业创新活动，激发小微企业的成长活力是拉动我国经济增长、推进经济转型的重要策略。创业活动是一项系统的复杂工程，不仅需要创业者具备创业意识、创业思维和创业精神，还要具备创业经验、创业资本和创业能力。与普通高校创业教育不同，艺术院校的创业教育更加强调专业化实践训练在创业教育中的地位和作用。这主要是由于艺术技能更需要通过专业化实践训练来获得。艺术院校的专业化实践活动对艺术院校的创业教育有着巨大的推进作用，主要体现在专业化实践活动对创业者的创业经验的积累，对创业知识和技能的丰富，及对创业能力的提高等方面。

（一）丰富创业者的创业经验

经验是个体通过体验或观察某一事物之后获得的心得体会，强调先前获得的知识和技能对后续工作发展产生的作用。创业经验是开展创业活动的重要基

础，也是影响企业成长的关键要素。“创业者的先前知识与经验对于微型企业而言是一种宝贵的初始资源禀赋，会影响创业者对机会的识别和选择，进而影响微型企业的生存与成长。”① “先前知识与经验”主要包括行业经验、创业经验及管理经验三类。创业活动是一项涉及面广、内容丰富的实践技能活动，更需要创业者在创业过程充分发挥其综合能力。对艺术院校的创业教育而言，艺术院校具有与普通院校创业教育迥异的复杂性，同时也具有其特殊性，即专业实践性。艺术院校创业者的创业经验直接源于创业者的专业化实践训练。

一方面，专业化实践活动是艺术院校创业者的生存之基。首先，对艺术院校的学生而言，专业化是衡量其技术技能水平的重要标准。个体的专业化主要是指个体在现代化的过程中，通过接受持续而系统性的知识和实践技能训练，获得职业发展所需的科学理论体系和实践体系支撑，并遵守专业发展所需的规章制度和伦理道德，以适应社会发展和提升自我专业程度的人格特质。无论是从就业还是创业的角度分析，艺术院校学生未来生存发展的根本便在于其专业化的艺术修养和艺术技能。专业化的艺术修养和艺术技能则需要通过大量的实践锻炼获得，并且在实践训练的过程中要不断完善和修正技术的精确性和完美性，从而达到技术的专业化水平，丰富自己的专业实践经验。从艺术的起源看，实践活动是其达到理想的效果，获得公众认可，技术技能实践活动是重要的支撑。艺术院校学生的立足之本在于通过重复锻炼和实践活动，掌握专业化的技术技能，并能够根据具体的场景和需要进行创造性的艺术展示。基于艺术教育的特殊性和实践性，艺术院校创业者的专业化实践活动是其生存之本，也为其未来的创业活动提供了丰富的创业经验，促进创业活动的顺利开展。

另一方面，专业化实践活动是艺术院校创业者的重要创业经验。艺术院校的创业教育最注重个体在专业发展方面的经验积累，这将为创业者未来开创企业提供重要的支撑和动力。艺术院校创业者能够根据专业发展要求不断调整自己的专业化实践活动和技术技能的精准性，确保技术技能能够达到考核的标准。以北京舞蹈学院的国标舞创业者为例，其要将国标舞演绎得尽善尽美，必然需要经过长时间的反复练习和不断纠正自己技能的不足，方可使自己的舞

① Shane S. Prior Knowledge and the Discovery of Entrepreneurial Opportunities [J]. Organization Science, 2000, 11 (4): 448–469.

蹈技能达到标准。要使演技达到更高水平或作出更精湛的展示，其不仅要不断完善自己的舞蹈技术，同时要不断创新自己的演绎技术技能，真正将舞蹈技术演绎得淋漓尽致。其实，在艺术院校的日常训练和专业实践过程中，学生都积累了诸多专业化实践经验，这将会为其创业活动奠定坚实的基础。需要注意的是，在进行艺术院校创业教育的过程中，负责创业教育的老师应十分强调对专业实践和技术技能训练的重视程度，不可因为创业教育而忽视了对专业技术技能的训练。对艺术院校的创业者而言，专业化实践活动和创业教育是相辅相成的，二者共同推进创业者的创业活动。因此，艺术院校创业教育应高度重视创业者的专业化实践活动，重视创业者的技术技能积累。

（二）增加创业者的原始资本积累

对任何一种创业活动而言，创业活动之初的原始资本积累是影响创业活动开展顺利与否的重要因素。不同创业者有不同程度的原始资本积累，有的创业者在创业前期拥有充足的经济资本积累，有的创业者拥有丰富的技术技能资本和人力资本，有的创业者则拥有广泛的社会资本等，这些都是助推创业成功的影响因素。对艺术院校创业者而言，专业化实践活动为其创业活动提供了丰富的原始资本积累，主要包括以下三类。

第一，技术技能资本积累。技术技能积累是艺术院校创业者开展创业活动的重要前提和根本基础，是影响创业活动开展的核心因素，也是凝结在创业者身上的重要资本。对艺术院校创业者而言，凝聚在创业者身上的技术技能是无价的资本，也是创业活动开展和企业成长发展的重要资本。在艺术院校教育过程中，创业者通过不断进行专业化实践训练能够在很大程度上提高自身的专业技术技能，不断地进行技术技能积累，是其之后从事创业活动的重要基础。此外，艺术院校学生通过在校外兼职也能够极大程度提升自身的技术技能积累。对艺术院校创业者而言，校内的专业化实践训练和技术技能练习都是按照既有的标准和目标进行的重复性练习，有助于积累自身的技术技能资本，但是由于校内的技术技能训练大多是创业者进行的自我训练和完善，缺乏对象性，所以很难保证其与市场的衔接。创业者的校外兼职活动能将其在校习得的专业技术技能应用于具体对象，能够将校内所学的知识和技能更好与社会需求相对接，这也有助于创业者发现市场对自己所学的艺术和专业的需求情况及需求重点，更好地调整自己的创业计划，在进行专业学习过程中能够将社会需求和所学的专业技术技能更好地结合，有的放矢地进行专业化实践训练，丰富自身的原始资本积累。

第二，经济资本积累。经济资本是创业活动的重要物质基础，缺乏经济支撑，创业计划将很难予以实施。因为创业活动所涉及的场地费用、室内装备费用等都需要充足的经济资本作基础。艺术院校学生在校外兼职进行专业化实践训练的过程也是进行经济资本积累的过程。随着人们生活水平的不断提升，人们对艺术的欣赏水平和需求也不断提高，人们更加关注自身的艺术品味提升，更加关注孩子的艺术教育问题。相对于普通教育兼职的平价性，艺术教育兼职由于道具等的相关费用，使得其兼职的收入相对较高。因此，对艺术院校创业者而言，通过兼职的方式进行专业化的技术技能实践是增加自身经济资本的重要途径，能为其以后的创业活动开展奠定物质基础。

第三，社会资本积累。社会资本最早是由法国著名的社会学家皮埃尔·布迪厄提出，他认为社会资本是“个人或群体凭借拥有一个比较稳定又在一定程度上制度化的相互交往，彼此熟悉的关系网，从而累积起的资源的总和，不管这种形式是实际存在的还是虚有其表的”[①]。此后，科尔曼、普特南、林南等学者对社会资本进行了更加深入的研究和探索，在国内，边燕杰等学者对国外社会资本理论进行了借鉴并进行了本土化的研究和思考。尽管国内外学者对社会资本的研究各有侧重，但具有一致的核心要义，即义务与期望、信任、信息网络、规范与有效惩罚、权威关系等是社会资本的核心要素。其中，信任、规范和社会网络是社会资本的关键影响因素。社会资本是艺术院校学生创业成功的重要前提，可以说，艺术院校学生在创业过程和企业成长期间都需要强大的社会资本作支撑，方可获得创业的成功。对艺术院校学生而言，专业化的实践活动是积累社会资本的重要时机。一方面，艺术院校学生在技术技能学习过程和专业化实践训练过程中能习得专业发展或展示方面的相应规范和守则，能更好运用和利用这些规范服务于自己的创业活动；另一方面，艺术院校学生在兼职

① 皮埃尔·布尔迪厄．科学的社会用途——写给科学场的临场社会学 [M]. 江苏：南京大学出版社，2005.

的过程中，通过自己精湛的专业技术技能和实践演习能够获得外界的认可和肯定，也是其重要的社会资本，能为其将来的创业发展构建社会网络，奠定坚实的基础。

艺术院校创业者的专业化实践为其提供了创业发展的技术技能资本、经济资本和社会资本等，是其创业活动开展的重要原始资本，也为日后的企业成长奠定了重要的基础。可以说，艺术院校创业者的专业化实践是推动创业教育的重要动力。

（三）提升创业者的企业家能力

企业家能力培养是当前创业教育研究领域备受关注的研究主题，对于企业家能力的内涵和外延，学术界可谓众说纷纭、各见仁智。企业家能力是指创业者在成为企业家的过程中应该具备的核心能力和要素，“企业家能力包含了战略能力、管理能力、政府关系能力和社会关系能力等四个维度”，① 是创业者拥有的关键技能和隐形知识，是个体拥有的一种智力资本，被视为创业者能成功创业的整体能力。② 杨金焱、费世森认为：“企业家能力是企业家心智模式的外显。企业家心智模式是企业惯例形成的基模和主导因素，同时直接影响着企业惯例变异的方向和幅度。”③ 从以上两位学者的研究成果可以发现，企业家能力是个体具备的拥有发现新领域、探索新方法、研制新产品、开拓新市场、运用新技术等的能力。与就业能力相比，企业家能力更加强调发现的眼光和创新创造的智慧。企业家能力是一个复杂独特的系统，不仅具有创业所需的共性，也具有开展创业活动所需的个性。从企业家能力所涵盖的范围和涉及的能力看，主要包括三个方面，一是创业所需的专业能力，即创业者掌握和运用专业知识和技能进行专业生产和创造的能力，这是创业活动开展的核心和关键要素；二

① 贺小刚，李新春．企业家能力与企业成长：基于中国经验的实证研究 [J]. 经济研究，2005：101-111.

② Man T. W. Y, Lau T., Chan K. F. The Competitiveness of Small and Medium Enterprises: A Conceptualization with Focus on Entrepreneurial Competencies[J]. Journal of Business Venturing, 2002, (17): 123-142.

③ 杨金焱，费世森．新时期大学生创业能力的构成与培养 [J]. 教育探索，2010（12）：147-148.

是创业活动开展和企业成长所需的经营管理能力，包括组织人、财、物的管理能力，维持企业正常运转和实现管理机制良性发展的能力；三是创业所需的综合能力，包括敏锐的市场洞察力、机会识别能力及决策能力等。对艺术院校创业者而言，专业化实践活动要求的多样性和复杂性都能够在极大程度上提高创业者的创业能力。

首先，专业化实践活动有利于提升艺术院校创业者的专业能力。专业能力是创业者开创企业和维持其企业成长的重要能力，是创业教育应着力关注的内容。专业能力不仅包括创业者掌握的丰富系统的专业理论知识，也包括创业者经过长期技术技能训练和实践锻炼获得的技术技能，以及将专业理论知识应用于技术技能提升方面的能力。对艺术院校创业者而言，专业化实践活动是一个涉及范围较广的系统，在其开展的过程中不仅能够丰富创业者的专业理论知识，使创业者形成系统完善的理论知识结构，激发创业者对理论知识的探索和追求，同时能够使创业者将自身的知识系统与技术技能训练相结合，为创业活动开展奠定基础。

其次，专业化实践活动有助于提升创业者的经营管理能力。经营管理能力是创业者在创业过程中应具备的重要能力和素质。对人、财、物等的管理都是创业者在创业活动过程中应考虑的要素。对艺术院校创业者而言，在专业化实践活动中，创业者可能会遇到诸多意外的情况，若要维持长期的合作关系，创业者便需要具备一定的经营管理能力，处理好各方之间的关系。

最后，专业化实践活动有助于提升创业者的综合能力。综合能力是考察一个人综合素质的重要标准，是影响创业活动开展的隐性因素。对行业市场的预测、对风险的判断，及对公众需要的掌握等都是考验创业者综合能力的重要因素。艺术院校的创业活动具有较强的依附性和群聚性，对地理位置的选择，对创业环境及创业平台等的依附性较强，因此对市场的洞察力和创业内容的选择要求较高，即要与同类行业聚集在一起，但是又要有一定的创新性和差异性方可立足于市场，实现企业的健康成长。以舞蹈类创业活动为例，创业者的地理位置选择要定位于那些舞蹈类聚集的地方，同时选择具有创新性的创业内容。若大多数的企业是舞蹈服装的定制或买卖，那么创业的内容则要极力避开这些企业内容，选择创新性的内容，使企业能够健康成长。

五、现代学徒制对创业者的引导

现代学徒制是我国职业教育改革发展的新成果，是在借鉴古今中外优秀文化成果基础上的创新和超越，对当今艺术院校创业教育的开展有着巨大的推动和引导作用。根本在于职业教育和艺术院校创业教育的同质性，即注重技术技能是职业教育活动和创业活动开展的核心内容。现代学徒制在提升创业者技术技能积累和创业知识技能方面有着独特的优势，对艺术院校的创业者来说有着重要的引导作用。

学徒制是职业教育发展的雏形，亦称“师傅带徒弟”，主要是指由掌握某类技艺和经验的师傅向学徒传授职业发展的技术技能和相关的职业规范。在西方的社会和经济发展过程中，学徒制从家庭走向社会，作出了突出贡献。现代学徒制是在传统学徒制的基础上融入了现代社会发展的新元素，延续了传统学徒制师傅手把手地将技术技艺传给徒弟的优秀做法，也充分利用现代学校教育制度，把工作岗位的技能训练与学校课堂的专业教学紧密结合起来，既重视专业知识的灌输和素质的全面培养，也重视专业素养和从业技能的训练，将必要的理论知识和实践技能同时传授给学生，增强了教育方式的科学性和高效性，丰富了教育内容的发展维度，完美融合了理论学习和实践训练。

现代学徒制的特点突出表现在以下几个方面：一是校企联合培养技术技能型人才。现代学徒制将学生置于真实的工作世界，并为其配备指导老师，使学生真正理解在真实的工作情景中未来职业发展所需的技能和知识。二是学习方式转变提升学生感性经验积累。无论是传统学徒制还是传统的学校职业教育制度都是单纯地传授理论知识或者技术技能，而很难将理论和技术技能完美契合，亦难以达到将知识和技能学习成果应用于工作场景的效果。现代学徒制则通过转变学生的学习方式，提升了学生的经验积累，促进学生更好地掌握技术技能，理解专业知识。三是现代学徒制最突出的特点在于灵活运用学校教育资源和企业的工作场景，使学生能够在不同的场所获得丰富的知识、技能和经验。四是学习内容更加丰富。将工作场所学习和学校学习相沟通，学生不仅能够学到教师传授的显性知识和技能，也可以在工作场所中学习到许多难以被传授的缄默知识，增加其职业发展和创业活动的知识储备。现代学徒制的诸多特点对艺术院校创业者的创业活动开展有着巨大的推动和引导作用，主要体现在以下几个方面。

（一）激发创业者的创业意愿

创业意愿是个体对创业活动的一种心理反应和趋向，是个体开展创业活动的重要前提和心理准备环节。从心理学的角度分析，个体是否具备创业意愿与个体所处的环境、环境对个体的心理刺激强度，及周围他人的言行等密切相关。从这个角度分析，现代学徒制能够在最大程度上激发艺术院校学生的创业意愿，使其利用自己所学的技能和知识开展创业活动。现代学徒制内含的诸多要素与艺术院校学生的创业意愿有诸多契合点。

一方面，现代学徒制强调企业导师与艺术院校学生的密切接触。传统学徒制经过数千年的发展演绎成为当前的现代学徒制，其主要的教育教学方式并没有发生本质性改变，甚至更加强调师傅（或企业导师）与学生相处的时间和效率。与职业教育中的现代学徒制不同，艺术院校创业活动中的学徒制独具特色。职业教育是现代社会工业化生产大力发展的结果，技术活动具有较强的普适性和复杂性。普适性是因为职业教育的技术技能不受地域的限制，学徒只要掌握了职业发展的核心技能便可以顺利开展工作；学徒要掌握一系列复杂的技术，往往需要跟随多个师傅进行学习，掌握不同方面的知识和技能，也往往很难一以贯之地进行技术技能学习。与现代工业化大生产的企业截然不同，艺术类企业较具独特性，强调独特性和差异性。同时，艺术类企业的技术技能活动维度相对较少，学徒在学习技术技能活动的过程中更加专注集中。因此，艺术院校的现代学徒制更加强调师傅和学徒之间的亲密关系，更加强调师傅与学徒之间的亲密接触。在艺术企业中，学徒能够更加深刻地体会艺术类企业创业活动运行的基本规律，更加熟悉艺术类企业运行的基本方式。在艺术类企业中，与师傅或企业导师的接触，也使其能够更加深刻地感受创业所需的精神和技能资本，激发其创业意愿，以自己的技术技能开创事业。

另一方面，现代学徒制注重情景教学，激发学徒对创业活动的兴趣和主动性。与普通企业相比，艺术类企业的独特性主要体现在人员相对简单，艺术类企业中的师傅也大多是艺术技能的拥有者和企业的拥有者，学徒和师傅处于共同的情境中，面临几乎相同的问题。因此，师傅可以及时地对学徒所遇到的困难和问题进行指导和建议，使师傅和徒弟之间的沟通和交流能够得到及时的反馈，增进学徒对创业活动的兴趣和主动性。此外，现代学徒制中，师傅和徒弟处于同一种工作情景，师傅在进行艺术创造的过程中，学徒可以以“合法的边缘性参与者”的角色主动参与到师傅的创作活动中，师徒之间互相促进，互相启发，学习者也不再是知识和技能的被动接受者，而是任务和项目的完成者和探索者。“置身于工作场所的情境之中，可以最大限度地注意和参与学习过程，使学习的效果和学习的意愿达到最高和最强。”师傅和徒弟共处同一工作情境和学习探索情境，学徒不仅能够全面地了解到技术技能活动的开展情况，及蕴含于艺术创作和艺术实践活动中的缄默知识、隐性技巧等，更能够通过具体情境，深刻体会到企业运行所需的核心要素和技能，近距离接触创业者，了解创业者应具备的精神和能力，激发学徒的创业热情和创业意愿。

此外，现代学徒制注重师傅和徒弟之间的情感沟通和技术技能交流，师傅能够在教育教学的过程中树立师者威信，发挥自身的榜样作用，激发学徒的创业意愿，切实从事艺术创业活动。作为职业教育改革的重要形式，现代学徒制对艺术院校创业教育具有重要的借鉴和启发作用。艺术院校创业教育采用现代学徒制，可充分发挥现代学徒制的优势，发掘学徒的创业潜能和创业意愿，培养更多艺术类企业家，繁荣我国的创业市场，开拓艺术创新的新领域。

（二）保障创业者的专业水平

专业水平是影响创业活动开展和实施的重要因素，也是影响创业活动成功的关键因素，对艺术院校创业的学生而言，更是如此。因为公众对一般类型企业产品评价的重点不仅在于产品的属性，更在于产品的管理和服务等，而对于艺术类企业，公众则较多地关注企业提供的服务质量。以舞蹈类小微企业为例，人们选择舞蹈机构不仅关注其所处的地理位置、价格等，也尤为关注舞蹈教授者的专业水平及教学技术技能。对艺术院校创业教育而言，创业者的技术技能不仅包括创业过程所需的管理技能，更重要的是包括学生创业所需的专业技能。我国的艺术教育秉承了“师傅带徒弟”的传统，并在传统的学徒制基础上进行创新，作为技术技能教育的重要方式，现代学徒制在培养艺术院校学生的创业技能、提高专业水平等方面有诸多优势。

首先，现代学徒制是培养学生的专业技能最重要的方式。学徒制产生之初便强调培养学生的专业技能，也是目前认为培养学生专业技能最有效的方式之一。现代学徒制将传统学徒制的精髓和现代学校教育制度相融合，更有利于培养创业者的技术技能。现代学徒制采用校企合作的方式，为创业者提供专业技能培训，使学校学习与企业岗位培训相结合，注重“工作体验”“做中学”的学习经历，可以使创业者在创业活动开展之前，更好地掌握专业技能，提高职业素养，实现学习活动和创业活动的零距离对接。

其次，现代学徒制可以充分调动创业者学习专业技术技能的主动性。与学校计划性和教师主导型的教育教学方式不同，现代学徒制更加强调在工作场所中，师徒之间的合作和平等地位。师傅和徒弟共处同一教学情景，师傅和徒弟之间形成了一种心理契约——师傅进行专业的技术技能操作，学徒则主动进行技术技能的模仿和掌握，是技术技能的主动学习者，而非被动的接受者，这可以有效提高学徒的学习效率。同时，师傅和学徒都是具体任务和技术技能的操作者和执行者，可以充分调动学徒学习技术技能，激发其技术技能改进的积极性和主动性，更好地帮助学徒提高自身的技术技能。尤为重要的是，现代学徒制充分利用了现代学校的有利资源，在学生进入工作场景之前，为其提供丰富而系统的理论训练，丰富其技能操作和实施的相关知识，使其能够在工作场所中，跟随师傅的操作过程，充分调用自己的知识储备，更好地掌握相关的技术技能。

再次，现代学徒制可为创业者提供系统的技术技能训练。现代学徒制不仅使创业者能够在学校教育中获得系统的专业理论知识，亦可在企业中获得系统的技术技能训练。与知识学习不同，技术技能学习更加强调技术环节之间的联系和整合，更加强调创业者对技术技能的掌握和运用。受学校授课时间和具体场景等因素的限制，学校进行技术技能教育往往难以达到最佳的效果。现代学徒制则可以在最大程度上弥补这一不足，通过系统的技术技能操作，学徒可以熟悉技术技能运用的各个环节，同时通过自身对技术技能的实践操作，促进其对技术技能的掌握。

最后，现代学徒制可以为创业者提供诸多创业技能。与专业技术技能不同，创业技能更加强调行业的同一性。不同行业有不同的创业模式和规则。现代学徒制强调师傅和徒弟的面对面交流和手把手教学，注重师傅和学徒之间的亲密接触。学徒可以在与师傅相处的过程中，通过与师傅的言语交流获得创业所需的前期准备，包括心理准备、知识储备、资金准备、人力资本等；通过观察师傅的日常工作方式和行为方式，获得隐性的创业技能。尤其是在师傅处理创业及经营管理过程中的困难时，师傅表现出的心理素质、处理方式等都是创业者学习的重要素材，也是隐性创业技能获得的重要途径。

（三）提高创业者的职业道德

对创业者而言，创业技能是创业活动开展和实施的外在表现，创业知识和职业道德则是影响创业活动开展和实施的内在要求，也是决定创业活动开展顺利与否的重要影响因素。与创业技能相比，创业知识也包括专业知识和创业相关知识两部分，但是创业知识更加强调其对创业技能的支撑作用。可以说，创业知识是创业技能施展的动力源泉。

职业道德则是从事某一行业生产或工作所应具备的基本道德、应遵循的基本规则。“道德是一种在行动中造成正确选择的习惯，并且，这种选择乃是一种合理的欲望。”[①] 道德更倾向于个性化的、带有个人特点的价值观和行为规范，是基于理性反思和自由意志的间接经验和主观把握。[②] 从本质上说，职业道德是人们从事正当的社会职业时，依据道德规范和准则，在特定的工作和劳动中以其内心信念、特殊社会手段及权、责、利的统一机制来维持和履行其职责的思想观念和行为规范，是道德评价、监督和管理的心理意识、行为原则和行为规范的总和。可以说，职业道德是获得社会认可和行业认可的重要基准，是个体职业发展和创业活动开展的重要基础。一般而言，每个行业除了公众应遵守的基本职业道德之外，还有行业之内特殊的职业道德。现代学徒制在向艺术院校创业者传授创业知识和职业道德时具有独特的优势。首先，现代学徒制

① 周辅成．西方伦理学名著选辑（上卷）[M]. 北京：商务印书馆，1964.

② 汪来杰．一种伦理新视角：公共服务职业伦理 [J]. 道德与文明，2011（4）：108-111.

更加关注教育教学活动开展的效率。“在学校出现之前，学徒制是最普遍的学习方式，被用来传递包括绘画、雕塑、医药和法律在内的各个领域专家实践所需的知识。”① 可以说，在历史发展过程中，学徒制是获得知识的重要途径。与传统学徒制模仿式和探索式的学习方式不同，现代学徒制充分结合学校教育制度的优越性，对技术技能的原理和运行机制进行系统深入的科学研究，为创业者或学徒提供掌握技术技能的基本理论支撑，并以丰富的理论体系支撑其技术技能掌握情况，使其能够将理论知识和技术技能相结合，使学徒能更加深刻地理解知识所蕴含的内涵和意义。

其次，现代学徒制更加注重缄默知识的传授。“缄默知识”最初由英国著名思想家波兰尼提出，他认为在人类的知识领域，知识的类型有两种，通常所说的知识是可以用图表、书面文字或者公式表达出来的，是显性知识；还有一类知识并不能被系统地表达出来，只有在特殊情境下才能体会和获得，即缄默知识，也称隐性知识。缄默知识具有默会性和情景性，即这些知识是在特殊的情境下产生的，难以用语言文字等符号明确表述，这也是缄默知识的最本质特征。从知识获取途径而言，学校教育可以给创业者传递更多系统化的显性知识，便于创业者构建自身的知识体系和结构。现代学徒制除了充分利用学校教育的优势外，也充分利用工作场所提供各类知识的机会。因为具体的工作场景中所内含的知识体系不仅包括师傅传授给学徒的显性知识，也包含了大量的缄默知识，如在创业过程中遇到的突发情况，学徒在观察，以及与师傅共同处理这一困难的过程中，能够根据自己的已有知识体系理解并悟到处理此类问题和困难的解决办法，有利于自身的知识积累和储备。

再次，现代学徒制强调师傅对学徒的言传身教，有利于提升学徒的职业道德。“道德是否可教”已成为道德研究绕不开的话题，学术界也众说纷纭，各见仁智。职业道德是个体从事职业活动，促进职业发展应遵循的基本规范。养成职业道德最有效的方式便是“榜样的力量”。现代学徒制充分利用学校的力量使创业者或学徒了解职业道德对个体创业活动的重要性，同时利用工作场所的潜移默化的作用，使学徒在与师傅相处的过程中，无形中学习师傅对职业道

① Collins H M, Evans R, Ribeiro R, et al. Experiments with interactional expertise[J]. Studies in History and Philosophy of Science, 2006, 37: 656–674.

德的遵循和恪守的精神。工作情境中的职业道德展示也在无形中使学徒深刻体会到职业道德的重要性及职业道德的相关规则，使学徒自身也能够以师傅为榜样，遵守职业道德，维护行业规则，推进自身的创业活动，实现创业活动的有序化和高效化。

（四）培养创业者的合作能力

随着社会分工日益精细化和职业的专业化程度不断提升，合作能力成为21世纪个体发展应具备的基本能力和素养，是个体综合素质的重要体现。个体的合作能力不仅体现在与他人共同商讨一项方案，共同完成一项任务这一层面上，也体现在通过与对方的沟通交流、磋商交谈等明确任务存在的问题，提出解决问题的办法等层面。艺术类小微企业发展具有依附性和群生性，即艺术类小微企业的成长不能脱离艺术类院校这一肥沃的土壤，它要依靠艺术院校师生及社会顾客流获得利润和企业的成长空间。离开了艺术院校，艺术类小微企业的发展则相当困难。同时，由于艺术市场的特殊运营模式，使小微艺术企业与其他企业存在很大的差异性，同质同源的企业常常集聚在某一个区域，形成自主或者组织的产业集聚区。艺术类小微企业发展的特殊性就要求创业者具备较强的合作意识和合作能力，方可获得在市场上立足的资本。现代学徒制是我国培养技术技能型人才的重要模式，不仅对提升学生的技术技能水平有显著的作用，而且对学生的综合素质提升有突出的贡献，尤其是在培养学生的合作能力方面，有着显著效果。艺术院校是培养学生高端性和艺术性技术技能的重要场所，现代学徒制对培养艺术院校创业者的合作能力有其独特的优势。

一方面，现代学徒制有利于培养艺术院校创业者的积极参与能力。积极参与能力是个体合作能力的重要表现和重要前提。与传统学徒制不同，现代学徒制集结了现代学校教育制度的优势，将学徒制的育人模式制度化和规范化，避免学徒制实施过程中的盲目和偏差。在现代学徒制实施的过程中，企业导师将根据艺术院校创业者的技术技能发展状况和实际需求，安排其跟进企业导师的工作计划，配合企业导师的相关任务和工作，进行技术技能的操作和实践。在与企业导师相处和跟进的过程中，艺术院校创业者不仅掌握了专业的技术技能，并能在企业成长过程中进行系统应用，同时也以“合法的边缘性参与者”

的身份积极参与到艺术类企业发展的现场，在很大程度上提高了艺术院校创业者的积极参与能力。同时，现代学徒制育人过程中，艺术院校创业者通过配合企业员工的工作和项目，也提高了其积极参与项目的能力，增加了其与企业员工的交流沟通机会，提升了创业者的合作能力。

另一方面，现代学徒制有利于培养艺术院校创业者的沟通能力。沟通能力即与他人交流、从他人的言语和行为中获得信息，并及时正确传达自己信息的能力。沟通能力是合作能力的基本前提，若无沟通，合作则是天方夜谭，合作能力更是无法培育。现代学徒制的创业人才培养模式将专业教育和创业教育完美结合，能够最大程度上为艺术院校创业者提供沟通合作的平台，这在根本上是由艺术类企业的性质决定的。现代艺术类企业大多以项目为单位运行发展，在艺术类企业的工作场所中，创业者的技术技能应用和实践锻炼的重要途径便是积极参与到项目过程中。在参与项目过程时，创业者、企业导师及企业员工要共同面临项目难题，攻克项目难关，便必然存在频繁密切的沟通和接触。创业者通过与工作场所中的群体进行沟通，能够在极大程度上提升个体的交流沟通能力，从而以更加有效、愉悦的方式实现合作。对艺术院校的创业者而言，具备较强的沟通能力，能够为其企业发展营造一个良性有序的发展环境，获得更丰富的社会资源，包括资金、优秀的员工及社会资本等，进一步推进企业的发展与成长。同时，创业者具备较强的沟通合作能力，可以通过各种网络关系洞察到艺术类小微企业集群所产生的外部经济和获利机会，可将同行化敌为友，追求合作共赢，加强艺术类企业之间的联系，推进艺术类小微企业之间的依附关系形成，从而将整个艺术类企业做大做强，繁荣我国的艺术文化市场。因此，现代学徒制通过项目教学法，能够增强艺术院校创业者之间的互动沟通关系，提升创业者的合作能力，推进企业的发展成长。

第四章

艺术院校创业教育实践

艺术院校在创业教育方面具有专业特性，不仅学生具备天然的创业优势，而且艺术院校专业教学中也渗透着创业教育的内容，这种专业特性使艺术院校学生的创业相较于其他专业的学生更加容易。而国家大力发展文化创意产业，大力扶持大学生创业的政策环境为艺术院校创业教育奠定了很好的基础。但是，由于长期以来缺乏创业的需求，艺术院校的创业教育开展不是很均衡，各艺术院校之间存在较大差异，从学生的创业意愿、创业认知以及学校的创业教育现状的实证调查结果来看，还存在很多亟需提升和改进之处。

一、艺术院校创业教育特点

专业教育的“高、精、尖”决定了艺术院校学生在艺术领域的高端性和稀缺性，这些人才的专业素养成为他们创办企业的核心竞争力，而对这些专业性极强的学生进行创业教育，需要充分了解教育对象的特性，并合理利用专业教育资源，把握国家的政策，构建和利用创业平台，形成符合艺术市场需求的创业教育模式。

（一）艺术院校学生具备天然创业优势

艺术院校奉行精英教育模式，这使得艺术院校毕业生成为稀缺的人才。众所周知，艺术院校招生一直以来都是“千军万马过独木桥”的状况，录取比例极低。由于艺术专业的学习需要扎实的基础，学生早在进入大学前就已经进行过系统的学习，学习成本非常高。我国文化市场的需求随着经济的发展不断提高，人们对于艺术的追求也随着基本素质和物质生活的提高不断提高，高端的艺术人才成为市场的“宠儿”。由于其自身的专业优势，这些艺术人才的创业门槛相对较低，具备天然的创业优势。很多艺术院校学生在校学习期间就开始了创业的实践活动。与不断提高的艺术市场的需求相比，艺术院校培养的人才远远无法满足这种需求，这就促使艺术院校学生成为艺术市场的稀缺资源。而艺术创业对设备、场地等固定资产的要求并不是很高，使艺术院校学生的创业优势进一步凸显。

（二）艺术院校的教学实践具有创业模拟性

艺术院校的教学实践活动通常是一个团队的通力合作，各位成员在合作中各司其职，就如同一个创业的公司。在实践过程中，学生们要广泛地接触社会、面向受众，了解市场的需求和运作规律，了解团队运作的分工细节。这种实践环节的训练虽然还不是有意识的创业教育，但是这种专业实习模式为创业教育的开展奠定了很好的基础。另外，教师在教学实践中发挥着重要作用，如多数指导老师进行过针对创业活动的指导，具有很多创业的实践经验，熟悉创业选择、创业指导、项目运作等全过程，学生的创业模拟性较强；但自身经验的不足，尤其在结合学校自身学科专业及学校实际方面有所欠缺，缺乏针对性的市场化创业园创业项目的运行的指导；要在创业实践模拟中注重发挥“教师参与”在教学实践中的优势保障作用，如此，创业教育活动效果可以事半功倍。

（三）国家政策推动艺术院校创业教育发展

从国家经济社会发展的角度看，经济建设也亟需一大批具有开拓创新精神的创业者。随着国家对创业教育越来越重视，很多有利政策也惠及艺术院校，尤其近年来，国家不断采取积极政策推动艺术院校创业教育发展。我国文化体制的改革在不断深化，原有的国有经营性文化单位大部分已经完成了转企改制。而国家对于文化小微企业越来越重视，2014 年，国家出台了《关于支持小微文化企业发展的意见》，加大了对小微文化企业的金融服务、财税政策扶持，政府降低了小微文化企业的税率，并免征管理类、登记类和证照类有关行政事业性收费。随着改革的深入，小微企业的扶持政策将相继出台。在国家政策的指导下，原有的“铁饭碗”被打碎了，而文化市场的繁荣又呼唤着高端艺术人才的进入，创业将成为未来艺术院校学生的重要选择，而创业教育的发展势在必行。

（四）创业园和孵化器引领国家文化创业产业发展

作为体现国家“文化软实力”的文化创业产业，近年来在推动文化事业增长方面发挥着越来越重要的作用，我国文化创意产业的发展推动了具备专业优势的高校建立文化创意产业园，这些园区作为我国文化创意产业的试验田，对全国文化产业的发展起到了推动和示范作用。目前影响力较大的有中国传媒大学文化创意园和北京服装学院服饰时尚设计产业创新园，他们是国家最早在传媒和服装行业建立的文化创意产业园区，也是目前成长性最强的产业园区。同时还有一些艺术院校带动了文化创意产业园区的发展，与政府和企业建立的创业园区建立了很好的互利共赢的创业孵化模式，如北京电影学院、景德镇陶瓷学院等，他们利用这些园区的平台，进行大学生创业孵化，同时也推动了园区的发展。

二、艺术院校创业教育的形式

按照教育部的要求，我国高校在2016年都必须开设创新创业课程，创业教育的教学活动逐步规范化，而适合文化创意产业发展的企业孵化器和文创园区也成为艺术院校创业教育很好的平台，为艺术院校学生提供了创业的实践场所。2023年4月9日，教育部部长怀进鹏在出席首届世界青年大学生创业论坛时指出：“我们探索了一条具有中国特色的大学生创新创业发展道路，推动形成高等教育创新人才培养新模式。”他提出，“要持续为青年大学生搭建创新创业的实践平台，促进全球高校共同搭建创新创业交流合作平台，持续为青年大学生创新创业提供政策支持、制度保障。中国将加快构建高质量创新创业教育体系，深入实施产教融合、科教融汇，营造更好的创新创业环境和生态”。与其他普通高等院校一样，艺术院校创业教育经历了二十多年的发展，逐步形成了具有多样性、专业性和丰富性的教育体系。

（一）创业教育教学活动

创业教育的教学活动形式丰富，包括课程、培训、讲座等。部分艺术院校采取了创业教育课程的形式，采用了国内外比较成熟的课程体系，进行与专业结合的教学。创业课程是指与创业活动直接相关的课程，它是为使受教育的创业者具备必要的创业知识而设置的课程。艺术院校的创业教育课程是对原有的艺术专业各课程进行精简、凝练而成的。学生从课程中可以学习到关于艺术院校学生创业的知识，增强学生对创业的了解，树立其创业意识，增强其创业信心。创业课程的目标是让学生在课程学习中对创业了解得更加全面，并具有一定的前瞻性，更偏向于对创业的整体认知和了解。

创业课程可以分为创业基础课程和创业思维课程，其中创业基础课主要是学习关于创业的全面的基础知识，比如经济法律知识、企业生产经营管理知识、市场营销、公共关系学、综合性知识等，主要内容为工商、税务、金融、保险、经济法律、创业基本程序、生产经营管理等。重点传授学生创业实用知识。创新课程设置包括创新思维原理和方法，以及关于创新思维的训练，注重培养学生的求异思维。除此之外，创业课程还包含了就业观念与创业意识、创业心理与创业能力、人际交往与礼仪、创业心理激励等课程，重新对各课程教学进行设计，重点培养学生就业与创业思想道德素质。创业课程主要有以下几个方面的特征：首先，注重实用性，着重围绕创业活动所需。在创业课程的实际教学中，重点围绕“创业者所需”的目标进行教学，对课本内容进行仔细筛选，注重专业知识的深度和广度以及实用性、前瞻性等。其次，重视实训课程。在所有课程内容里，实训课程占到40%左右，专业课程之外开设实训课能够很大程度上提高学生的实践能力，在实践教学过程中注入与创业知识能力有关的内容，让学生边学专业边了解创业相关的信息，易取得积极效果。最后，确立个人的主体意识。创业教育的核心在于培养“具有开创性的个人”，可见个人在创业教育中占据着相当重要的地位。因此，在教学上强调学习者个体的重要性，教师应该尝试通过各种方式来提高他们的主体意识，比如让学生更多地介入教学各个环节，或者在创业案例调查或课堂模拟实践活动中充分尊重个人的意见等，可以充分调动学生的积极性，使其更愿意主动参与到活动中来。

随着创业教育理念的树立以及发展，近年来，关于创业知识技能作为一种通用技能和态度是使学习者在不断变化的工作环境中获得成功的一种关键能力，由此，创业知识也作为一种基础知识被国内越来越多的院校认同。创业教育观念的不断推广推动了我国创业教育计划的制定和实施，然而，要有效地开展创业教育，首要的就是要进行课程改革，必须构建具有创业教育特色的课程体系。根据我国的具体情况，创业教育应该是一个系统工程，不仅应包括必修课课程，还要包括选修课课程。国外较早开展创业教育的许多院校已经基本形成了较为完善的选修课课程计划，在这些系统的选修课课程计划里，创业教育覆盖了不同层次的教育阶段，创业教育课程也已经被细化为内容不同的数十门选修课课程，供不同层次的学习者根据自身情况进行选修。需要注意的是，创业教育不仅仅是开设几门创业课程，学生不能仅靠课堂学习来掌握创业技能——将创业教育和素质教育结合起来的选修课课程模式，能够在一定程度上提升学生的整体能力和素质。

目前我国高校的创业教育模式大多数采取的还是课堂教学模式，在教学内容设置上偏重于创业知识的课堂传授。而在国外，高校的创业教育模式相对灵活却贴近学习者需要，他们通常是从让学习者从创业论的系统学习开始，然后结合具体案例的分析，将理论与实践相结合，然后按照让学习者从学习创业到模拟创业再到实践创业的思路，连贯地接受相关培训，通过不同的渠道、不同方式让学习者全方位了解创业、接触创业、学习创业，进而提高学生的积极性，使学生乐于参与，增强教学效果。近年来，我国部分艺术院校也开始采取自愿或者主动的培训模式，通过选取部分学生参加短期的创业模拟训练来提高学习者的创业知识和技能。培训的时间安排比较灵活，授课和训练的时间根据学习者的具体情况安排在周末或假期集中进行，这就在很大程度上提高了学习者的积极性。

与国外相比，目前我国的创业教育培训师资力量依旧不够充足，且大多数是高校的专兼职教师，缺乏专业的创业教育培训师资，为此，我们可以建设多元化师资队伍，吸引企业家、咨询顾问、知识产权律师、风险投资商等等与创业活动紧密结合的人员参与到学校创业教育中来，使其成为教学队伍中的一员。在参与途径上，可以更加灵活，采取在产学合作的前提下，通过学校与企业的互动，如讲师派遣制度、教员企业研修制度等方式使创业师资在理论与实践两方面相交融，通过这种方式把企业最新动态、市场前沿知识和创业新理念、新想法带给学习者，启发学习者的创业思路。

邀请校友或者创业成功者以及知名企业的管理人员对学生进行专题讲座培训，是艺术院校普遍采取的创业教育模式，能够在很大程度上开拓学生视野，但是内容缺乏整体性和系统性。

创业教育的讲座模式主要偏重于对学习者创业技能和创业知识的传授，因此要依靠社会的力量，从不同的领域、不同的专业聘请有经验的创业者来开展。由于创业活动本身带有很强的实践性和复杂性，所以学校的创业教育需要以论坛或者沙龙的形式邀请社会上有经验的企业家、投资家、成功创业者以及相关领域的政府官员到学校开设讲座，与学生们沟通交流、开展对话，给学生传授实用的创业经验和技能。在国外的创业教育中，邀请成功创业者到学校开展讲座的现象十分普遍，而且对学生创业意识的树立和提升作用显著。由于讲座模式的创业教育形式多样，生动又便于理解和沟通，参与此类创业论坛对于弥补学校创业课堂的局限以及学生社会经验的不足作用明显，所以深受学生们的欢迎。在我国的部分院校，也会经常聘请专家或者企业精英到学校传授创业经验，但是由于学校组织的论坛常常具有临时性，学生受到的都是碎片式的经验传授，限制了学生创业热情的发挥。因此，在创业教育体系中，学校可以充分利用各种社会资源，凝聚社会力量，开展常设创业沙龙或者论坛的机制，以有效提升学生的创业知识和能力。

（二）企业孵化器建设

企业孵化器模式是企业和学校互利共赢的创业教育模式，它通过院校与企业的合作为学生提供创业教育。我国创业教育还多采取传统的课堂教学方式，缺乏灵活性，缺少与企业的合作，学生的实习实践环节较少，使得创业教育课程缺乏实践性。国外高校的创业教育，针对不同阶段学生开展不同的创业实践。进驻创业基地和孵化器、参与社会创业是开展创业教育的较好的模式。目前，我国只有为数不多的几所艺术院校拥有企业孵化器，艺术院校的企业孵化器也有多种形式。由学校自身创建的孵化器，一般由团学组织来运行操作，带有很强的传统教育色彩，这种模式以中国戏曲学院为代表。一种是与政府合作成立的位于高校内的企业创业园区，这种模式由学校独立部门进行管理，与学校的教育相结合，但又相对独立，这种模式以北京服装学院为代表。一种是与社会文化创意产业园区合作的模式，这种模式以景德镇陶瓷学院为代表，利用地域和专业上的优势进行合作，借助社会创意园对学校创业企业进行孵化，达到企业和学校双赢的效果。

（三）创业产业园区建设

文化创意产业园区模式主要存在于开设艺术专业的研究型综合大学，以中国传媒大学最为典型。创意产业园区不仅有学生的创业企业，还有知名企业，同时政府也介入管理。产业园不仅可为高等学校学生创业提供咨询策划服务，为有意创业的学生提供实践机会，还可通过支持学生创业社团活动，开展创业素质拓展等教育活动。文化创意产业园区不仅可以有重点、有针对性地培养学生的创新技术、创业能力，还可以有目的地开展理论的应用和技术的创新与转化，实现不同方式的创造。学校可以多渠道建立创业基地，积极争取为学生提供更多的创业便利和支持，在资金、设备以及合作企业的寻找方面，为学生争取资源，积极利用产业园区的重要功能，发挥产业园区的创业优势，建立创业平台。

地方政府在推进文化创意产业发展的过程中也建立了大量的产业园区，为大学生的创业提供了广阔的舞台。如北京市近年来形成一大批特色鲜明的文化产业园区，其中既有中关村软件园、首钢文化产业园等大型园区，也有 77 文创园、繁星戏剧村等规模较小但是特色鲜明的园区。2020 年，北京市评选出了 98 家市级文化产业园区，并出台了《北京市推进文化产业园区高质量发展的若干措施》，推动文化企业向园区集聚，规范管理，资源共享，为创业大学生提供了更多的空间和资源。

（四）创新创业大赛

大学生创新创业大赛模式一般通过团队组织来开展，学生以团队的形式参加创业和创意设计比赛，由资深创业学者或成功创业家评判学生创业计划的科学性和可行性，并对优胜者进行奖励，甚至提供创业启动资金资助。

创业设计大赛是学生们进行创业模拟练习的有效方式，需要学校和社会的共同参与，参赛内容不仅涵盖理论知识，也涵盖实践知识。创业设计大赛对于培养学生创业意识、提高学生创业素质、积累创业实践知识具有十分重要的意义。近 30 年来，全球有诸多的院校引入并开展了创业设计竞赛，其已经成为了一项风靡全球的校园活动。在我国，创业设计大赛是近些年来比较热门的创业教育赛事，有越来越多的大学生参与其中，并通过创业设计大赛得到创业知识和技能的提升。

在创业设计大赛过程中，学生要经过组织团队、选择竞赛项目、创业设计、创业培训、创业调查、完成创业计划书以及答辩等环节。通过参与每一个环节，学生不仅积累了创业知识，培养了创业能力，而且还获得了宝贵的模拟创业经历，可以达到创业技能的整体提升。因此，创业设计大赛是一种很有实效的创业教育模式，学校在探索创业教育模式的过程中，可以充分利用创业设计大赛这个载体，培养学生的创业意识，提高他们的创业技能。

从 1999 年至 2023 年，由共青团中央、中国科协、全国学联主办的“挑战杯”中国大学生创业计划竞赛已举办了 13 届，比赛从 1999 年第一届的 120 余所高校近 400 件作品参赛，发展到 2023 年第十三届大赛，全国 3011 所高校、142. 4 万名学生、33 万余个项目参赛，从最初的单纯由企业提供资助到地方政府参与其中。第三届比赛杭州市人民政府成为承办单位，第五届比赛山东省人民政府成为第一个主办的地方政府，并在资金和政策上给予大力的支持。“挑战杯”大学生创业计划大赛为大学生创业教育和实践提供了广阔的平台，形成了中国创业教育的宝贵经验。

从 2015 年开始，由教育部与地方政府、各高校共同主办的八届中国国际“互联网 +”大学生创新创业大赛，旨在深化高等教育综合改革，激发大学生的创造力，培养造就“大众创业、万众创新”的主力军；推动赛事成果转化，促进“互联网 +”新业态形成，服务经济提质增效升级；以创新引领创业、创业带动就业，推动高校毕业生更高质量创业就业。比赛还设了教学大师奖、杰出教学奖、创新创业英才奖，不仅为参赛的大学生设立奖项，也对创业教育中作出贡献的教师给予奖励。从历年参赛情况来看，参赛的主题、人数、范围、项目数、影响力均有了很大的提升，成为继“挑战杯”大学生创业计划大赛之后的又一重要的创新创业赛事，为大学生创业搭建了更为广阔的国际平台。

三、艺术院校创业教育的内容

从调研的情况来看，艺术院校的创业教育内容以创业精神的培育、创业知识的普及以及创业实践的开展为主，大部分开展了创业教育的院校停留在前两个方面，创业实践的开展远不及前两个方面内容的教育。除为数不多的拥有创业产业园和孵化器的学校，其他艺术院校的创业教育实践活动开展并不多，很多学校从未开展过创业教育。

（一）创业精神的培育

事业的成功离不开精神的支撑，对于创业活动而言尤其如此。创业精神是创业主体进行创业实践的灵魂和支柱，创业教育很重要的一点就是对于学生创业精神的培育。学校的创业教育绝不仅仅在于培养企业家和企业精英，更重要的是对学生创业精神的培育。换句话说，创业教育是为了发展和提高学生创业基本素质的教育，这种创业精神，不仅指学生的责任心、事业心，也包括成功创业所需要的进取心、开拓创新精神以及冒险精神等等。在经济全球化不断发展的今天，创业精神显得尤为重要。创业教育中实施创业精神培养，不仅能使学生具备从事某项创业活动、某项事业的强大能力，还可以发展其成为企业家所需的策略性能力、发展与辨识创业机会的能力。在目前的学校创业教育中，创业精神的培育还没有得到应有的重视，随着创业的不断发展，创业精神培育在创业教育中会占据越来越重要的地位。

（二）创业知识的普及

开展创业教育，创业知识的普及是基础。通过学习创业课程，开展创业实践活动，学生掌握全面系统的创业知识是成功创业的前提条件。在学校的课程学习中，令创业教育思想渗透到创业知识中去，之后通过教材和活动的形式展现。通过学习课程，学生学习间接的创业经验，通过实践活动，获得直接的创业体验，这都是学生进行创业知识学习的途径。创业的知识复杂又多样，为保证学生学到的创业知识能够充分应对创业过程中出现的问题，学校对创业知识的选择就要十分全面和系统，不仅要涵盖创业所需的专业知识，还应该包含道德教育、人际交往等通识教育课程。另外，创业知识的普及面关系到创业教育涵盖范围的大小，学校要尽可能利用一切力量，让更多的学生接受到尽可能丰富的创业教育。

（三）创业实践的开展

创业是一种探索性行为，本质上它是一种实践活动，通过开展创业实践才能够达到创业目标，实现创业理想。学生通过选择创业项目，开展创业设计、创业案例分析、创业模拟等等实践活动来培养创业者解决具体问题的能力。积极推进创业实践是创业教育重要的内容，也是当前我国创业教育中积极推广实施的创业教育方向，通过开展不同内容和方式的创业实践活动，结合系统的创业训练，在创业实践活动过程中提高学生发现问题、分析问题和解决问题的能力；同时，在实践中培养学生的自我意识、参与意识和实干精神，使学生牢固掌握实践技能，以便其能够灵活应对创业活动中出现的各种变化和问题。

四、艺术院校创业教育的方法

艺术院校创业教育的方法以课堂教学和讲座为主，结合案例进行教学。使用的教材和教育的内容与专业结合并不紧密，形式和方法比较单一。艺术院校创业教育要突破原有的创业方法，通过完善课程设置、开展实践活动以及营造创业文化来实施创业教育。

（一）完善课程体系

课程是创业教育的核心，通过课程来培养学生的创业意识，增长学生的创业知识，是比较传统的创业教育方法，也是行之有效的一种创业教育方法。由于创业是一门复杂的实践活动，需要各门学科知识理论作支撑，创业所需的知识不仅涉及到管理学、法学、营销学、经济学、心理学等学科的教育，还需要丰富的实践经验。对于艺术院校的学生来说，在学校的课堂上学习到的创业知识是比较零碎、不够系统的，有的学校的创业教育课程仅仅是一些学科知识的简单移植，并不能够指导学生的创业实践。如果没有完善的课程体系，学生很难学到系统的创业教育所需的知识，也就难以实现成功的创业。建立完善的课程体系，学校可以通过聘任专门的师资，制定系统全面的创业教育课程，使课程内容不仅涵盖较多范围的学科内容，而且包含人际交往、沟通技巧、创业难关解读等方面的知识，实施理论课程和实践课程并重的方式来发展和丰富学生创业知识，提升学生创业能力。

（二）丰富实践教学

创业教育不同于其他的教育活动，它具有实践性强的特点。学生要通过实际的活动来学习和实践创业活动。因此，开展实践活动成为开发学生创业潜能、实施创业教育的重要途径。要实现创业教育的目标，就要通过不同形式的实践活动来开展创业教育。学校创业实践活动有以下几种方式：一是建立校内外实践基地。通过实践基地的建立，为学生提供良好的活动平台，学生可以在此模拟不同的创业情境，体验不同的创业经历，从而培养他们的创业精神和创业能力。二是搭建社团活动平台。学生社团是创业实践的一种表现方式，部分学生通过举办创业沙龙、创业论坛，开展学习交流、创业交流，为创业知识的丰富起到良好的辅助作用。三是举办创业竞赛。创业竞赛是很能体现学生自主创业意识的一种创业教育方式，学生通过参与的创业项目，激发其创造性和能动性，充分发挥自身优势和特点，开展有个人特色的创业项目活动，体验不一样的创业教育经历。

（三）建设创业文化

创业文化是指勇于创业的意识以及相应的价值观念的总和。由于学校是大部分学生生活和学习的地方，要实施创业教育，营造利于创业的氛围十分重要。学校实施创业教育，要从重视创业文化的培育、营造有利于创业的文化氛围开始。首先，要将创业教育作为素质教育的重要内容，在学生教育内容中占据重要地位，使学生在意识上重视创业教育；其次，要注意转变学生关于创业的价值观，提高学生对创业文化的认识，树立尊重创业者、敢于创业的意识；最后，要发挥榜样的作用，定期开展分析创业成功案例的活动，不断引导学生明确创业的方向。同时，校园文化在创业教育中的影响作用也不可忽视，树立鼓励创业的标语和张贴宣传图片、不定期举办创业竞赛等，都是营造创业文化氛围的很好的方式。

五、艺术院校创业教育的现状

近年来，我国越来越重视青年人（尤其是大学毕业生）的创业工作。就业压力加大以及创业环境的改善，使高校的创业教育力度不断提升。教育部要求建立健全创业成果和学分转化教学管理制度，大学生创业可享受税收减免优惠，高校要建立弹性学制，允许在校学生休学创业，并聘请创业成功者、企业家、投资人、专家学者等担任兼职导师，对创新创业学生进行一对一指导。同时要求高校开发开设创新创业教育课程，组织学生参加各类创新创业竞赛、创业模拟等实践活动，“大学生创业引领计划”正在全面推展。艺术院校的创业教育起步较晚，但是文化产业的飞速发展为艺术院校学生的创业提供了很好的土壤。面对机遇和困难，研究高校创业教育自身存在的问题尤为重要。

（一）现状调查

本研究采用问卷调查的方法，对中国北京舞蹈学院、中国戏曲学院、中央戏剧学院、北京电影学院、中央美术学院、中国音乐学院、中央音乐学院、北京服装学院 8 所艺术院校的在校本科生、研究生进行了问卷调查，发放问卷 2003 份，回收 1616 份，回收率 80.68%，样本有效。本次调查的问卷发放方式为：由 8 所艺术院校的学生处教师组织学生干部在高年级班级中随机发放。因为本科一年级学生刚刚进入学校，创业意识尚未形成，未列入调查范畴。对回收的调查问卷分别统计了调查对象性别、年龄、民族、政治面貌、户口所在地和婚姻状况等人口学特征，具体情况如下所述。

1. 人口学特征

调查对象性别分布。如图 4–1 所示，此次调查对象中男性有 606 人，女性有 1010 人，参与调查的男性、女性分别占调查总人数的 37.50% 和 62.50%，可见调查对象中女性占大多数，调查对象性别分布呈现女多男少的状态。

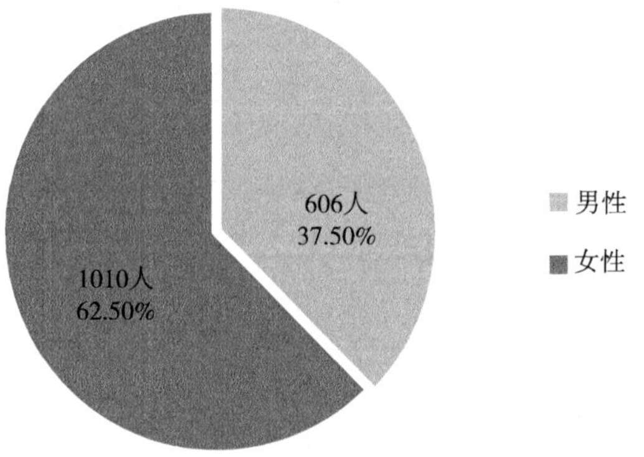

图4–1　性别分布

调查对象年龄分布。如图 4–2 所示，参与调查对象的年龄基本在 24 岁以下，其中分布在 20 ～ 24 岁的人数最多，占调查总人数的 46.04%，年龄在 24 岁以上和 20 岁以下的分别占调查总人数的 24.94% 和 29.02%。

调查对象民族分布。如图 4–3 所示，参与此次调查的对象中汉族有 1288

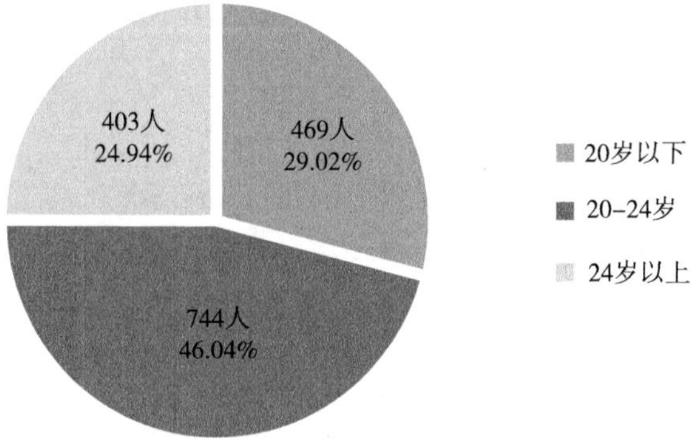

图4–2　年龄分布

人、少数民族有 328 人，汉族的调查对象人数明显高于少数民族，占参与调查总人数的大部分。

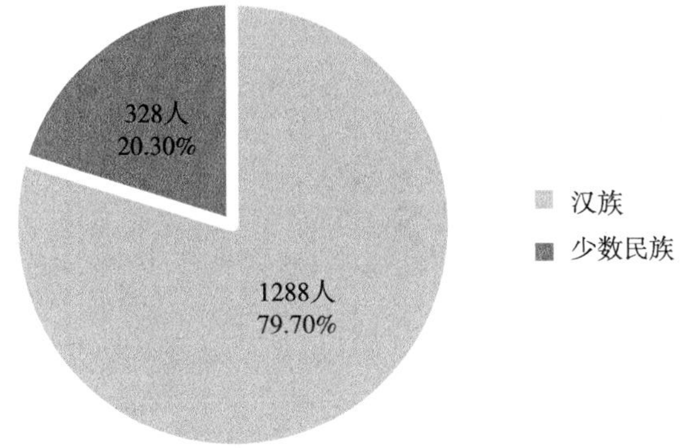

图4–3　民族分布

调查对象政治面貌分布。如图 4–4 所示，本次调查中调查对象政治面貌为团员的人居多，共有 956 人，占参与调查总人数的 59.16%，中共党员（含预备）和群众分别为 452 人和 208 人，分别占总人数的 27.97% 和 12.87%。

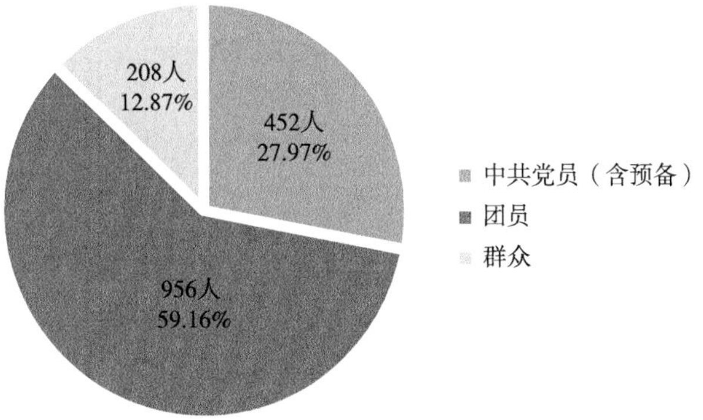

图4–4　政治面貌

调查对象户口所在地分布。如图 4–5 所示，参与此次调查的户口为非京籍的调查对象有 1056 人，占调查总人数的大部分，京籍户口对象仅有 560 人，非京籍和京籍户口人数分别占总人数的 65.35% 和 34.65%。

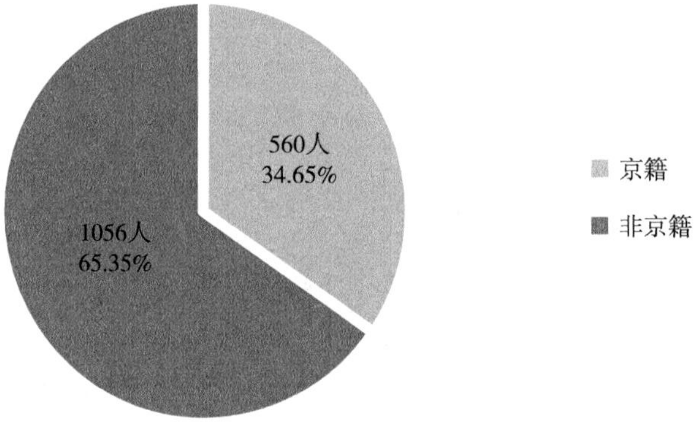

图4–5　户口所在地

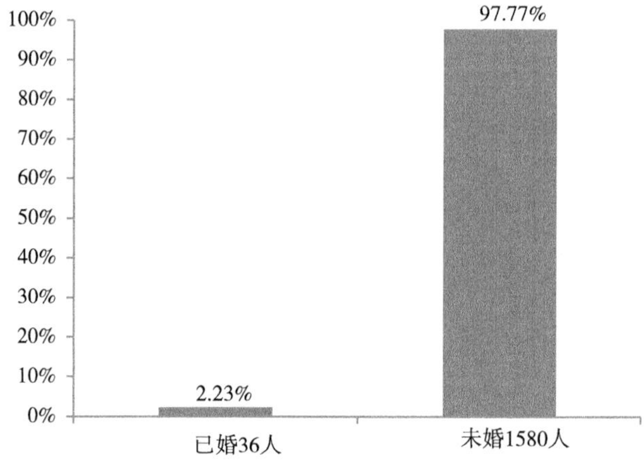

图4–6　婚姻状况

调查对象婚姻状况。如图 4–6 所示，在调查对象中，未婚的调查对象有 1588 人，占总人数的 97.77%，已婚的调查对象仅有 36 人，占总人数的 2.23%，明显低于未婚调查对象的人数。

基于对以上调查对象的基本信息分析可以看出，参与此次调查的女性多于男性，调查对象年龄大部分在 20 ～ 24 岁，汉族学生占大部分，政治面貌为团员的人居多，非京籍的调查对象占大多数，参与调查的对象大多未婚，已婚的对象仅占一小部分。

在前期问卷发放、问卷填写、问卷回收、数据汇总等多项工作的基础上，总结了全部有效调查问卷的各个题目的各个选项，在以下的分析中，主要采用单变量数据分析的方式进行。

2. 艺术院校学生创业意愿调查

关于“创业意愿”及“创业意愿来源”的调查。在对本人是否有创业打算的调查中，考虑过创业的人占调查总人数的 60.71%，由此可知，参与调查的大多数人考虑过创业，但其中 70% 以上的调查对象并没有付诸实际的创业行动（如图 4–7 所示）。在对其创业意愿的调查中发现，创业源于个人的职业发展和就业压力的占调查总人数的 37.19%，而创业意愿来自家庭和朋友、社会和学校的分别占调查总人数的 27.41%、21.35% 和 14.05%（如图 4–8 所示），这说明创业意愿的来源主要是个人的职业发展和就业压力以及家庭和朋友的影响，有相当部分调查对象的创业目的是因为家庭和朋友的影响、个人职业发展。因此，我们可以认为，在这些被调查的对象中，还是有很多人有创业的意愿的，在这些人中，他们也看到了个人职业发展与创业的关系，不过因学校的教育、宣传等方面而产生的创业意愿还是比较少的，这也说明当前艺术院校的创业教育还存在着很多亟待解决的问题。

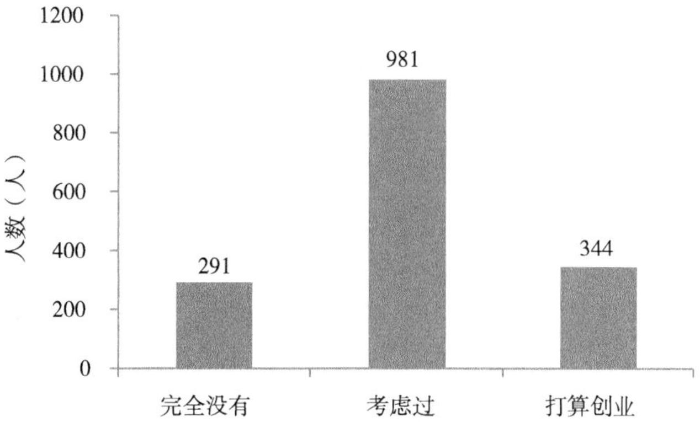

图4–7　创业意愿

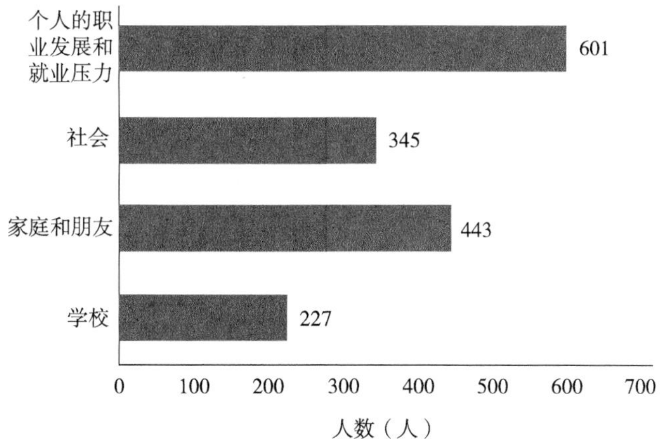

图4–8　创业意愿来源

关于“对创业者的看法”的调查。在被问及对“创业者”和“创业”的看法时，调查对象中认为创业者是学习优秀、勇于创新、敢于创造，有头脑、高素质的人占调查总人数的57.24%；认为创业者学习成绩差、素质差，或有钱有背景的富二代或官二代，家庭贫寒的学生不适合创业的人居少数（见表4–1）。由此可以看出，调查对象对创业者给予了相当高的评价，大部分调查对象认为创业者是学习优秀、勇于创新、敢于创造、有头脑、高素质的人，而创业就意味着有可能实现理想、财富自由的财富愿望。

表 4–1　对创业者的看法

序号	对创业者的看法	认同此观点人数	认同此观点人数占被调查人数的比例
1	不好好学习，成天折腾的人	150	9.28%
2	学习成绩较差，但有创新思想，有创业能力的人	266	16.46%
3	找不到好工作只能创业的学生	168	10.40%
4	学习优秀、勇于创新、敢于创造，有头脑、高素质的人	925	57.24%
5	有钱有背景的富二代或官二代，家庭贫寒的学生不适合创业	107	6.62%

关于“创业者的创业动机”的调查。在被问及创业者的创业动机时，有30.82%的调查对象认为创业者创业是为了接受挑战，实现人生价值，追求远大理想；认为创业是为了迅速积累经验，创造大量财富的手段和自由地生活，不受稳定工作的约束的调查对象均占总人数的19.86%，还有小部分人认为创业者创业是受他人影响或受邀请加入创业，把创业作为谋生的手段，如果有好的就业就不会选择创业（见表4–2）。由此可知，大多数调查对象对创业者的创业动机呈肯定态度，更倾向认为创业者的创业动机是源于主观主动意愿，而非客观的原因。

也正是基于以上的数据，可以看出调查对象普遍对“创业者”和“创业”有着正确的认识，而对这些优秀创业者的学习，则会极大地增强大家的创业意愿和创业实践，激励着大家接受挑战，这也可以看作是对就业的新认识。当前，无论是国家层面，还是地方政府层面，高等院校都积极鼓励毕业生创业，通过创业来积累自己的工作经验，实现自己的人生价值。

表 4–2　创业者的创业动机分析

序号	创业动机	认同此观点人数	认同此观点人数占被调查人数的比例
1	谋生的手段，如果有好的就业就不会选择创业	182	11.26%
2	受他人影响或受邀请加入创业	210	13.00%
3	迅速积累经验，创造大量财富的手段	321	19.86%
4	自由地生活，不受稳定工作的约束	321	19.86%
5	接受挑战，实现人生价值，追求远大理想	498	30.82%
6	有好的创业项目，办理流程简化	84	5.20%

3. 艺术院校学生创业认知的调查

关于“是否选择与专业相关的行业”的调查。在被问及创业是否会与自己的专业相关时，绝大部分的调查对象选择了与本专业相关，认为创业与专业相关的人几乎是其反面的两倍（如图 4–9 所示），而在选择创业方式的时候，也有近半数想依靠自己的专业优势。值得一提的是，依靠网络、利用学校创业园区和与他人合作占有基本相同的比例，这也足以证明高校创业园区的建设对于高校学生创业有着直接的促进作用，完全契合了艺术院校的特质。艺术院校的学生因为专业的优势，使其在创业中往往有着高于其他专业或院校创业的成功率，特别是在文化创意产业方面，投入成本小，成功率高。

关于“创业地点选择”的调查。在关于创业地点的选择的调查中可以发现，选择北上广等一线城市的调查对象有 513 人，占调查对象总人数的 31.75%，选择学习所在城市的调查对象占 27.41%，生源地及二三线城市的调查对象分别占 25.25% 和 11.20%（见表 4–3），反映出调查对象在北上广等大城市、学习所在城市和生源地的选

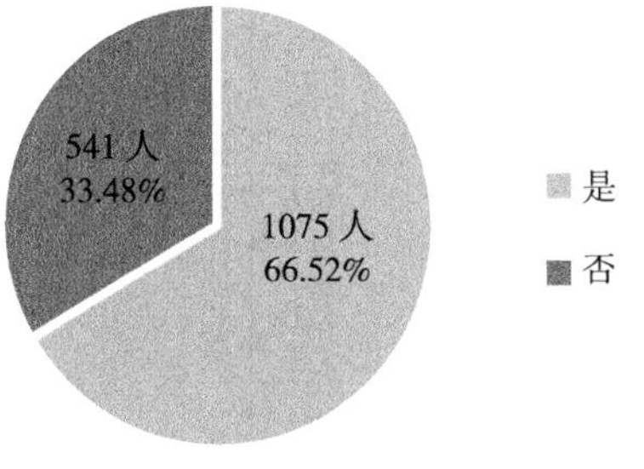

图4–9　是否选择与所学专业相关的行业

择上，基本是一致的。选择北上广等大城市，主要是因为这些城市通常有着较好的发展基础，对于创业的成功性来说，要高于二三线城市；选择学习所在的城市，调查对象或者是因为对学习、生活了多年的城市较为熟悉，或者是在这样的城市中有了比较稳固的关系网络，尤其是依附于母校，利用其专业上的优势和资源，在这样的环境中创业也会形成有利于创业企业发展的形势；选择回生源地创业，则是因为重视家庭因素在自我创业中的作用，在生源地往往有着其他城市无法比拟的基础。

表 4–3　创业地点选择

序号	创业地点选择	选择人数	选择人数占被调查人数的比例（%）
1	学习所在城市	443	27.41
2	生源地	408	25.25
3	北上广等一线城市	513	31.75
4	二三线城市	181	11.20
5	其他	71	4.39

关于“创业最好时机”的调查。从创业时机的选择上可以看出较大比例的调查对象选择先就业再创业，也就是要经过前期的经验累积。其中，也有将近一半的学生准备在大学期间或者一毕业的时候选择创业（如图 4–10 所示）。从创业成功的案例中，我们会发现很多的成功者是因为遇到了一个好的项目，在实践项目中不断探索，最终形成创业行为；或者在学习期间受他人的影响，因为共同的理想目标，从而选择合作创业等等。

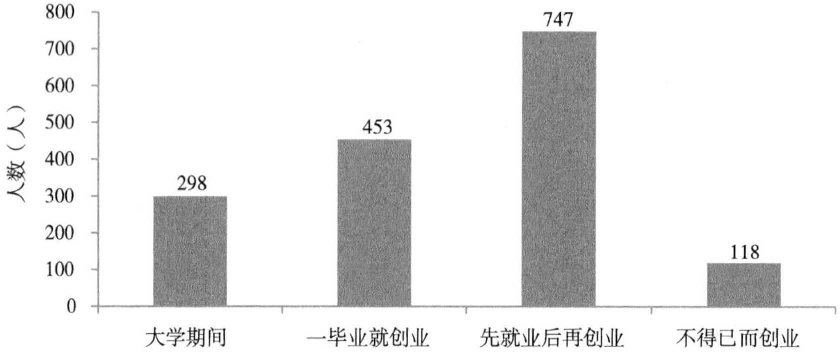

图4–10　大学生创业时机的选择

关于“艺术类专业大学生创业的最佳方式”的调查。总体来看，占调查总人数 42.33% 的调查对象认为艺术类专业大学生创业的最佳方式是依靠专业优势，先实践、积累经验和人脉后再单干；而认为“与他人合作创业，互相依靠、互相帮助，共同开拓市场”和“借助网络科技，利用电子商务，网上先试手，零门槛的优势”是艺术大学生创业最佳方式的调查对象人数分别占 21.23% 和 18.32%；仅有 3.40% 的调查对象认为艺术类专业大学生创业的最佳方式是带学生、接私活、不成立正规公司、自由工作（见表 4–4）。由此可见，依靠自己带学生、接私活、不成立正规公司的自由工作者是寥寥无几的，更突显出艺术类院校学生在创业过程中缺乏安全感和勇敢精神，更渴盼团队的合作，这一结果也与之前分析的学生对创业的认识十分相关。高校的创业基地或孵化园正是起到了这样的作用：对于有创业意愿，但是难以直接走出校门、走入市场的创业者来说，高校的孵化园通过团队协作的方式对创业者在创业初期给予足够大的帮助，可极大地促进创业企业的成长。

表 4–4　艺术类专业大学生的创业方式

序号	创业方式	选择人数	选择人数占被调查人数的比例（%）
1	借助网络科技，利用电子商务，网上先试手，零门槛的优势	296	18.32
2	依靠专业优势，先替人打工，积累经验和人脉后再单干	684	42.33
3	利用学校的创业园区和孵化基地先试水再逐步走向市场	238	14.73
4	与他人合作创业，互相依靠、互相帮助，共同开拓市场	343	21.23
5	带学生，接私活，不成立正规公司，自由工作，能养家糊口就行	55	3.40

关于“大学生创业最重要的能力”的调查。关于创业所需要的能力方面，调查对象对决策能力、经营管理能力、专业技术能力、交往协调能力、创新能力等五个方面都表示极度重视。其中，认为经营管理能力是“大学生创业最

重要的能力”的调查对象占全部被调查者的68.56%，其他被调查对象认为是“大学生创业最重要的能力”的依次是创新能力、专业技术能力、交往协调能力、决策能力及其他（见表4–5）。由此可以看出，调查对象能清楚地认识到，在创业中，创新能力对于企业发展的关键作用，创新是企业发展的灵魂，只有创新能力强的创业企业才会在市场具有核心竞争力，才能有更好的发展前景。而较好的管理能力，才是优秀创业企业赖以生存发展的基础。

表4–5 大学生创业最重要的能力（多选）

序号	大学生创业最重要的能力	选择人数	选择人数占被调查人数的比例（%）
1	决策能力	813	50.31
2	经营管理能力	1108	68.56
3	专业技术能力	897	55.51
4	交往协调能力	860	53.22
5	创新能力	1037	64.17
6	其他	134	8.29

关于“影响创业最重要的因素”的调查。同样的，在被问及创业所需的基本条件时，“资金支持”和“人脉资源”是调查对象最为关心的方面。认为创业所需的基本条件是“资金支持”和“人脉资源”的分别有1089人和995人，分别占调查对象总人数的67.39%和61.57%。其他被调查对象认为是创业所需基本条件的依次为管理经验、合作伙伴、好的项目、政策支持和家庭支持等等（见表4–6）。这也从一定程度上反映出了创业环境还存在的一些问题。调查对象过于关注创业中的资金问题，从艺术院校创业学生的角度来说，由于专业的优势和稀缺性，在创业中可以选择那些投入较小、成本较低的行业来创业，专业技能的重要性往往要高过资金支持。此外，政策支持、良好的项目和优秀的管理经验也是不可或缺的创业条件。在创业企业的初创阶段，往往需要足够的适合创业企业的优惠政策的扶持，无论是行政审批的简化，还是税收、融资方面的政策都能激发众多创业者的创业热情，从而使其真正地实践自己的创业愿望。

表 4–6　影响创业最重要的因素（多选）

序号	影响创业最重要的因素	选择人数	选择人数占被调查人数的比例（%）
1	好的项目	843	52.17
2	合作伙伴	874	54.08
3	资金支持	1089	67.39
4	家庭支持	493	30.51
5	政策支持	645	39.91
6	人脉资源	995	61.57
7	管理经验	904	55.94
8	其他	254	15.72

4. 艺术院校创业教育现状调查

关于大学期间“创业教育接受情况”及“创业满意度”的调查。从创业教育的角度来看，在受访者中有 60% 左右完全没有接受过创业教育，30% 多的受访者表示接受过简单的创业教育，有 20% 左右的受访者对创业教育的态度是不满的（如图 4–11、4–12 所示），而接受过系统的创业教育的人却极少。从这两组数据中，我们可以认为当前院校在创业教育方面还存在着严重的不足，在开设过创业教育课程或进行过创业教育的院校中，仍有较多的学生对当前的创业教育评价不高。有一半以上的受访者对学校的创业教育评价不高（认为一般），可见在院校创业教育方面仍有很大的改进空间和开发空间。

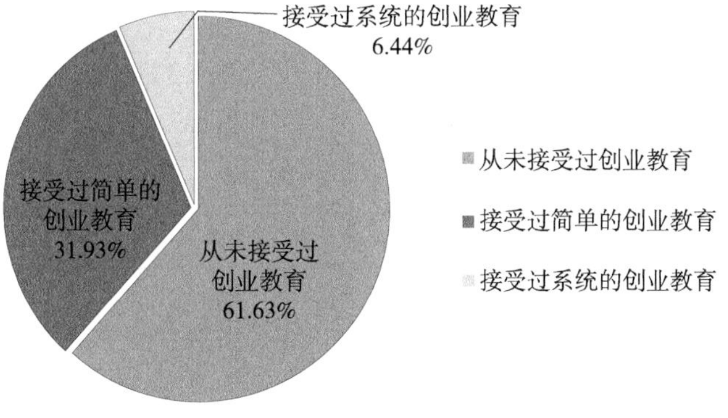

图4–11　大学期间是否接受过创业教育

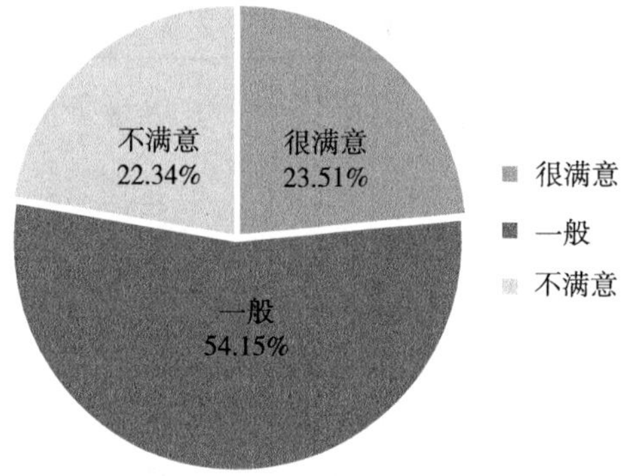

图4–12　对学校创业教育是否满意

关于“学校创业教育中最重要的形式”的调查。从表 4–7 中不难发现，受访者期待最多的就是亲身参与实践（实习）这种形式，选择亲身参与实践（实习）的调查对象占调查对象总人数的 36.57%，其他被认为是学校创业教育中最重要的形式的依次是参加专业的创业培训课程、成功创业的同学或朋友传授、学校教师授课和参加大学生创业大赛（见表 4–7）。创业教育在形式上一定要突破原有的授课模式，要采用灵活多样的方式，以亲身实践为主，以创业成功案例的分享和讲解为辅助。同时要逐步建立完善的创业课程体系，建立起沟通与反馈机制，完善教育评价体系，才能满足学生不断提高的创业教育需求，使创业教育更有针对性和实效性。

表 4–7　学校创业教育中最重要的形式

序号	学校创业教育中最重要的形式	认同此观点人数	认同此观点人数占被调查人数的比例（%）
1	学校教师授课	226	13.99
2	参加专业的创业培训课程	387	23.95
3	亲身参与实践（实习）	591	36.57
4	成功创业的同学或朋友传授	246	15.22
5	参加大学生创业大赛	166	10.27

关于“是否从事过创业的实践”的调查。在创业实践方面，“经常参加”的受访者很少，大多数受访者都是“从来没有”或“仅仅参加过几次”（见表 4–8），与前述的“创业需要各方面能力”结论形成鲜明对比。学生对创业

教育在实践方面的需求与现状存在很大的差距。

表 4–8　是否从事过创业的实践

序号	是否从事过创业的实践	选择人数	选择人数占被调查人数的比例（%）
1	从来没有	686	42.45
2	参加过几次	714	44.18
3	经常参加	216	13.37

关于“学校创业教育师资评价”的调查。值得关注的是，很多学校甚至没有配备专门的创业教育师资队伍，或者本校的学生根本不知道学校在创业教育方面开设的课程和师资建设情况，以至于很多人选择了“没有专业师资队伍”一项（见表 4–9）。由此可见，艺术院校的创业教育的整体水平有待提高，师资队伍的建设亟待加强。

表 4–9　对学校创业教育师资的评价

序号	对学校创业教育师资的评价	赞同该观点人数	赞同人数占被调查人数的比例（%）
1	满意，师资力量雄厚	382	23.64
2	师资力量一般	675	41.77
3	没有相应的专业师资队伍	273	16.89
4	不清楚	286	17.70

关于“学校创业教育使用的教材满意度”的调查。在关于“学校创业教育使用的教材满意度”的调查中，大多数学生对学校创业教育使用教材的满意度一般，选择“不满意，没有接触过此类教材”的调查对象人数高于选择“很满意”的调查人数（见表 4–10），这在一定程度上反映了学校创业教育教材选用存在不合理性的客观事实。教材在学生的课程学习中具有重要意义，选择学生满意的教材会大大提高学生学习的主动性，增强课堂教学的实效性。当然还有 22.71% 的学生没有接触过创业教育教材，这与学校尚未开展创业教育有关。

表 4–10　对学校创业教育使用的教材满意程度

序号	对学校创业教育使用的教材满意程度	赞同该观点人数	赞同人数占被调查人数的比例（%）
1	很满意	312	19.31
2	一般	937	57.98
3	不满意，没有接触过此类教材	367	22.71

关于“学校创业教育的外部投入和资助”的调查。在被问及“学校创业教育是否有其他社会机构投入和资助”的问题时，有半数以上的调查对象选择表示对学校的创业教育社会机构投入和资助“不清楚”，选择“有”其他社会机构投入和资助和“从来没有”其他社会机构投入和资助的调查对象各占调查总人数的 23.27% 和 22.46%（如图 4–13 所示）；在被问及“学校是否拥有创业孵化器或者文化创意产业园区”的问题时，有 36.76% 的调查对象表示“从来没有”，而选择学校“有”创业孵化器或者文化创意产业园区的调查对象占 33.35%，“不清楚”学校是否拥有创业孵化器或者文化创意产业园区的占 29.89%（如图 4–14 所示）。由此可以看出，调查对象对创业教育的社会机构投入和资助及创业孵化器或者文化创意产业园区缺乏了解，从侧面反映了创业教育的社会投入和资助不足，学校的创业孵化器或者文化创意产业园区建设存在缺失或者作用不够明显等问题。

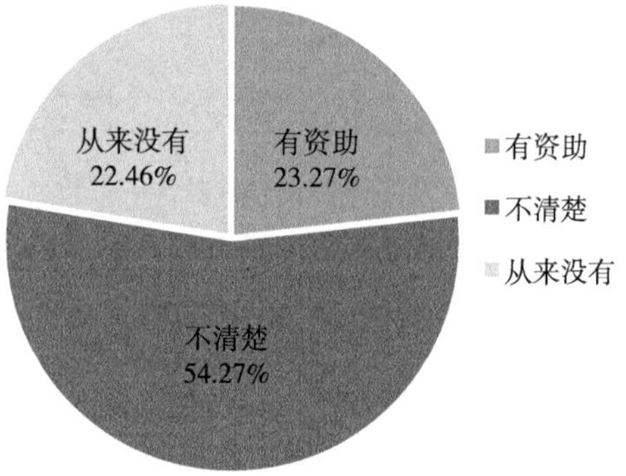

图4–13　学校创业教育的外部投入与资助情况

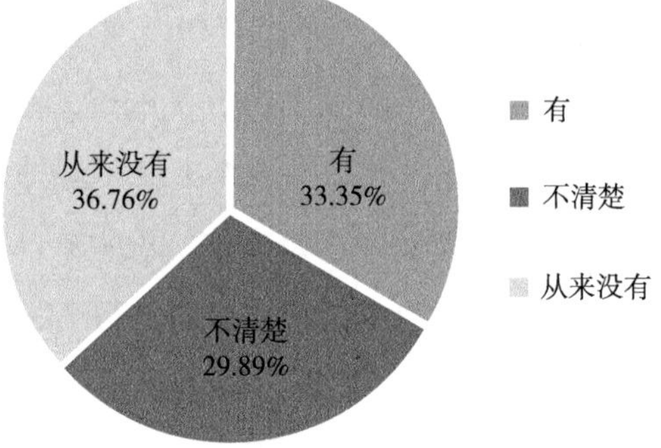

图4–14　是否拥有创业孵化器或者文化创意产业园区

关于“创业校友”及“毕业生创业”相关问题的调查。在被问及“是否有创业校友来进行过交流和讲座”和“是否有创业校友为学生提供创业和就业信息”等问题时，近半数的调查对象反映有创业校友来进行过交流和讲座（如图 4–15 所示）。但是选择“创业校友为学生提供创业和就业信息”的调查对象仅占全部调查人数的 25.25%（如图 4–16 所示），这说明学校的创业校友为学生提供创业和就业信息不够，创业校友回馈学校的机制尚不完善，不能发挥创业校友在创业教育方面的作用。

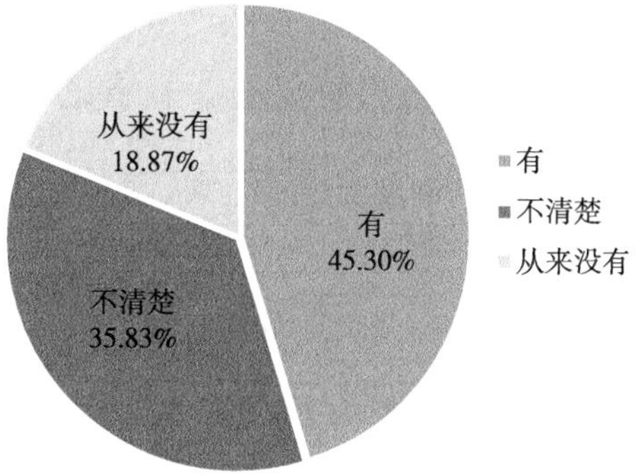

图4–15　创业校友来校进行过交流和讲座情况

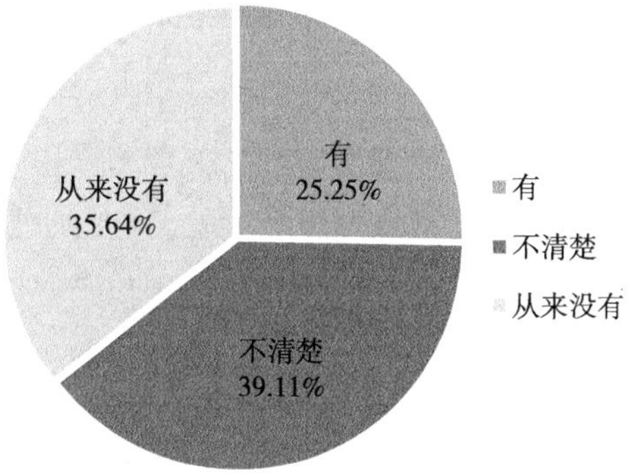

图4–16　校友为学生提供创业和就业信息

在被问及“学校是否邀请创业毕业生对学校的创业教育提出意见，进行评价”的问题时，大部分调查对象表示“不清楚”，认为学校邀请过创业毕业生对学校的创业教育提出意见、进行评价的调查对象仅占全部调查人数的 1.79%（如图 4–17 所示），说明学校在发挥创业毕业生在创业教育的作用上认识不够，创业教育评价体系的建立还存在很大的差距。学校应该采取一定措施，积极发挥创业毕业生的作用，建立完善的创业毕业生回馈学校的机制，将其创业的经验教训很好地反馈给在校生，对学校创业教育进行评价，为在校生创业教育提供实践机会，同时为创业学生提供资金资助，推进学校的创业教育的发展。

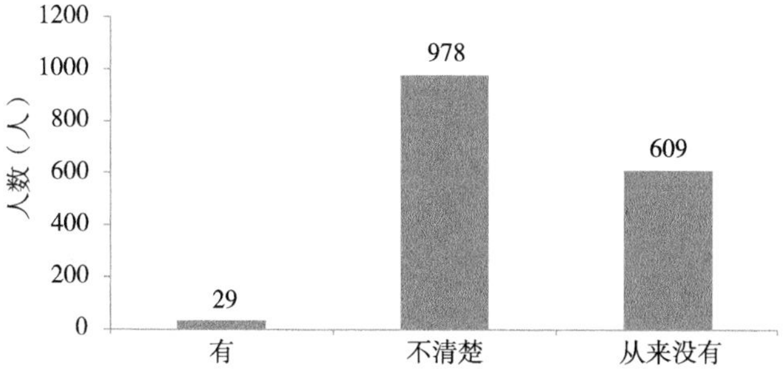

图4–17　创业毕业生对学校的创业教育评价情况

（二）艺术院校创业教育的问题

从实证调查的结果来看，艺术院校创业教育在学生的创业认知和意愿上存在一定的问题，而从各校的对比情况来看，各校的创业教育存在较大差异，个别院校创业教育丰富而具有活力，大部分艺术院校创业教育的开展还滞后于其他类型院校，学校对创业教育的重视还远远不够，存在一定的问题。更为严重的是个别院校尚未开展系统的创业教育。

1. 艺术院校创业教育两极分化严重

从各校问卷调查的结果来看，8 所艺术院校的创业教育呈现出发展不均衡、两极分化的状态。一是部分艺术院校因其专业与产业结合紧密，同时具有天然的专业优势、地域优势和政策优势，成为中国最早开展创业教育的大学，如中国传媒大学、北京服装学院。这两所学院引领着中国电视传媒和服装行业教育的发展，不仅在专业教育和科学研究上处于领先状态，在行业中也具有不可替代的优势。正是这种天然的优势使其把握住国家战略发展的机遇，成功地将创业教育与产业发展结合起来，成为最早开始建立创意产业园区的高校。创业教育与产业的完美融合，使其成为高校创业教育的典范。另外一部分艺术院校则完全相反，创业教育的开展非常滞后，有的院校甚至从未开展过。分析其原因，首先是因为这些院校长期坚持精英教育模式，就业形势一直不错，没有了就业压力的毕业生对于创业缺乏积极性，所以创业教育长期以来不被重视。其次是因为艺术院校注重专业教育，忽视学生的创业教育，缺乏负责创业教育和职业精神教育的教学师资，导致了创业教育开展缓慢。

2. 艺术院校学生对创业认知不足

艺术院校学生具有很强的专业优势，我国的艺术院校在专业教育上具有独特的优势，由于招生人数的限制，艺术院校培养的学生很少，这就导致了艺术院校毕业生成为市场的稀缺人才，一直以来坚持的高精尖的教育使艺术院校招生考试呈现“千军万马过独木桥”的现状。艺术教育的高成本性也使艺术院校的学生对于自己的职业期许非常高。同时，现代学徒制的艺术教育模式使学生的职业观还停留传统的就业观上。而对于艺术的追求，使其职业观念也相对保守和单一。这些都导致了艺术院校大学生对于创业的认识不够深刻。大多数调查对象的创业意愿来自“个人的职业发展和就业压力”“家庭、朋友”和“学校”，这说明艺术院校学生的创业意愿大都来自被动的压力，而非自己本人主动的创业愿望。但在“对创业的认识”等相关问题中，却有较高比例的调查对象选择了“实现人生价值”“追求远大理想”，这显然与之前的创业意愿的调查结果相矛盾，这种矛盾显示了艺术院校学生对创业的认识存在理想和现实的差异。这种问卷调查中常见的“道德选择”也反映了艺术院校学生的个性特征，选择答案时存在选择符合主流道德的选项的倾向。这种现象在一定程度上反映了艺术院校学生对创业的认识存在着一定虚荣感和不确定性。

3. 艺术院校大学生对创业盲目期待

艺术院校大学生对创业了解不足以及高期待性主要体现在以下几点：在被问及“选择什么地方创业”时，相当一部分被调查者选择了“北上广等一线城市”，而选择“二三线城市”的被调查者占较少比例。分析其原因，一线城市艺术市场相对发达，艺术消费是人们生活中的高端消费，受经济状况、教育程度以及城市发达水平等因素影响，艺术消费人群需要长时间的培养。而艺术市场的完善也受城市发展水平的制约，因此选择在一线城市创业是艺术院校大学生的顺势行为；对“创业意愿来源”是“个人的职业发展和就业压力”和“创业动机”为“实现人生价值”“追求远大理想”的调查结果的矛盾现象在一定程度上反映出调查对象对创业目的的矛盾纠结和讳莫如深；对创业所需各种能力的普遍高要求反映出调查对象对创业者所具备的素质有很高的评价，从另一个角度也反映出大部分艺术院校学生认为创业所需要的综合能力较高，创业难度非常大。从调查结果来看，学生对创业条件的要求过于强调“资金支持”“人脉资源”等客观因素，这些都说明相当多的艺术院校大学生对创业的了解不足，对创业所需的条件和影响因素等认识不够深入。而学生对于创业存在的较高期待，与对于创业的认识模糊不清形成矛盾，使艺术院校大学生对于自己是否适合创业，是否可以创业成功存在着疑问。

4. 艺术院校对于创业教育的重视不够

在关于学校提供的创业教育等相关问题的调查中，可以看出，艺术院校大学生对学校提供的创业教育期待比较低，之所以出现这种现象，首先是因为艺术院校大学生对创业本身不够了解，缺乏对相关信息的关注，因而对创业教育的了解不够。第二是因为艺术院校大学生整体创业的意愿不够强烈，因而对学校的创业教育要求相对较低。众所周知，艺术院校因为专业的独特性和毕业生源的稀缺性，在以往的计划经济体制下，工作分配都非常好。随着国家文化体制改革的深入，顺应市场经济的发展需要，艺术院校学生在就业上也出现了前所未有的困难，人才市场的变化要求学校和学生转变就业观念，准确地认识创业教育的重要性。只注重专业教育，而忽视创业教育的现状存在很大的教育隐患，很多学生认为创业教育课程是“无足轻重”的，很多学校领导认为创业教育“可有可无”。这就导致部分有创业意愿的学生，在“群体沉默”的情况下也不敢提出创业教育的需求。第三，创业教育需要学校的大量投入，不论是创业教材、师资、课程还是实践平台都需要大量的人力、财力、物力的投入，而部分艺术院校硬件设施并不是很完善，创业教育基础不好；相对于专业教育，国家对于创业教育的评价体系并不完善，要求也并不是很高，所以学校对于创业教育的关注度不高，学生对于学校提供的创业教育的期待也不高。第四，从调查结果来看，艺术院校大学生对创业的条件和创业者的个人素质需求的评价较高，而艺术院校学生由于从小专注于专业教育，自身素质上存在缺失，而艺术院校在创业教育方面的欠缺也使学生的创业素质和创业能力无法得到及时有效的补充，从而导致学生的创业积极性和创业能力较低。

5. 艺术院校大学生对创业缺乏务实精神

在被问及“是否从事过创业实践”的问题时，仅有很少一部分调查对象选择了“经常参加”，而大部分的调查对象从来没有参加过创业实践或只参加过几次，这就说明尽管艺术院校大学生对创业存在较高的心理预期，却缺乏脚踏实地主动去实践的意识。虽然有超过半数的调查对象考虑过创业，但真正参与实践的还很少。造成这种现象可能有以下几方面的原因：一方面是我国艺术教育长期以来处于“象牙塔尖”的位置，社会对艺术教育“一以贯之”的推崇以及艺术的高雅性和尖端性，使艺术院校学生缺乏就业的危机感，创业意愿较低。虽然很多大学生在就业形势严峻的压力下考虑过创业，但仍旧缺乏创业的条件和信心，因此，也仅仅只是“考虑”过创业而已，从未真正用创业的思维认真地思考过创业行动。另一方面是由于学校开展的创业教育中实践活动较少，大部分学生难以有机会参与到创业实践活动中去，无法获得积极的创业体验，在长期的单调学习过程中形成行动惰性，使创业的热情难以维持。因此，要调动艺术院校大学生的创业积极性，首先，社会要创造良好的氛围，鼓励大学生创业；其次，艺术院校要改变传统的教育观念，适应社会的需求，积极开展创新创业实践活动，为大学生搭建创业平台，提供创业实践的条件，树立学生的创业意识，支持其创业活动，为有创业意愿的学生作好创业的知识储备和行动指导。

（三）艺术院校创业教育现状形成原因

通过问卷调查和实地走访，笔者了解了艺术院校创业教育中存在的问题，从创业意识、创业认知等方面充分了解了学生创业教育的实际效果。从创业教育现状调查中对创业教育的课程、教材、实践以及校友参与和社会支持等方面进行调查，并对现状形成的原因进行分析。

1. 学校对创业教育重视不够

多年来，艺术院校一直沿用着精英教育模式，学生专业水准高。由于专业上的绝对优势形成了艺术人才的核心竞争力，在艺术人才市场具有无可替代性，在就业上具有较大的优势，学生对创业教育的需求并不大，“皇帝的女儿不愁嫁”的就业模式和教育心理使艺术院校长期以来不重视创业教育。良好的就业形势使艺术院校的创业教育缺乏实际需求，难以引起学校足够的重视，甚至部分学校从未开展过创业教育，学校的专业教育也是传统的“就业模式”。这种创业教育思维在一定程度上限制了创业教育的开展，导致很多艺术院校长期不重视创业教育，缺乏专门的创业教育机构，缺乏管理人员和专业的师资。

2. 缺乏对创业教育对象的研究

笔者在实证调查过程中发现目前艺术院校创业教育存在以下几种现象：一是存在“两张皮”现象，将专业教育和创业教育完全分隔开来，各干各的。创业教育在大部分艺术院校均由思政课教研室或者团委、学生处的老师教授，专业课教师并不介入，这就造成了创业技能与创业知识培训“两张皮”的现象。二是存在“我给你”的现象，只注重知识的单向传授，忽视了学生的需求，灌输式的教育对有创业需求的学生来说作用不大。三是存在“熊猫馆”现象，部分尝试建立创业孵化器的学校，对于入孵的企业进行周到细致的服务，学校帮助甚至替代学生完成了创建企业的很多工作，企业运作过程中，从资金筹措、减免税务、场地租赁到业务拓展，学校全方位提供服务，企业并不能完全独立运转，等到这些企业出孵走向市场时，适应不了市场的残酷竞争，最终导致创业失败。形成以上现象的主要原因是艺术院校缺乏对学生创业教育需求的了解，缺乏对市场的分析和把握，不能准确地为学生提供有助于创业企业健康成长和可持续发展的知识和技能。四是没有形成良性循环。通过对在京艺术院校的走访和调查发现，艺术院校创业教育尚未形成良好的评价机制和反馈机制，学校与创业学生之间尚未形成良性互动，对于创业教育的成果缺乏深入的了解。

3. 无法满足迅速增长的创业教育需求

我国从 2012 年开始了文化体制的改革，原有的文化事业单位改制成企业，时至今日，已有 80% 以上的文化事业单位完成改制工作。改制后的文化企业失去了原有的户籍制度的优势，对艺术院校学生逐渐失去了吸引力。学生开始将注意力转向创业，创业的需求迅速扩大。社会需求的突然增大，使艺术院校适应不了快速的变化。而学生的创业意愿越来越强烈，社会对于人才的创新和创业能力越来越关注，创业企业成长的需求也不断提高，艺术院校面对迅速增长的需求，在师资、管理等方面缺乏足够的准备，导致创业教育出现各种问题。学校在准备不足的情况下很难满足快速增长的创业教育现实需求。

4. 创业教育忽视企业成长

从调查结果可以看出，艺术院校对于创业人员的跟踪调查和信息回馈很少，创业教育缺乏评价机制，创业教育仅仅针对学生创建企业来进行，而对于企业未来的发展缺乏相应关注。学生在校学习期间缺乏针对创新、创业精神的培养，所以在创业过程中，他们缺乏坚韧不拔的意志，缺乏发现和把握机遇、处理危机的能力，缺乏创新的精神和能力等。同时，现有的创业教育更多地关注创建企业阶段所需具备的知识和技能，忽视了企业的成长性。随着国家“大众创新、万众创业”的政策推动，创业的门槛大幅降低，这就意味着大量的创业企业走向市场，市场的竞争迅速加剧，一大批低成长性的企业将会被“拍死在沙滩上”，企业的成长将成为“万众创业”时代最为重要的课题。

第五章

小微艺术企业成长要素研究

创业是世界各国政府高度关注的议题。李克强总理在2015年的两会政府工作报告中指出，推动大众创业、万众创新，既可以扩大就业、增加居民收入，又有利于促进社会纵向流动和公平正义。他在2019年两会政府工作报告中指出，要进一步把大众创业万众创新引向深入，鼓励更多社会主体创新创业，拓展经济社会发展空间，加强全方位服务，发挥双创示范基地带动作用。在国家政策的推动下，创业门槛不断降低，数量众多的小微企业走向市场，使市场竞争不断加剧，可以预见，随之而来的将是一大批成长性低的企业面临市场的淘汰。"寿命短、死亡率高"成为小微企业普遍存在的一种现象。究其原因，主要是受自身条件和外部环境的约束，面临各种严峻的成长困境，关注企业的成长将成为未来企业生存和创业教育关注的重点。

小微艺术企业作为一种新型的企业形态，还处于发展初期，但是由于其专业的高端性决定了它在市场中具有较强的核心竞争力，艺术专业的个性化发展又决定了其具有独特的成长模式。目前学术界关于小微艺术企业的研究还较少，笔者试图从小微艺术企业的现状入手，研究其个性特征，并通过对小微艺术企业的实证调查了解其成长过程中的困惑及其发展的机遇。本章所研究的小微艺术企业为艺术院校毕业生创建的企业。

小微企业因其自身所处的成长阶段和所处行业的特点不同，决定了企业成长影响因素不尽相同。基于这一考虑，本章在分析小微艺术企业特点、成长困境和发展机遇的基础上，从内因和外因两方面梳理了其成长的主要动因，并在此基础上，提出了小微艺术企业成长的要素对创业教育的需求理论构想。学习能力、创新能力、资源整合能力、机遇把握能力以及政策环境、金融环境等六要素影响小微艺术企业的成长。其中，学习能力、创新能力、资源整合能力、机遇把握能力属于内生因素，政策环境、金融环境属于外生因素，反映企业成长的外在条件。

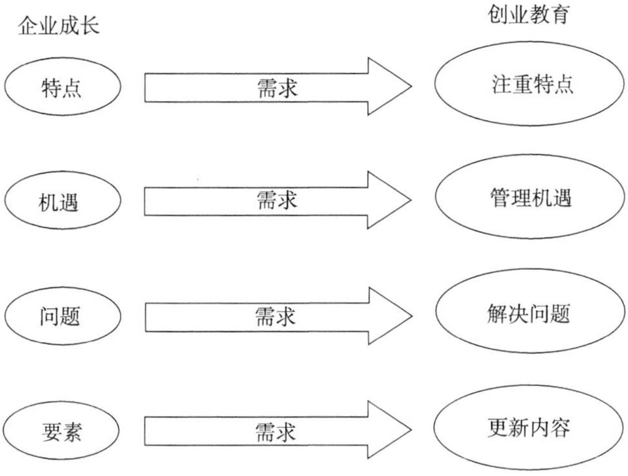

图5–1　企业成长与创业教育关系图

一、蔷薇花开：小微艺术企业的崛起

蔷薇，是一种生命力极强的匍匐状灌木，多用于城市的绿化和美化，它花香浓郁，花型美丽，是城市中常见的景观花卉。这里用“蔷薇”来特指与其生命特征相近的小微艺术企业，其原因有三：首先，它像怒放在城市里的蔷薇，具有很强的生命力。如果能有所依靠，它们就会牢牢地攀附于围墙或隔离网，茂盛地生长。如若无依无靠，它们就会匍匐在地上，低调但毫不卑微地开满大地，成为都市里最灿烂的风景。其次，它们具有很高的艺术水准，创业人员大多来自几所著名的艺术院校，专业技能在市场上具有稀缺性。虽然在规模上它们属于“小微”，但是其社会影响力和生存能力非常强大，笔者称其为“强大的小微”，简称“强微”（与“蔷薇”谐音）。最后，它们如同簇拥生长在一起的蔷薇一样，具有很强的群生性，相互依靠、相互支撑，形成城市中美丽的风景。正是小微艺术企业显著的艺术性，使笔者在这里使用了艺术的比拟来描述小微艺术企业这个特殊的个体组织。

（一）小微艺术企业概念

小微企业单从文字上看是指小型微利企业；从法律层面来看，小微企业是指从事国家非限制和禁止行业，并符合规定规模和人数的小型微利企业。它是很多创业者成功和壮大的必经之路。它享受政府免征管理类、登记类和证照类等有关行政事业性收费等诸多优惠政策。

小微艺术企业属于小微文化企业的一个类型（见表 5-1）。国家在《关于大力支持小微文化企业发展的实施意见》中明确规定，小微文化企业是指演艺业、娱乐业、动漫业、游戏业、文化旅游业、艺术品业、工艺美术业、文化会展业、创意设计业、网络文化业、数字文化服务业等行业及从事非物质文化遗产生产性保护的企业中符合《中小企业划型标准规定》（工信部联企业〔2011〕300 号）的小型和微型企业。从业人员 10 人至 100 人的为小型文化企业，10 人以下的为微型文化企业。① 小微艺术企业是指符合国家小微文化企业规定的生产、经营、销售和传播艺术产品和服务的企业。

表 5-1 小微企业划型标准

序号	行业	小型企业标准	微型企业标准
1	农、林、牧、渔业	营业收入 50 万元及以上的为小型企业	营业收入 50 万元以下的为微型企业
2	工业	从业人员 20 人及以上，且营业收入 300 万元及以上的为小型企业	从业人员 20 人以下或营业收入 300 万元以下的为微型企业
3	建筑业	营业收入 300 万元及以上，且资产总额 300 万元及以上的为小型企业	营业收入 300 万元以下或资产总额 300 万元以下的为微型企业
4	批发业	从业人员 5 人及以上，且营业收入 1000 万元及以上的为小型企业	从业人员 5 人以下或营业收入 1000 万元以下的为微型企业
5	零售业	从业人员 10 人及以上，且营业收入 100 万元及以上的为小型企业	从业人员 10 人以下或营业收入 100 万元以下的为微型企业
6	交通运输业	从业人员 20 人及以上，且营业收入 200 万元及以上的为小型企业	从业人员 20 人以下或营业收入 200 万元以下的为微型企业
7	仓储业	从业人员 20 人及以上，且营业收入 100 万元及以上的为小型企业	从业人员 20 人以下或营业收入 100 万元以下的为微型企业
8	邮政业	从业人员 20 人及以上，且营业收入 100 万元及以上的为小型企业	从业人员 20 人以下或营业收入 100 万元以下的为微型企业

① 资料来源：文化部办公厅 2014 年 7 月 23 日发布的《关于大力支持小微文化企业发展的实施意见》。

续表

序号	行业	小型企业标准	微型企业标准
9	住宿业	从业人员 10 人及以上，且营业收入 100 万元及以上的为小型企业	从业人员 10 人以下或营业收入 100 万元以下的为微型企业
10	餐饮业	从业人员 10 人及以上，且营业收入 100 万元及以上的为小型企业	从业人员 10 人以下或营业收入 100 万元以下的为微型企业
11	信息传输业	从业人员 10 人及以上，且营业收入 100 万元及以上的为小型企业	从业人员 10 人以下或营业收入 100 万元以下的为微型企业
12	软件和信息技术服务业	从业人员 10 人及以上，且营业收入 50 万元及以上的为小型企业	从业人员 10 人以下或营业收入 50 万元以下的为微型企业
13	房地产开发经营	营业收入 100 万元及以上，且资产总额 2000 万元及以上的为小型企业	营业收入 100 万元以下或资产总额 2000 万元以下的为微型企业
14	物业管理	从业人员 100 人及以上，且营业收入 500 万元及以上的为小型企业	从业人员 100 人以下或营业收入 500 万元以下的为微型企业
15	租赁和商务服务业	从业人员 10 人及以上，且资产总额 100 万元及以上的为小型企业	从业人员 10 人以下或资产总额 100 万元以下的为微型企业
16	其他未列明行业（科学研究和技术服务业，水利、环境和公共设施管理业，居民服务、修理和其他服务业，社会工作，文化、体育和娱乐业等）	从业人员 10 人及以上的为小型企业	从业人员 10 人以下的为微型企业

企业所得税优惠政策中所指的“小微企业”，不只体现在“小型”上，还要求“微利”，就是我们常说的“小型微利企业”。自 2019 年 1 月 1 日至 2021

年 12 月 31 日，从事国家非限制和禁止行业，且同时符合年度应纳税所得额不超过 300 万元、从业人数不超过 300 人、资产总额不超过 5000 万元三个条件的企业，为小型微利企业。而增值税政策中的“小微企业”是指小规模纳税人，即年销售额不超过 500 万元的纳税人。这两个概念与小微企业略有不同，应用于各类不同的优惠政策中。

（二）小微艺术企业的重要性

随着小微企业的快速发展，其在国民经济中的地位越来越高，在吸纳就业、服务社会、增强经济活力等方面发挥着越来越重要的作用。小微艺术企业虽然在规模和数量上并不能与其他行业的企业相比，但是其技术技能的高端性决定了它在市场中的引领地位。小微艺术企业的发展在国家文化事业繁荣、文化产业发展、文明城市建设和吸纳优秀艺术人才中发挥了重要作用。

小微艺术企业是文化产业的重要组成部分。作为小微文化企业的重要组成部分，小微艺术企业具有数量多、规模小的特点，它活跃在文化产业中市场竞争最为充分的领域，对人民群众多层次、多样化的精神文化需求把握更为敏锐，能够从市场变化中及时发现商机，创造出新的文化产品甚至是文化消费、服务的模式与业态，形成自身的独特竞争优势。[①] 小微艺术企业是我国文化领域最具创新活力的群体，创业者来自中国乃至世界上具有顶尖水平的艺术院校，所接受的专业培训使其在艺术上具有很高的水平，这种专业的高端性决定了企业在市场中不可替代的地位。企业致力于推动艺术产品内容、艺术表现形式、艺术传播方式、艺术服务模式等方面的创新，活跃在中国文化领域的各个方面，在保护和发展文化多样性上发挥了有别于政府、社会组织及专业院团和大型文化企业的重要作用。大量的传统艺术技艺和现代的文化创意，通过小微艺术企业丰富的艺术产品走向国际国内市场，在满足人民群众的艺术消费需求的同时，也为文化事业的繁荣与发展、中华传统文化的传播与推广发挥着巨大的作用。

小微艺术企业的发展是提升城市文明的需要。随着经济的发展，人们的物

① 中华工商时报 . 蔡武：文化“草根族”具创新活力 . http: //finance. chinanews. com/cj/2014/08-20/6511729. shtml (2014/08/20).

质生活不断丰富，对于文化艺术的需求也不断提高。文化是国家文明和城市文明的重要标志，目前，我国高端艺术市场的需求逐渐增大，但是产业的发展与市场的需求存在较大差距，小微艺术企业的出现，很好地填补了市场的缺口，它数量多、体量小、业态广，具有很强的灵活性和适应性，对高端艺术市场供不应求的现状给予有效的补充。而较高的专业性使其成为推进城市文明不可忽视的力量，为城市的繁荣和发展作出贡献。

小微艺术企业的发展有助于吸纳优秀的艺术人才。随着国家文化体制的改革，艺术团体失去了原有的户籍优势。出于自身的生存压力，艺术团体对于劳动力的需求量开始降低，艺术院校的就业压力逐年增大。小微艺术企业由于创业门槛低、限制条件少，成为艺术类大学生实现创业梦想的理想选择，也为大学生提供了施展艺术才华的广阔空间。艺术不同于其他的专业技能，它需要自由的创作空间，需要纯粹的创作环境。而经济利益追求带有强烈的功利性，使艺术创造与经济利益产生矛盾。因此，由艺术人才自主成立的企业，能更好地保持艺术的本真追求，更利于艺术人才坚持高尚、纯粹的艺术追求，而这种保持艺术精神的企业也保证了艺术市场的纯粹性和高端性。我国小微企业总量规模不断扩大，在第四次全国经济普查中，截至 2018 年末，我国共有中小微企业 1807 万家，比 2013 年末增加 966. 4 万家，增长 115%；占全部企业的 99.8%，比 2013 年末提高了 0. 1 个百分点。其中，中型企业 23. 9 万家，占比 1.3%；小型企业 239. 2 万家，占比 13. 2 %；微型企业 1543. 9 万家，占比 85.3%。中小微企业吸纳就业能力强，2018 年末中小微企业吸纳就业人员 23300. 4 万人，比 2013 年末增加 1206. 8 万人，增长 5.5%。占全部企业就业人员的比重为 79.4%，比 2013 年末提高了 0. 1 个百分点。

小微艺术企业的发展是扩大文化艺术市场的需要。从国际上看，在美国、德国、日本等国家，中小企业对经济发展的贡献度在 50% 左右，对就业的贡献度是 60% ～ 70% 左右。文化产业在发达国家经济发展中占有非常重要的地位，美国的文化产业已经成为国家第二大支柱产业。近年来，我国的文化产业发展迅速，在国家经济发展中的地位不断提升。但是我国文化产业的整体布局还不完善，产业发展规划和产业结构调整有待加强，目前大型企业数量较少，这就使数量众多、业态丰富的小微企业成为文化产业中起决定性作用的因素。

据文化部的统计数据显示，2014 年我国小微文化企业的数量就已占到文化企业总数的 80% 以上，实现增加值约占文化产业增加值的 60%。如果加上测算范围之外的 200 多万文化类的个体创业者、经营者、工作室，小微文化企业对我国文化产业发展的贡献还将大大高于这个比例。①

（三）小微艺术企业的特点

小微艺术企业是文化产业的重要组成部分，拥有与一般意义上的小微企业的共性特征。同时，它又具备一些一般意义上的小微企业所不具有的独特性质，如依附性、群生性、有形创业成本低、无形资产高等。

小微艺术企业表现出依附性强的特征。与一般小微企业相比，小微艺术企业最大的特征是具有很强的依附性，首先表现在对艺术院校的依附性。由于艺术院校专业的高端性，决定了其在艺术行业的引领地位，使其在文化产业和文化事业发展中具有高度的话语权。艺术院校的专业资源在我国属于稀缺资源，而精英式的教育模式使其培养的专业人才同样成为稀缺资源，因此市场对于这些人才处于供不应求的状态，而我国的艺术产业市场尚不成熟，学校对于这些艺术企业具有很强的集聚力。艺术院校的教学科研优势，同样对小微艺术企业具有强大的吸引力。目前，国内艺术院校周边大都形成了规模不同的小微艺术企业群，比较著名的有白颐路舞蹈产业集聚区、大山子艺术产业集聚区、景德镇陶瓷产业园等等。二是艺术创业企业互相之间也有很强的依附性，因为专业特点，互相借鉴校友经验，分享专业资源成为企业发展的推动力。不论是艺术普及教育资源，还是艺术服务和艺术产业资源，都离不开艺术人才，这些企业的高端艺术人才均来自为数不多的几所艺术院校，由于共同的学习成长经历和传统的学院派血统，他们在企业发展中互相扶持、取长补短，依托艺术院校形成产业集群，行业话语权较高，共同利益得以有效保护。

小微艺术企业创业有形成本低。小微艺术企业因为其独特的专业性，有形创业成本相对低于其他企业。原因在于艺术企业的核心竞争力来自创业者的创意和艺术技艺，这些成本均为无形成本。在对小微艺术企业的创业者的访

---

① 周玮 . 三部门联合发文出台一揽子政策——百万小微文化企业迎来重大利好 . 新华每日电讯，http: //news. xinhuanet. com/mrdx/2014-08/20/c_133569874. htm.

谈中，笔者发现很多从事美术和设计工作的创业者在创业之初基本只有一台电脑，无需其他设备。固定的工作场所也只是为了注册公司时使用，大部分时候他们是在家中工作，公司员工只有在公司全体会议时集中办公，其他时间通过网络和通讯设备联系，相对于其他企业所需的大量的尖端技术设备和高科技人才，艺术人才创业的门槛要低很多。在西方发达国家，艺术创业甚至可以零成本运作，创业者靠一个好的创意就可以获得巨大的投资。而艺术上造诣极高的艺术人才往往会吸引天使投资人为其量身打造企业。在我国，很多艺术人才在校学习期间就已经开始创业的初期实践，很多人通过“带学生”、出售设计作品等进行创业。由此来看，小微艺术企业的创业低成本性使其成为小微企业中具有强大生命力的一族。

小微艺术企业具有无形资产高的特征。小微艺术企业分布在文化、艺术、教育等领域，文化艺术的独特性决定了这些企业的无形资产较高。相比于传统企业，无形资产在企业总资产中所占的比例更高。在文化领域，衡量一家企业的价值和发展前景的不仅仅是经济指标，更重要的是企业在文化艺术领域的领先地位，主要表现形式为艺术的专业性水准、艺术产品的独特性、文化艺术领域的地位等，这类无形资产在小微艺术企业中所占的比重越高，在艺术领域的影响力越大，所带来的经济效益也就随之增加。

小微艺术企业具有显著的群生性。艺术市场的特殊运营模式，使小微艺术企业与其他企业存在很大的差异，同质同源的企业常常集聚在某一个区域，形成自主或者组织的产业集聚区。北京最早的文化创意产业园区“798”就是由中央美术学院师生集聚而成的，后因“798”租金不断提高，这些最初的创业者们离开了原来的园区，在大山子附近组成新的集聚区，这样的产业集聚区在艺术水平较高的发达城市比较普遍，艺术企业“扎堆”的群生性非常显著。高群生性的产生有其独特的原因，从专业层面来看，群生性有利于小微艺术企业在专业领域的互相促进和交流。从管理层面来看，群生性能使小微企业互相补充、相互合作，共同应对市场的变化。从产业层面来看，群生性有利于形成成熟的产业链，培养稳定的客户群，形成企业联盟，可持续地稳定发展。

二、成长的烦恼：小微艺术企业成长的现状

为了充分了解小微艺术企业的生存现状，笔者对 35 名毕业于中国音乐学院、中央音乐学院、中央美术学院、北京服装学院、北京舞蹈学院等七所艺术院校的创业毕业生进行了深度访谈，其中面对面访谈 32 名，电话访谈 1 名，利用 QQ、微信进行访谈的 2 名，访谈时间为 20 ～ 120 分钟不等。访谈对象中男性 21 名，女性 14 名。毕业时间从 2010 年到 2022 年，其中，硕士 8 人，本科 27 人。同时，还对艺术院校创业孵化园和产业园的负责人进行了访谈，经被访人同意，访谈记录被整理成文字。通过访谈，对艺术小微创业企业在成长中出现的问题进行了研究，从研究结果来看（见表 5-2、表 5-3），目前我国小微艺术企业在成长中存在融资难、管理难、市场运作难、政策落实难、劳动力成本高等问题。

表 5-2　访谈对象资料（学生）

编号	姓名	性别	专业	毕业时间	学历	毕业学校
T01	苏 *	女	声乐	2010 年	本科	中国音乐学院
T02	张 *	男	合唱指挥	2016 年	本科	中国音乐学院
T03	刘 **	女	艺术管理	2017 年	本科	中国音乐学院
T04	余 **	男	艺术管理	2012 年	本科	中国音乐学院
T05	刘 **	男	艺术管理	2019 年	本科	北京舞蹈学院
T06	王 *	女	艺术管理	2020 年	本科	北京舞蹈学院
T07	谢 *	女	民族声乐	2019 年	硕士	中国音乐学院
T08	杨 *	男	民族声乐	2015 年	本科	中国音乐学院
T09	南 *	女	民族声乐	2013 年	本科	中国音乐学院
T10	栗 *	女	古筝	2011 年	本科	中国音乐学院
T11	刘 *	男	唢呐	2013 年	本科	中国音乐学院

续表

编号	姓名	性别	专业	毕业时间	学历	毕业学校
T12	王 *	男	低音提琴	2011 年	本科	中国音乐学院
T13	马 *	男	小号	2011 年	本科	中国音乐学院
T14	李 **	男	电子音乐制作	2013 年	本科	中国音乐学院
T15	侯 **	男	电脑动画	2018 年	硕士	北京电影学院
T16	张 *	男	电脑动画	2018 年	硕士	北京电影学院
T17	闫 **	男	动画艺术	2017 年	硕士	北京电影学院
T18	陈 *	男	电影摄影	2017 年	硕士	北京电影学院
T19	张 *	女	影视表演	2016 年	本科	中央戏剧学院
T20	刘 *	女	音乐录音	2017 年	硕士	中央音乐学院
T21	王 **	女	声乐	2018 年	本科	中央音乐学院
T22	于 *	男	声乐	2012 年	本科	中央音乐学院
T23	李 *	女	民族器乐	2019 年	本科	中央音乐学院
T24	张 *	女	钢琴	2018 年	本科	中央音乐学院
T25	马 *	男	钢琴	2018 年	本科	中央音乐学院
T26	朱 *	男	舞台美术	2013 年	本科	中国戏曲学院
T27	盖 *	男	舞台美术	2013 年	本科	中国戏曲学院
T28	岑 **	男	戏曲表演	2020 年	本科	中国戏曲学院
T29	郎 *	女	空间设计	2013 年	硕士	中国戏曲学院
T30	苏 *	男	设计	2016 年	硕士	北京服装学院
T31	王 **	女	男装	2021 年	本科	北京服装学院
T32	王 **	女	摄影　导演	2021 年	本科	中国戏曲学院
T33	李 *	男	服装设计	2012 年	本科	中央美术学院
T34	张 **	男	工业设计	2013 年	本科	北京服装学院
T35	吴 **	男	艺术管理	2013 年	本科	中国戏曲学院

表 5-3 访谈对象资料（管理人员）

编号	姓名	性别	职位	工作单位
T1	王 *	男	主任	中关村时尚创意产业园
T2	韩 *	男	副处长	中国戏曲学院就业处
T3	韩 **	男	主任	丰台区文化创意产业园
T4	乔 **	男	副部长	丰台区宣传部
T5	吴 *	男	主任	石景山文化创意产业园
T6	韩 *	女	副主任	中国传媒大学创意产业园

小微企业的发展非常迅速，但是小微企业发展过程中也存在着很多问题。笔者在对 35 位小微艺术企业创业者的访谈过程中，针对小微艺术企业成长中的困难和问题进行了调查，从访谈词频分析结果来看（如图 5-2 所示），贷款、政策、劳动力、管理、市场运作等成为出现频率最高的词汇。小微艺术企业生存发展的难题集中体现在融资难、政策落实难、劳动力成本高、管理难和市场运作难等方面。

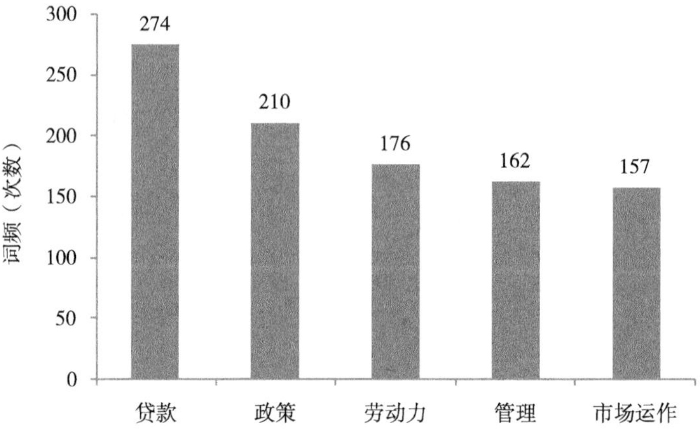

图5-2 访谈词频统计

（一）融资难问题凸显

融资难的问题一直困扰着小微企业，小微艺术企业也同样存在这样的问题。在对创业者进行访谈的过程中，所有企业无一例外都提出了融资难的问题。究其原因，首先是投资人对艺术企业的认识不够深入，对小微艺术企业的抵御风险能力不了解，所以缺乏投资的信心。其次是无形资产的评估目前尚无统一的国家标准，对于无形资产占比较高的企业，在融资时缺乏传统的有形资产进行抵押，成功融资的可能性较低。最后是融资渠道单一，小微艺术企业属于小众类型的企业，从事艺术工作的人员与其他行业的人员接触较少，缺乏金融市场的资源，同时对于融资的渠道了解甚少，除了银行融资，很难知晓其他民间和企业投资的信息。访谈中，有创业者表示："我们既没有土地证，也没有房产证，没设备，没资产，没有抵押物，银行不愿意贷款给我们。"（T18）"我们也想找天使投资人，可我们企业是从事艺术教育的，没有科技含量，投资人不愿意投资给我们，说对这个领域不了解。"（T07）"银行贷款利率太高，贷不起啊！"（T26）融资难的问题成为小微艺术企业生存和发展的障碍。

（二）管理能力低

艺术院校学生由于专业的特殊性，从小接受严格的艺术教育，很少有机会接触其他跨学科的专业知识，所以缺乏财务管理、人力资源管理、市场营销等企业管理知识，缺乏科学的管理能力。同时，艺术专业学生情感丰富，非常感性，在艺术创作中，感性的思维能够帮助他们创作出更好的作品。但是，感性的思维不利于企业的决策和经营。在访谈中，笔者注意到，被访者大多认为管理工作会对艺术创作带来不良影响，很多创业者因为忙于经营而无力去潜心创作，熊掌和鱼不可兼得的现实感受困扰了很多小微艺术的创业者。"每天忙于应付各种麻烦事，根本没有时间，也没有心情去创作。"（T15）"让我这学戏曲的去搞经营，实在是难为我，一看到财务报表、资产负债表、损益表啥的我就晕。"（T28）"我从小就接受艺术教育，很难有时间去接触其他的知识，不太适应企业管理的工作。"（T22）"你说让我这画画的脑子去进行企业管理的思考，真是有点赶鸭子上架，有时候都觉得无心创作了，琐碎的事务让我既创作不好又管理不好，真是很困惑啊！"（T33）被访者在企业管理上的困扰不仅影响了企业的发展，也对创业者的专业发展产生了不利影响。

（三）艺术市场运作难度大

我国艺术市场在国家政策的指导下不断进步，但是，市场管理机制依旧有待完善。艺术市场活力不足，存在结构性和管理上的问题，首先表现在市场管理的无序化。我国文化体制的改革推动了文化产业的发展，同时也带来了一系列问题。一味追求经济利益，导致了企业文化自觉和文化责任的疏离。市场的恶性竞争带来了产业结构的失调，管理无序带来了产品和服务质量的降低，很难形成良性的发展。其次是艺术产品的同质化。对价值观念和精神内涵进行物化和内化是文化产品设计生产的重要环节，目前我国的文化产品缺乏文化特色和内涵，缺乏稳定的市场和受众，难以形成规模经济。访谈中，大部分被访者表示艺术人才在应对市场竞争、把握市场机遇和加强市场运作上很乏力，主要是因为艺术工作者忙于艺术创作，很难有时间来进行市场的分析和研究，同时，缺乏企业管理基本知识也是造成困惑的重要原因。最后是市场缺乏完善的管理体制和评价标准，目前我国艺术市场的规范和管理还缺乏统一的思考，企业只能自己摸索市场规律，适应市场的需要，规避市场的风险。“我们特别希望国家能对我们这些企业有特殊政策，现在市场很不规范，很多事情没有行业的标准，大家凡事靠自觉，遇见不自觉的人，市场就乱了。”（T15）“现在的艺术领域，有的市场管理得很好，可是有的根本就没有管理，有问题没人过问，只能自生自灭啦。”（T16）

（四）政策落实不到位

在调研中，很多企业创业者都提出了对政策不了解、政策的落实非常难的问题。现实中缺乏对大学生创业人群的政策梳理和宣讲，对不同生长期的企业缺乏分类指导，针对性不够强；政策的制定缺乏对小微艺术企业的关照，而政策实施部门对小微企业政策缺乏有效的传递渠道，导致政策宣传力度不够，影响了政策的最终落实。小微企业数量众多，业态非常丰富，因此管理的难度增大。而小微艺术企业数量占有市场份额较少，业态又有不同于其他企业的地方，受关注程度较低，政策的落实难度更大。另外，艺术企业尚未形成行业的自治组织，缺乏产业集群优势，也缺乏政策制定和实施的话语权。在访谈中，有小微艺术企业表示：“我们根本不知道国家有什么优惠政策，也不知道从什么部门能了解这些政策。”（T17）“新闻媒体不断报道国家在贷款、税费上对小微企业有很多优惠政策，可是很难在我们身上得到落实，总是雷声大、雨点小，有种被边缘化的感觉。”（T9）

（五）艺术企业劳动力成本高

小微企业对于劳动力成本的上升具有高度的敏感性，小微艺术企业对劳动力的专业要求非常高，而这部分专业人才劳动力成本高于其他类型的劳动力。艺术院校的精英式教育使艺术人才培养的规模较小，而艺术人才的培养是我国教育体系内成本最高的，这就使艺术人才成为市场的稀缺劳动力，因此劳动力成本很高。小微艺术企业的劳动力表现出稳定性差和流动性大的特点："员工要求太高了，工资低了根本留不住，市场都抢人才。"（T3）"这些员工自己在外面都有私活儿，也不安心工作，稍不留意就去了其他公司。"（T6）

三、小微艺术企业成长需求研究

小微艺术企业如同盛开的蔷薇花，就像一个个鲜活的生命体，具有复杂的生命系统，成为构成社会文化生态系统的重要组成细胞。它有着从萌发到成长、成熟和衰退的生命周期，通过不断地从外界环境中获取能量、支撑、信息，不断壮大。他们在成长过程中需要不断地得到政策的支持、资金的投入和信息的保障，不断地完善自我。与传统企业相比，小微艺术企业特殊的成长规律使其不仅具有独特的成长模式和成长阶段，而且在成长过程中还可能遭遇比传统企业更大的风险，整个成长过程充满了更高的不确定性。在小微艺术企业的发展过程中，能否突破自然生命体的生命演进轨迹并实现快速和持续的成长，取决于多种因素的共同作用，不仅有来自企业内部因素的作用，还受外部环境因素的影响。外部环境所带来的风险和挑战，促使企业系统内部发生改变，形成与环境适应的推动作用，成为小微艺术企业系统演化的外因。

（一）企业成长要素的实证研究

1. 调查的内容

小微艺术企业在成长过程中呈现的状况，既有小微企业成长的共性，又突出了艺术企业的特性，它是在特定的历史时期，在国家大力推动创新创业的背景下形成的。通过对小微艺术企业创业大学生的访谈，了解到了创业者的生存现状和发展需求。访谈结果反映出小微艺术企业在成长的过程中存在融资难、管理难、市场运作难、政策落实难和劳动力成本高等问题，这些问题既有所有创业企业都存在的共性问题，如融资难、劳动力成本高等，又有管理难、市场运作难和政策落实难等个性问题。前者是受目前我国创业环境和社会环境影响所形成的，而后者很大程度是受创业者自身能力影响而形成的，这与艺术专业学生的专业特色和自身素质相关。由此可见，小微艺术企业对创业教育存在强烈的需求，这些需求已经不再是初创企业时简单的注册、融资等基本内容，而是从企业的成长和长远发展出发，对创业教育提出的成长要素需求。

为了更好地了解小微艺术企业的成长需求，本研究通过对访谈中反映出的创业企业成长中存在的瓶颈问题进行分析，提炼出影响企业成长的重要因素，形成了小微艺术企业成长需求调查问卷，旨在更好地了解小微艺术企业成长需求，以及创业者们对母校创业教育的评价、期待和反馈。

作为独具特色的艺术企业，它们所拥有的核心竞争力是独特的艺术资源，这是艺术小微企业成长的基础。内因是事物发展的根本原因，对于小微艺术企业而言，它成长的根本因素同样来自企业家本身，企业家学习能力决定了企业发展的潜力和成长的速度，它是小微艺术企业成长影响因素的基础来源。企业的创新能力也是企业可持续发展的动力，创新通过促进企业学习中的创造性思维为企业竞争优势的形成提供了重要基础。越是具有高度决策创新能力的企业家，越容易促成企业的创新行为，从而为企业成长注入新活力。缺乏创新的企业很难在竞争激烈的市场上生存下来，企业的创新能力成为小微艺术企业成长影响因素的核心来源。不同企业的成长能力是存在显著的差异性的，这是因为企业的成长不仅取决于它所具备的优势和拥有的资源，还取决于影响其发展的诸多外部因素。作为生命体，小微艺术企业不可能孤立地存在，必须与外部环境不断地进行物质、能量和信息的交换。[①] 因此，对于小微艺术企业而言，准确地把握国家的政策，运用政策来调整企业的发展方向，改善企业的成长环境是非常重要的。对于政策的解读以及运用政策来保护和争取合法的权益，获取更多的支持，是决定小微艺术企业成长“土壤”的重要能力。而整合各方面有

① 李森森．我国科技型小微企业成长的影响因素研究 [D]. 山东大学博士学位论文，2014.

利因素和资源，创造和培育适合其快速成长环境的资源整合能力，是小微艺术企业成长影响因素的关键来源。而识别、把握机遇，并加以科学化管理，利用机遇改进企业的管理，促进企业的发展，使机遇产生最大化的效益，是影响小微艺术企业成长的重要因素。

小微艺术企业在成长过程中，对于企业家学习能力、创新能力、资源整合能力和机遇管理能力，对创业教育的内容、模式和方法提出了新的要求。对于这些创业企业的成长要素需求的调查，能更加深入地了解学校创业教育的缺失和需要完善的方向，能更好地在艺术院校的创业教育内容中有效地植入企业成长的需求要素，在创业教育评价中引进创业企业的动态反馈，使艺术院校的创业教育与创业者和创业企业的成长要素需求更加吻合。

研究采用微信和电子邮件的形式进行问卷调查，对国内 347 家由艺术院校毕业生创建的企业进行了调查。问卷通过艺术院校的师生向本校学生创办的企业进行发放，发放问卷 362 份，回收 347 份，回收率 95.86%，样本有效，见表 5–4。如图 5–3 所示，被调查学校分布在北京、上海、广州、天津、济南、沈阳、景德镇等城市，发放问卷的数量及比例如表 5–4、图 5–3 所示。

表 5–4　调查样本发放学校所在区域

城市	北京	上海	杭州	广州	天津	济南	沈阳	景德镇	其他
问卷发放数	92	43	41	35	35	34	32	30	20
所占比例	25.4%	11.9%	11.3%	9.7%	9.7%	9.4%	8.8%	8.3%	5.5%

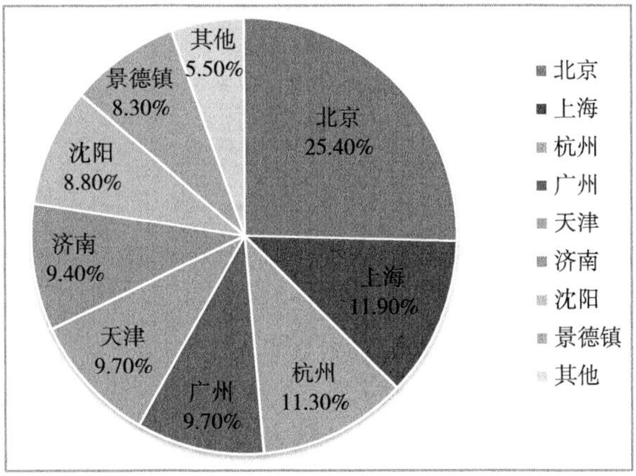

图5–3　调查样本发放学校所在区域

如图 5–4 所示，回收问卷中 67.8% 的创业者来自独立设置的本科艺术院校，32.2% 的受访者来自综合院校下属的艺术院系。

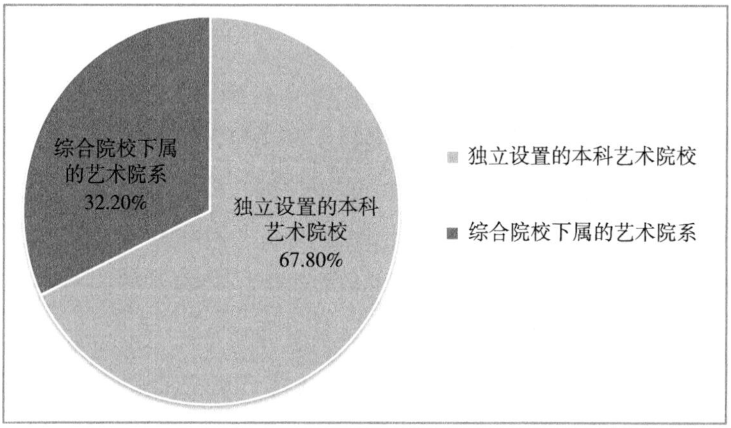

图5–4　样本来源学校类型

2. 被访者的基本特征

本部分主要从专业与学历、性别与年龄、民族与创业所在区域、政治面貌与婚姻状况来了解受访创业者的基本特征。

（1）专业与学位

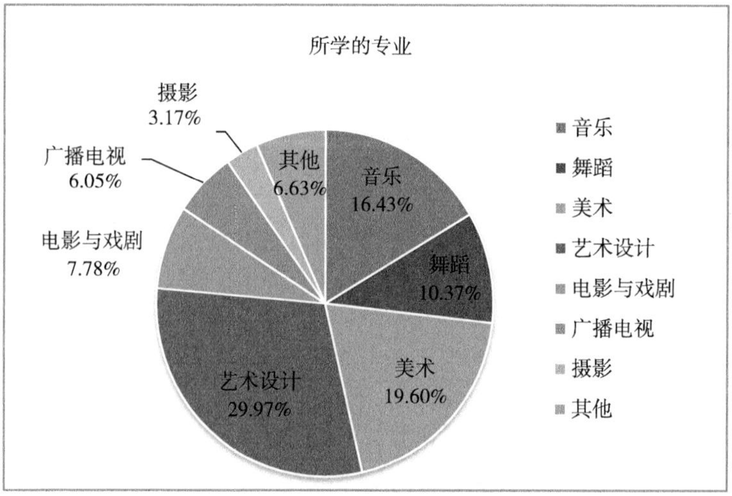

图5–5　受访者专业

如图 5-5 所示，从受访者的专业分布来看，艺术设计占 29.97%，位列第一位，美术占 19.6%，音乐占 16.43%，舞蹈占 10.37%，电影与戏剧、广播电视、摄影分别占 7.78%、6.05%、3.17%。从分布中可以看出，与产业结合紧密、市场需求旺盛的专业创业的人员更多。究其原因，一是我国艺术设计市场丰富，艺术设计需求旺盛；二是艺术设计专业相对于传统的艺术专业，与产业结合更为紧密，学生的创业意识和创业能力更强，因此这些专业的学生选择创业的更多。

本研究的对象来自教育部规定的 31 所独立设置的本科艺术院校，和 13 所综合院校下属的艺术院系，所以本次问卷调查针对的对象也是这些院校的创业学生，这些院校的学生都具有本科以上学历，如图 5-6 所示，受访者本科学历占 83.29%，硕士研究生占 16.43%，博士研究生为极少数，为 0.29%。

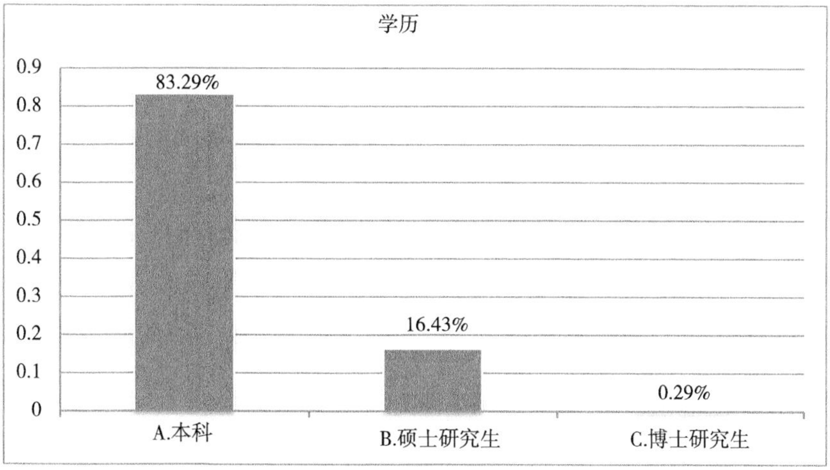

图5-6　受访者学历

（2）性别与年龄

如图 5-7 所示，受访对象中男性占 52.16%，女性占 47.84%，男性比例略高于女性。

如图 5-8 所示，从年龄来看，20 岁以下占 10%，21 ～ 24 岁的占 21%，25 ～ 30 岁的占 47%，30 岁以上的占 22%，其中 21 ～ 30 岁的受访者占了 68%，年龄相对比较集中。

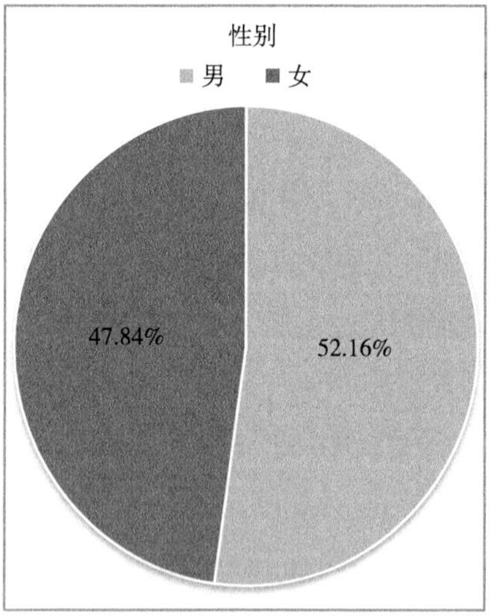

图5-7　受访者性别

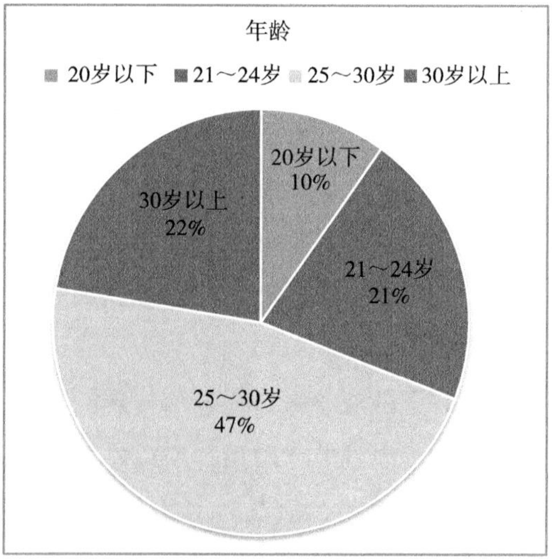

图5-8　受访者年龄

（3）民族与创业所在区域

从受访者的创业所在地区情况来看，在北京等超大型城市的创业者所占比例总和为44.38%，在一线城市的占24.78%，在二三线城市的人员为19.88%，而只有10.95%的人员在小城市创业，如图5-10所示。

从民族来看，91.93%为汉族，少数民族所占比例较低，为8.07%，如图5-9所示。

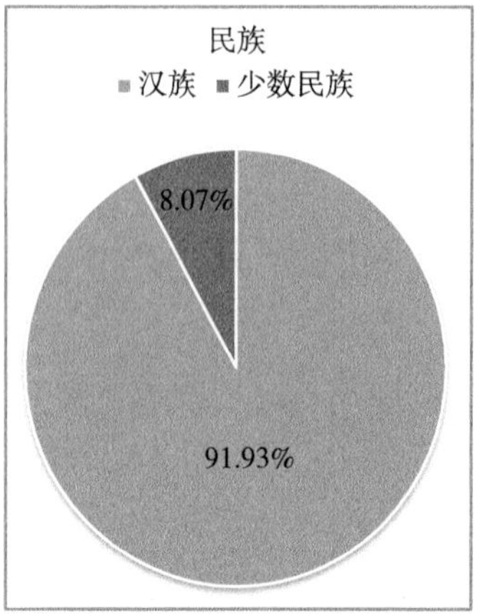

图5-9　受访者民族

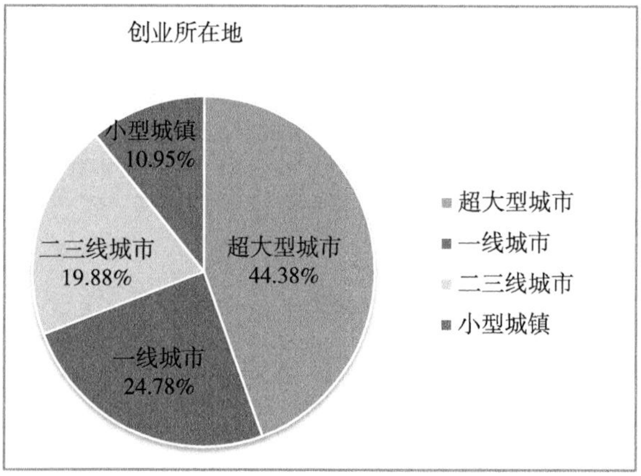

图5-10　受访者创业所在区域

（4）政治面貌与婚姻状况

如图 5–11 所示，从政治面貌来看，团员所占比例较大，为 64.27%，群众占 15.85%，中共党员占 19.88%。

如图 5–12 所示，从婚姻状况来看，未婚的所占比例最大，为 57.93%，已婚的占 38.04%，离异的占 4.03%。

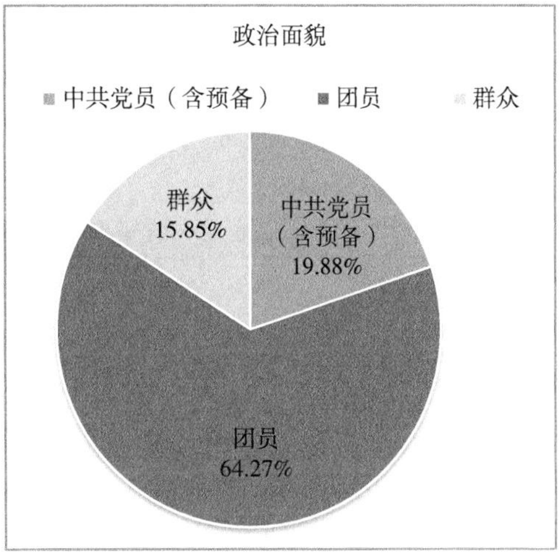

图5–11　受访者政治面貌

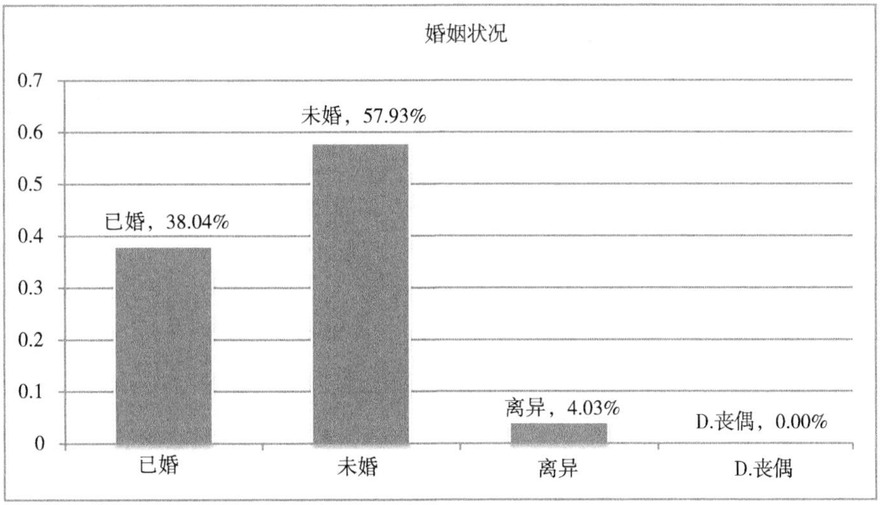

图5–12　受访者婚姻状况

（二）创业企业的现状

创业企业基本信息包括了企业所属行业、成立的年限、经营状况及其规模。

就企业成立时间而言，大多数研究人员认为企业的成长期为 3 年，受访企业中成立 1 ～ 3 年的企业占 33.72%，4 ～ 6 年的占 26.22%，二者总计占 59.94%，而 10 年以上的企业仅占 14.7%，可见大多数企业正处在成长期，如图 5–13 所示。

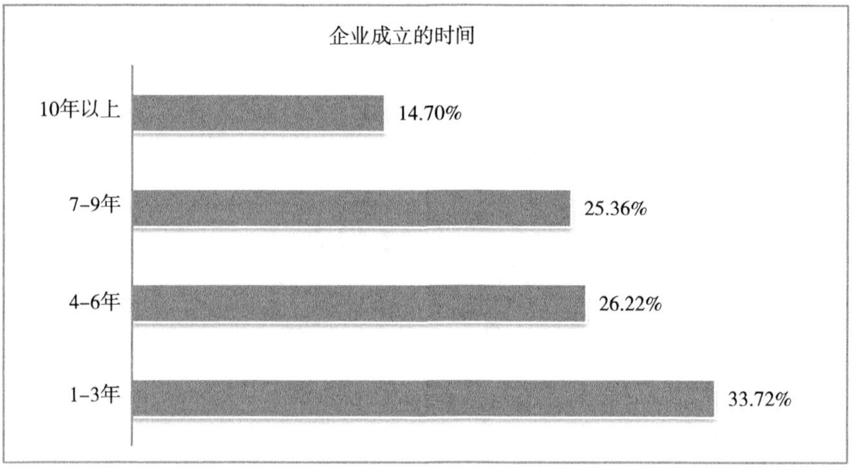

图5–13　企业成立时间

在企业经营状况的调查中，如图 5–14 所示，营收增长、利润下滑的公司占了很大的比例，为 47.55%，这说明当前企业在经营过程中，经营成本过大，导致营业收入虽然增长，但是利润却反而下滑的情况。而营收、利润双下滑的企业占 25.65%，更反映出小微艺术企业经营状况并不乐观，能实现营业收入和利润双增长的企业仅占 19.31%，可见企业的生存和发展还存在很多的困难。

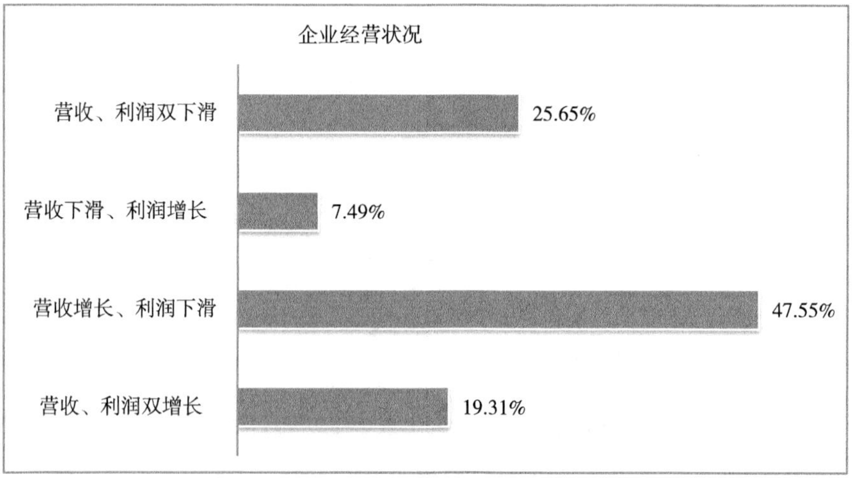

图5–14　企业经营状况

在对被访企业所属行业的调查中，如图 5–15 所示，艺术设计行业占比 31.12%，其中艺术设计占 12.97%，服装设计占 9.22%，舞台设计占 8.93%，而艺术培训、文化产品分别占 20.75% 和 19.6%，电影电视占 6.05%，艺术演出占 8.65%，绘画艺术品占 11.82%。

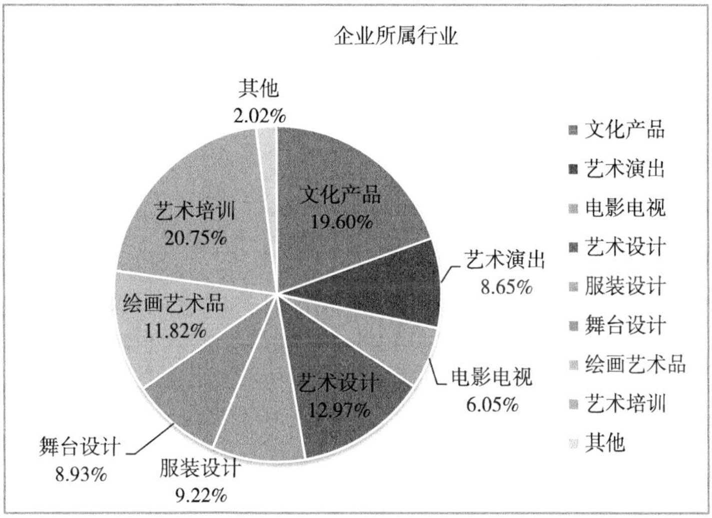

图5-15　创业企业所属行业

从企业员工规模的调查可以看出，大多数创业企业都属于小微企业，企业的员工人数在 20 人以内，其中 10 人以内的占 42.94%，10–20 人的占 35.45%，21–50 人的占 17%，51–100 人的企业仅为 4.32%，100 人以上的为 0.29%。可见艺术院校学生创业在人员规模上都比较小，这充分体现了艺术生创业的特点，如图 5-16 所示。

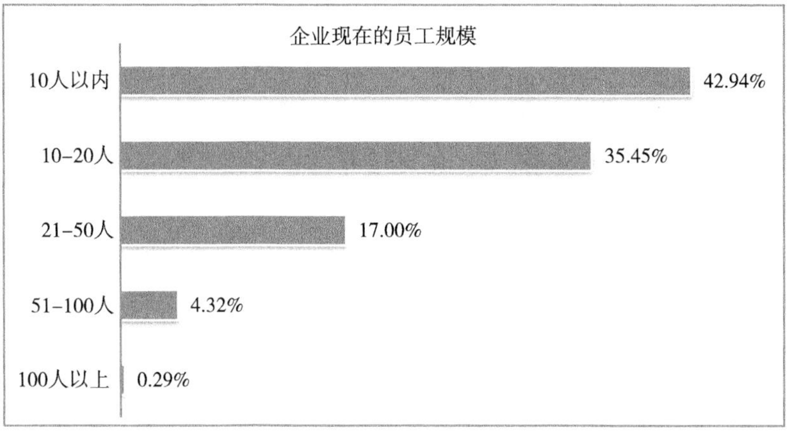

图5-16　企业员工规模

如图 5–17 所示，从企业的资产规模来看，呈现出中间多两头少的状况，资产规模集中在 50 万 –300 万元之间的区域，51 万 –100 万元的占 22.48%，而 101 万 –300 万元的占 29.39%，合计占 51.87%。资产在 21 万 –50 万元的企业占 11.82%，规模在 301 万 –500 万元的企业占 9.22%。

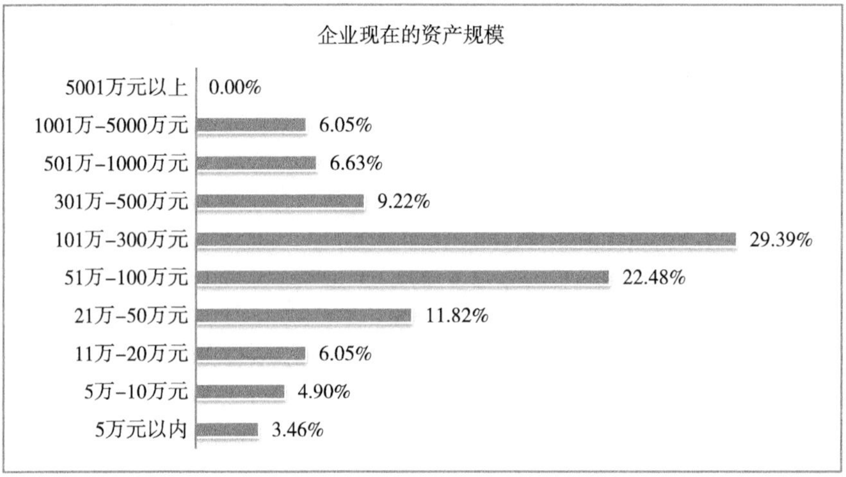

图5–17　企业资产规模

（三）企业成长的需求研究

如前文所述，小微艺术企业在成长过程中对于创业者的学习能力、机遇管理能力、资源整合能力和创新能力提出较高的要求。本部分调查从这四个方面进行问卷调查，了解小微艺术企业成长过程中这四方面能力的现状和存在的问题。

如图 5–18 所示，在对创业企业关于“决定企业成长的最重要因素”的调查中，近半数的企业选择了资金，占 43.77%；21.74% 的企业选择了管理，12.46% 认为企业成长最重要的因素是社会资源；11.30% 的企业选择了政策环境；10.72% 的企业选择了技术技能。由此可见，创业企业在发展的初期对资金的依赖程度较高，但相较于其他行业的创业者来说，还是存在很大差异的。由此可知，一方面艺术院校学生创业的成本较低，对于资金的依赖度相对较低；另一方面，艺术院校学生的资金来源比较丰富，个人及家庭有足够的经济实力来支撑创业。而对于其他几个因素的选择也可看出，艺术院校的学生由于专业学习的原因，对于艺术专业之外的其他知识了解较少，尤其是企业管理、人际关系、政策、资源整合等方面的能力较弱，这些知识的缺失在企业成长过程中凸显出来，形成了强烈的教育需求。

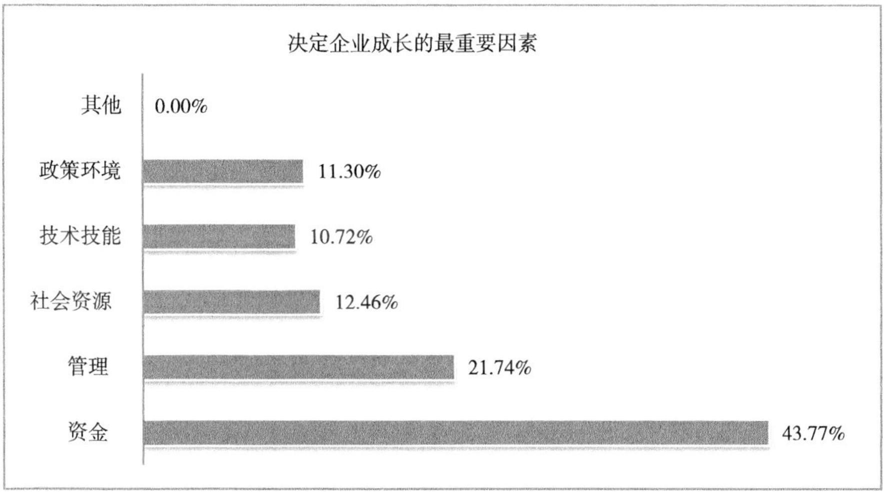

图5-18　决定企业成长的重要因素

在问及“个人的能力和素质对企业的发展起到的作用”时，如图 5-19 所示，83% 的受访者认为个人的能力和素质对企业的发展非常重要，而只有 12.97% 的受访者认为一般，4.03% 的受访者认为不是很重要。

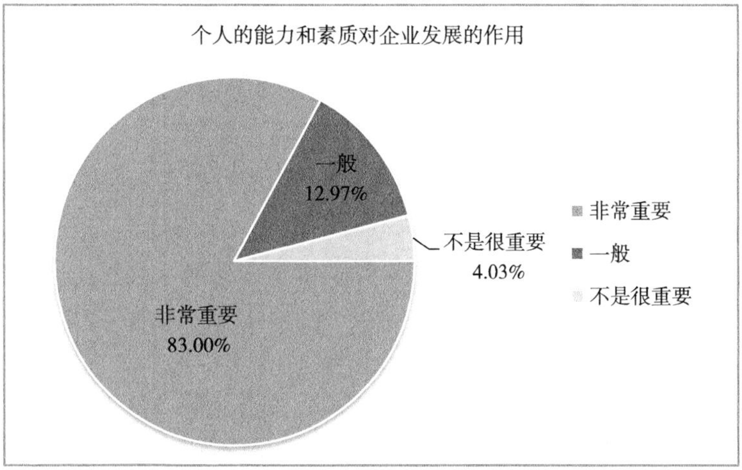

图5-19　个人的能力和素质对企业发展的作用

1. 关于学习能力的调查

创业者对于学习能力的认识是比较统一的，如图 5–20 所示，80.12% 的受访者认为学习能力对创业起着决定性的作用，86.17% 的受访者认为学习能力可以帮助企业家不断创新，认为学习能力有助于提高资源整合能力的占 51.59%，而 66.57% 的受访者认为学习能力有助于提高创业者的识别机会的能力。

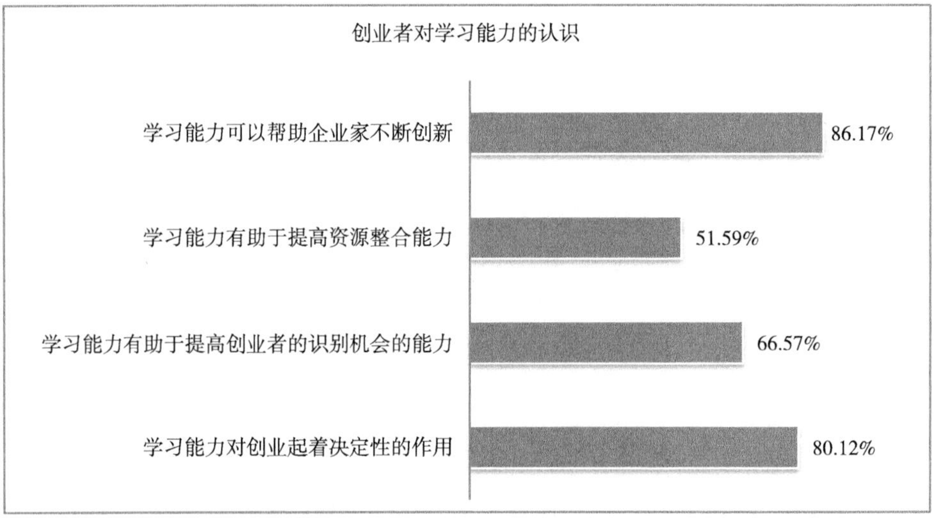

图5–20　创业者对学习能力的认识

在对坚持学习新的知识的情况的调查中，50.72% 的受访者表示在企业成长的过程中会经常自觉更新知识，45.24% 的受访者偶尔在需要时进行学习，而 4.03% 表示因为工作太忙等原因从来不学习（见图 5–21）。可见还有近一半的受访创业者没有主动学习的意愿，而是从实用的角度进行知识的临时补充，对于学习没有整体的设计和长远的规划，由此可见创业者对于企业的发展缺乏深入的思考，对于个人的能力缺乏科学的评估，学习的功利性影响了更新知识的自觉性和主动性。

在 362 位被调查对象中，大部分小微艺术企业的创业者在大学期间都没有进行过企业管理的系统学习，这与艺术院校的专业学习有密切的关系，单一学科的艺术院校的学习环境使学生缺乏对其他知识的学习渠道，而繁重的专业学习和实践使学生们没有更多的精力去学习和了解其他学科的知识。如图 5–22 所示，从调查结果来看，小微艺术企业的创业者的企业管理知识的主要来源是基于实践经验和创业需求的培训交流、查阅资料、摸索经验等。其中 53.03%

的创业者通过参加各种管理培训班获取新的知识；51.3% 的创业者在实践中自己摸索，不断积累企业管理的经验；45.24% 的创业者通过网络和书籍进行知识的补充；27.67% 的创业者通过参与经验交流和研讨活动了解新的信息；仅仅 16.14% 的创业者通过更高层次的学历教育进行系统的管理理论学习。

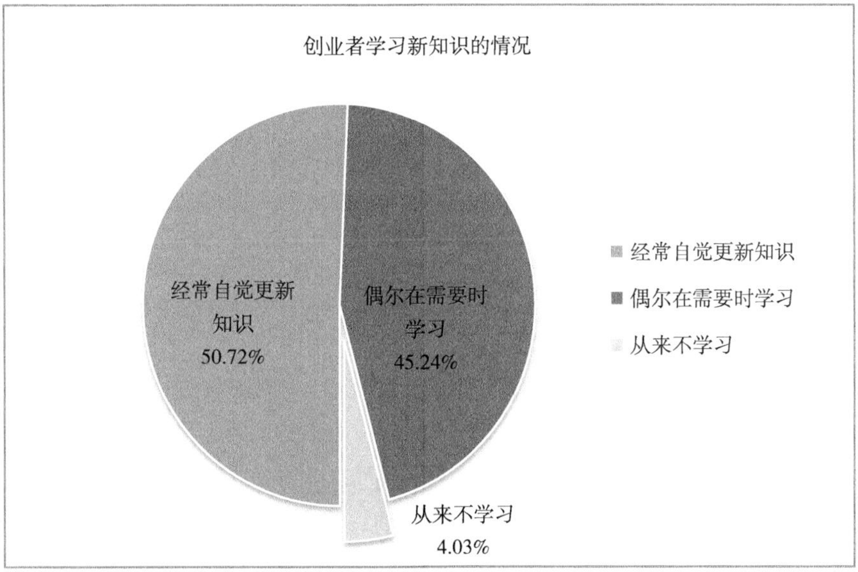

图5-21　创业者学习新知识的情况

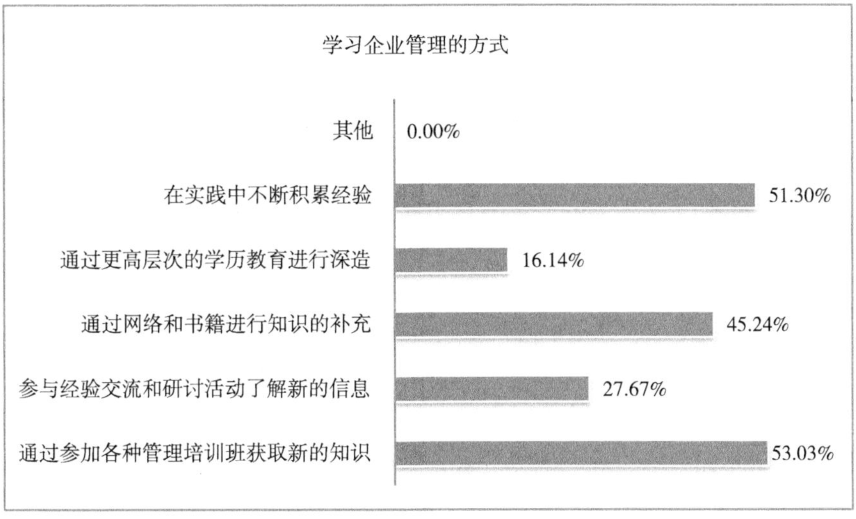

图5-22　创业者学习企业管理的方式

2. 关于机遇管理能力的调查

机遇是不稳定和易于消失的事件，它对于企业的成长来说是非常珍贵的。发现企业成长过程中的机遇，识别机遇并最终把握机遇，是企业家很重要的一种能力，它对于创业企业来说尤为重要。在对创业企业机遇管理能力的调查中，我们从企业把握机遇情况、了解政策的情况、筹集资金的能力、获取政府支持等方面进行了调查。

从图 5-23 可以看到，53.31% 的企业在创办过程中总会得到很多支持，36.31% 的企业能得到一定的支持，10.37% 的企业很少获得支持。大部分小微艺术企业在创业过程中能把握机遇，获取多方面的支持和帮助。

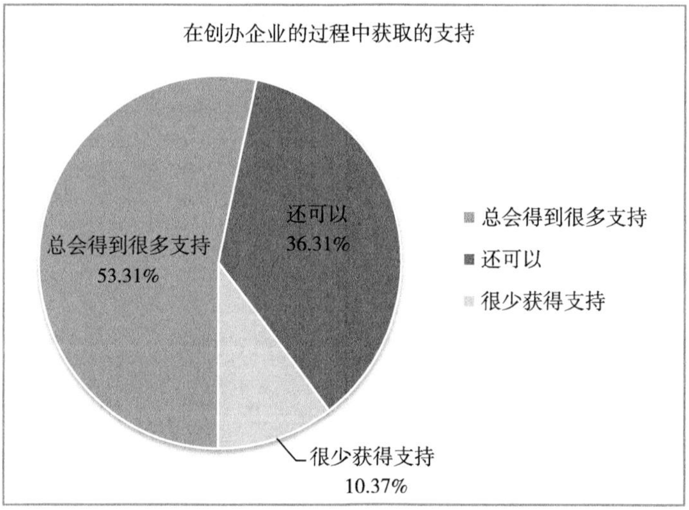

图5-23　创业者在创办企业的过程中获取的支持

在对政府相关政策了解情况的调查中，如图 5-24 所示，密切关注，了解所有的政策的创业者占 40.06%，了解部分政策的占 51.3%，完全不了解的占 8.65%。

在对企业获得政府资金支持情况的调查中，如图 5-25 所示，我们可以看到大部分企业从未获得过政府的资金支持，占 78.1%，而获得政府各种渠道资金支持的占 21.9%，这与创业企业对于资金支持较高的需求形成了很大的反差。

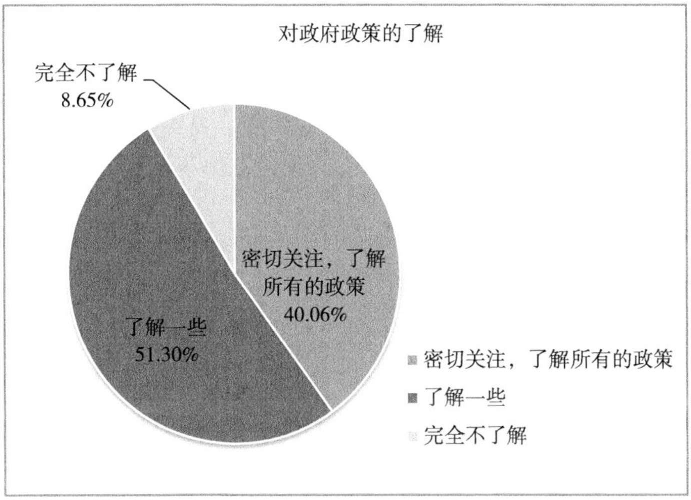

图5-24　对政府政策的了解情况

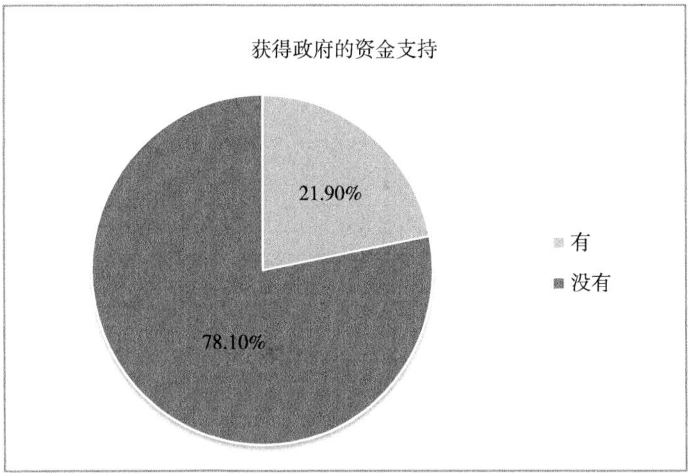

图5-25　获得政府资金支持的情况

如图 5-26 所示，创业企业中的 59.94% 曾经获得过政府的税收政策支持，而 40.06% 的企业从未获得过国家税收政策的支持，可见还有很多企业对政府关于创业企业的税收优惠政策不了解，寻求政策支持的能力很差。

在对企业管理机遇能力的总体调查中，大部分企业发现和把握机遇的能力有待提高，如图 5-27 所示，42.94% 的企业机遇管理能力较强，认为总有很多机遇促进企业的成长。26.8% 的企业有较强的发现机遇的能力，但是把握机遇的能力较差，发现机遇很多，却总是抓不住。而 30.26% 的企业既不能发现机遇、识别机遇，更无法把握机遇，总认为运气不好，很少有良好的机遇。

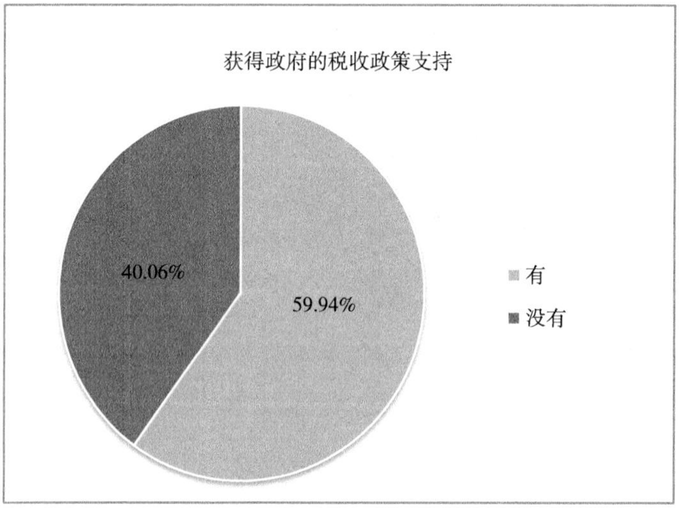

图5–26　获得政府税收政策支持的情况

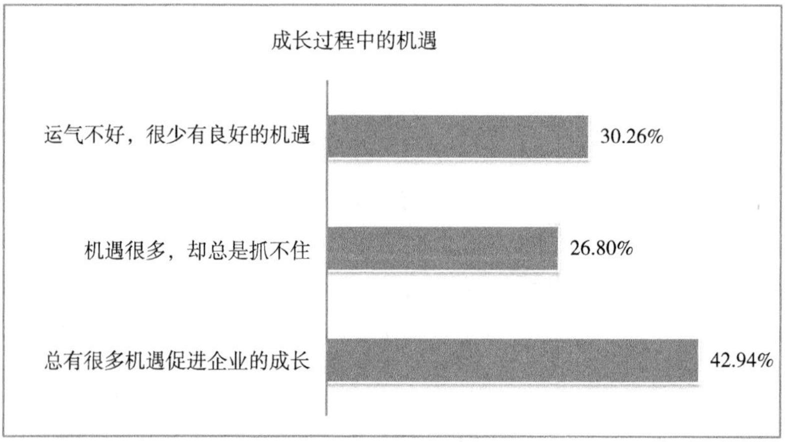

图5–27　企业成长过程中的机遇

3. 关于资源整合能力的调查

资源是企业赖以生存的基础，资源的整合能力决定了创业企业能否生存，安全地度过初创期。在对企业成长最需要的资源的调查中，如图 5–28 所示，创业者选择专业优势、人力资源和资金设备的比例相近，分别是 26.22%、

25.07% 和 22.48%，18.73% 的人选择了人际关系，而 7.49% 的人认为地理地域是企业成长的最重要的资源。

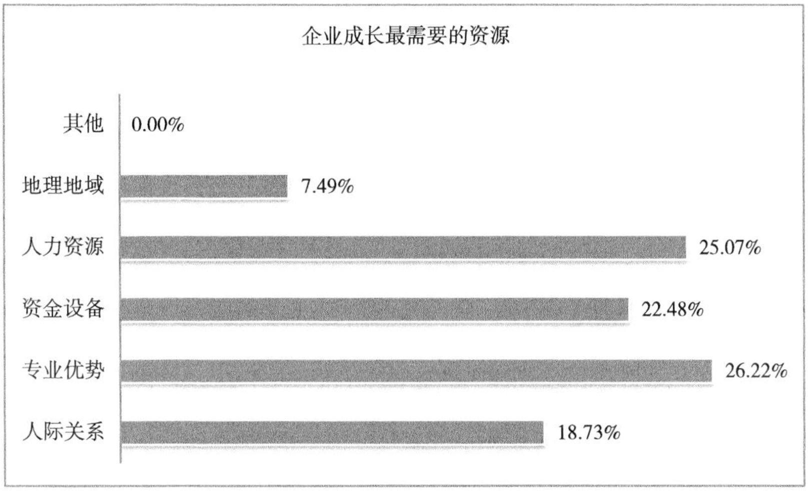

图5–28　企业成长最需要的资源

在对企业资源状况的调查中，大部分企业对其在发展过程中拥有资源的状况较为满意，14.7% 的创业者认为资源很丰富，67.44% 的创业者表示资源状况还可以，17.87% 的创业者认为资源缺乏且严重影响企业的发展，如图 5–29 所示。

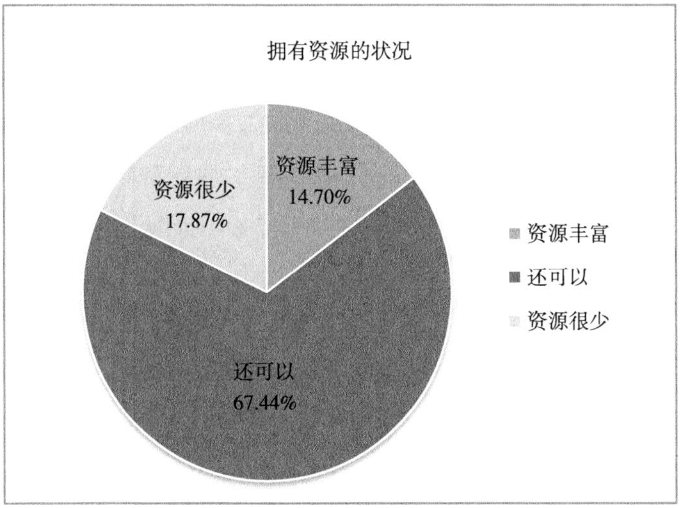

图5–29　企业拥有资源的状况

对企业所在行业的了解是创业者分析自身优势和劣势，识别、获取资源的重要环节。在调查中，45.82% 的受访者认为对企业所在的行业有全面的了解，48.13% 认为有一些了解，6.05% 的受访者并不清楚所在行业的情况，如图 5–30 所示。

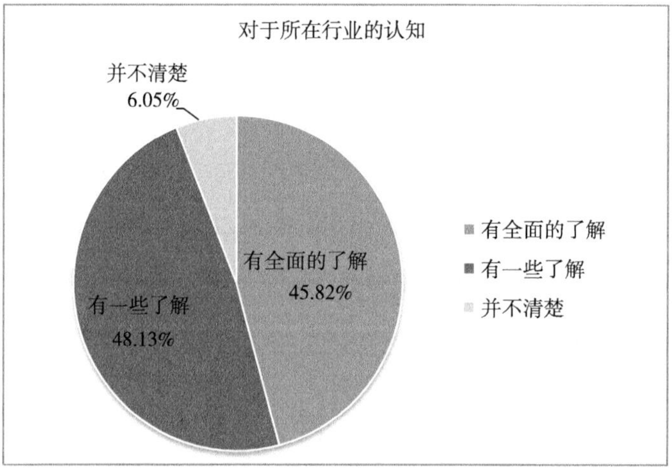

图5–30　创业者对企业所在行业的认知情况

从前面的访谈和问卷调查来看，资金是创业企业最关注和渴望得到的资源。从小微艺术企业初始资金的主要来源来看，如图 5–31 所示，从传统的亲戚朋友借款到民间借贷，从普通的银行贷款到小微企业专项贷款，从互联网新型融资到天使投资和风投，筹集资金的渠道非常丰富。创业企业初始资金主要来源于个人和亲朋好友，合计占 40.06%，二者分别占 28.34% 和 11.72%。可见，与其他行业的创业企业相比，小微艺术企业的融资渠道更加多元，对家庭和个人的依赖程度更低。而另外两个资金来源，银行贷款占 29.43%（其中普通贷款占 18.26%，小微企业专项贷款占 11.17%），而天使投资或风险投资占 17.17%，以上两项指标创业者整体水平值分别为 7.52% 和 3.76%，小微艺术企业的融资能力远远高于其他创业企业。另外，民间借贷占 8.17%，互联网新型融资为 5.18%。由此可见，小微艺术企业的创业者具有敏锐的识别资源能力和先进的融资理念，善于学习和了解政策，善于整合和优化资源。同时也说明艺术创业者具有极强的吸引资金的能力，他们在专业技能上具有的核心竞争力使自身成为市场的稀缺资源，从而能更好地获取投资者的信任和青睐。

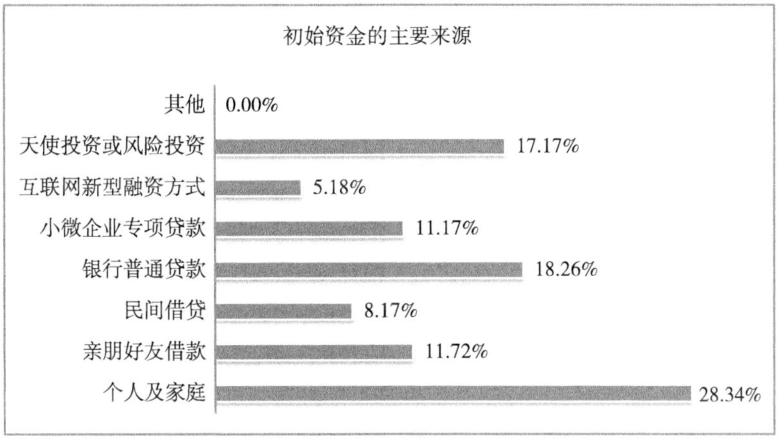

图5-31　创业企业初始资金的主要来源

4. 关于创新能力的调查

创新是引领发展的第一动力，习近平总书记在十九大报告中多次提到创新。创新对于小微艺术企业来说尤为重要，艺术只有坚持传承和创新才能焕发生机与活力，才能深入人心，才能开拓市场。在问及创新在企业成长中的作用时，51.59% 的创业者认为创新是企业成长的生命源泉，26.22% 的创业者认为创新并不能推动企业成长，22.19% 的人认为坚守传统才能使企业稳步成长，如图 5-32 所示。

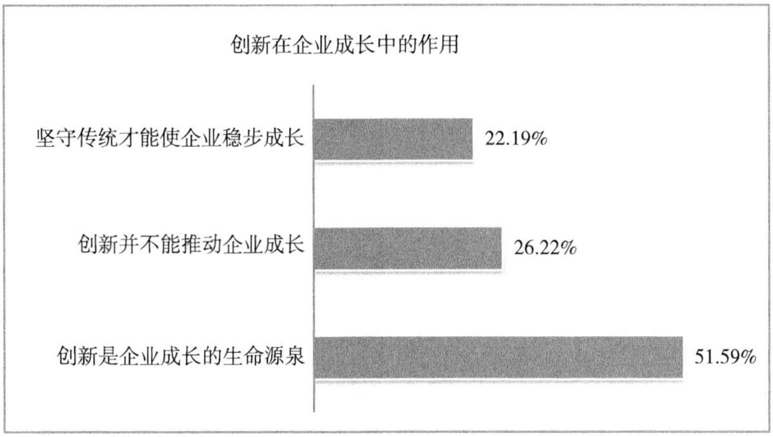

图5-32　创新在企业成长中的作用

在针对企业最重要的创新的调查中，如图 5-33 所示，31.17% 的受访者认为是内部管理的创新，25.32% 的受访者认为是产品营销的创新，而选择技术技能创新和企业文化创新的创业者均为 21.75%。

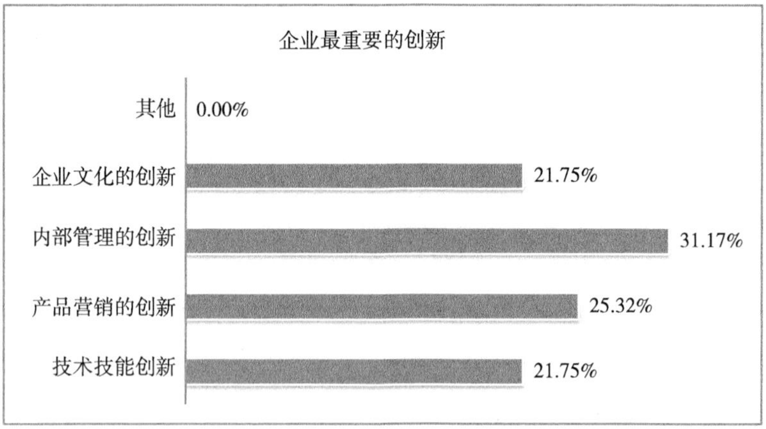

图5-33　企业最重要的创新

在对创新能力来源的调查中，29.11% 的受访者认为创新能力是在企业成长过程中形成的；27.95% 的受访者认为创新能力最重要的来源是学校教育；22.48% 的人认为创新是一种天赋，是与生俱来的；而 14.41% 的人认为创新能力是从家人朋友的经验中学习的；还有 6.05% 的人选择了其他来源，如图 5-34 所示。

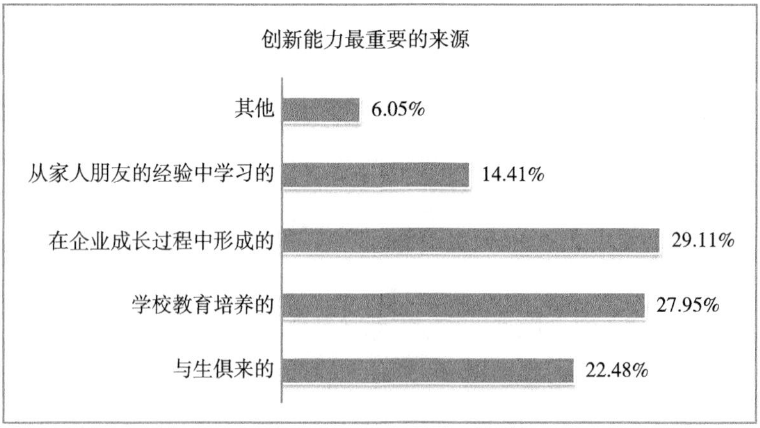

图5-34　创新能力最重要的来源

在针对创新效果的调查中，51.01% 的受访者认为自己的企业创新动力不足，成果不是很明显。24.21% 的受访者对自己企业的创新能力充满自信，认为企业在不断创新中形成了核心竞争力。而 24.78% 的受访者认为目前忙于日常的企业运行，还很难有精力去进行创新，如图 5-35 所示。

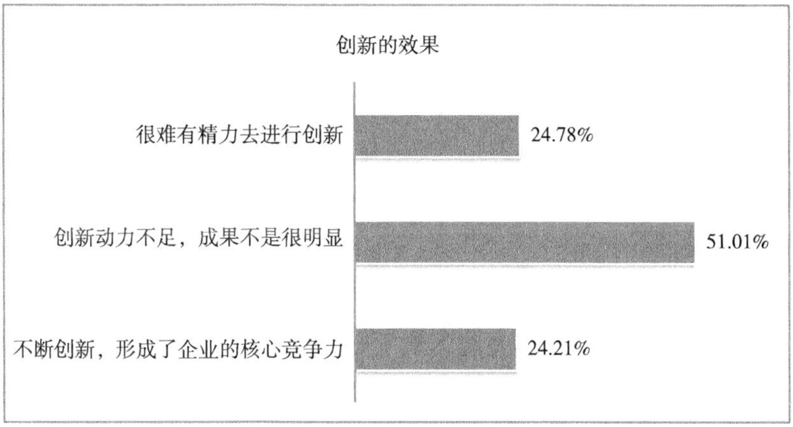

图5-35　企业创新的效果

5. 关于学校创业教育的评价和期待

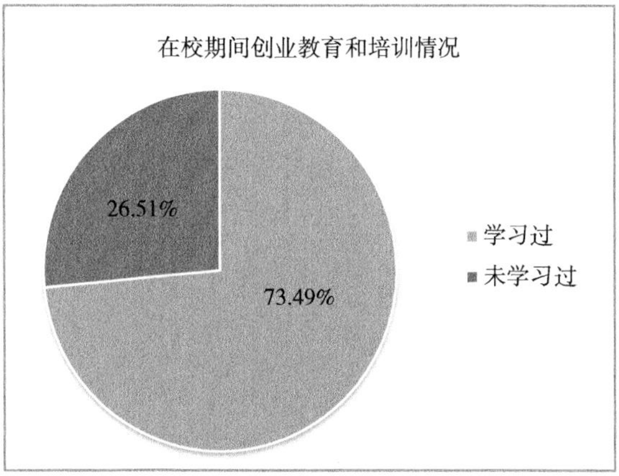

图5-36　在校期间接受创业教育和培训的情况

创业者对于学校创业教育的反馈，不仅可以了解创业教育的缺失之处和存在的问题，也能反映创业者对创业教育的需求。从调查中我们可以看到，73.49% 的受访者在校期间接受过创业教育和培训，26.51% 没有接受过创业教育，如图 5-36 所示。31.99% 的受访者认为学校的创业教育对企业的建立和发展起到了非常重要的作用，41.21% 的人认为有一定的作用，26.8% 认为在学校期间接受的创业教育可有可无，并没有多大帮助。

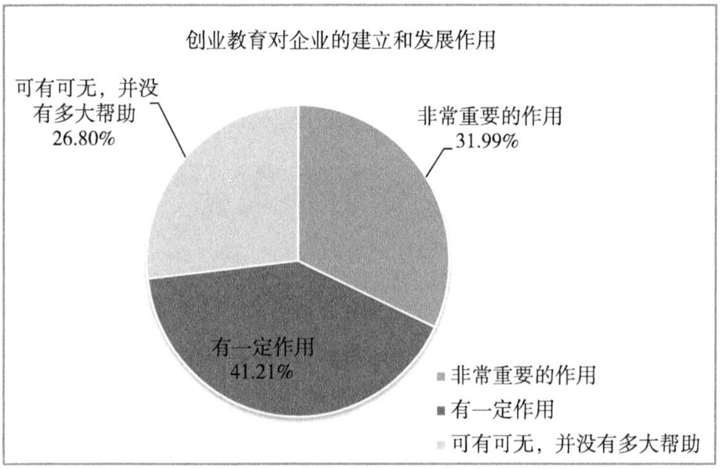

图5–37　创业教育对企业的建立和发展的作用

在对创业者支持创业教育的意愿的调查中可以看到，绝大多数的创业者愿意为母校的学生提供就业和实习机会，占了 93.95%，仅仅 6.05% 的受访者表示不愿意提供这样的机会。

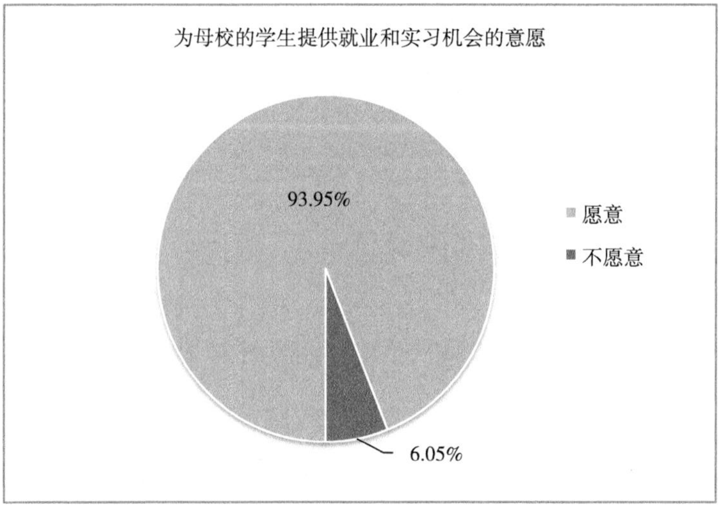

图5–38　为母校提供就业和实习机会的意愿

当问及是否愿意为师弟师妹们创业提供资金支持时，62.82% 的受访者表示愿意，而 37.18% 表示不愿意或者无能为力。

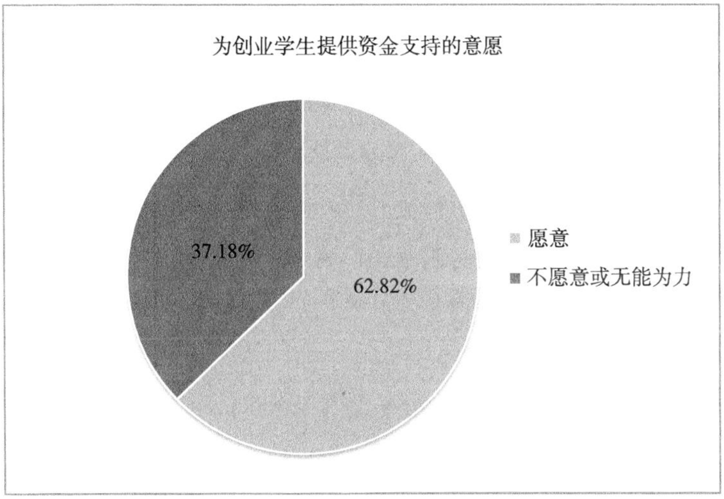

图5–39　为创业学生提供资金支持的意愿

四、野百合也有春天：艺术创业企业发展机遇

随着文化产业成为国家的支柱产业，小微艺术企业在丰富市场、加速经济发展和解决就业方面的作用越来越显著。国家对于小微企业的关注也越来越多，对于小微企业的政策支持和金融服务以及社会保障也逐渐增大。主要表现在艺术创业环境不断改善、国家政策环境不断优化、政府服务水平不断提高等方面。

（一）全球化和信息化创造良好的艺术创业环境

全球化是世界经济发展的趋势，而信息科技的发展和网络技术的应用为小微艺术企业的发展创造了条件，市场多元化、客户全球化、资本多样化和劳动力网络化为小微艺术企业创造了难得的市场机遇。

一是艺术市场多元化。在经济全球化的格局下，艺术市场呈现多元化格局，首先是市场需求的多元化。随着我国国民经济的快速增长，城乡居民的收入持续增长，消费的需求和消费形式呈现多元化变化，居民在满足物质生活需要的同时，开始注重精神层面的需求，消费需求的层次不断提高，消费需求的空间不断扩大。艺术产业的发展正是顺应了这种市场需求多元化的变化，业态不断丰富，产品不断创新，艺术服务也不断升级。其次是市场运作的多元化。不同种类的艺术企业，市场运作的方法和模式各不相同，在长期的发展过程中，各种艺术类型的企业形成了独特的市场运作模式，并且在市场需求的推动下不断提高和改进。演艺市场、艺术品市场、艺术培训市场等都具有自成体系的独特市场运作模式，呈现出百花齐放的格局，市场运作的多元化为小微艺术企业的发展带来了成长机遇。

二是艺术市场客户全球化。在信息高速发展的时代，企业已经突破传统的营销手段，网络将世界各国的商户与用户连接起来，客户的全球化趋势已经促使企业必须适应信息时代的变化，运用高科技的手段，将服务与产品在世界范围内进行推广。很难想象如果失去了高科技的平台，企业将如何生存。而且艺术无国界，全世界的人们对于艺术的欣赏、追求有着共同之处，那就是追求一种美的心理体验，所以小微艺术企业的客户全球化不仅仅要满足经济发展的需要，更重要的是满足人的高层次需求。因此，客户全球化给小微艺术企业发展带来了难得的机遇，但是要满足人的高层次需求，也对企业的创新和发展提出了更高的要求。

三是市场资本多样化。民间资本的壮大和外国金融资本的进入，使得我国艺术市场出现资本的多元化，丰富了小微艺术企业的融资渠道，推动了艺术市场的发展，为艺术企业的发展注入了活力。资本多样化的趋势随着经济的发展越来越显著，虽然目前小微艺术企业还存在融资难的问题，但是融资渠道的逐步多样化将为小微艺术企业未来的发展提供支持。随着众筹和天使投资等资本筹措形式的出现，普通百姓对于小微企业和创新企业的关注开始从社会视角转向经济视角，众筹网的出现使人们开始关注除房产、股市等风险系数比较高的投资项目之外的小微企业的投资，选择好的项目和企业进行投资已经成为普通百姓可以做到的事情。小微艺术企业因其专业的稀缺性使其具有较好的市场稳定性，尤其在国家大力鼓励民间投资以及第三方支付平台逐渐完善的情况下，小微艺术企业已经逐渐成为百姓关注的新的投资项目。

四是艺术企业劳动用工方式网络化。小微艺术企业的特色决定了劳动用工方式的特殊性，它不同于其他制造业和科技企业，艺术企业的劳动力形式是创意和思想，所以劳动用工方式也不同于其他企业。这就使小微艺术企业既可以采用实体平台进行生产，也可以采用丰富的虚拟平台进行生产。创业者可以通过网络在任何时间和地点开展工作、拓展业务，可以在世界各地进行研究和创作，甚至可以同时为多家企业提供艺术服务。通过网络等先进的信息平台，小微艺术企业发布劳动力需求信息和业务需求信息，通过网络寻求符合条件的艺术人才，通过网络进行业务谈判。劳资双方同样可以通过网络进行交易，并进行业务洽谈和成果检验。劳动用工方式的网络化已经成为未来经济发展的必然趋势。

（二）艺术院校学生创业的政策环境改善

从国家近十年的关于小微企业、文化创意产业、小微文化企业以及大学生创业等方面的政策来看，国家政策环境不断改善，文化产业的发展也经历了从规模数量的扩大到结构布局的优化过程，而进入“十四五”时期，文化产业发展进入追求质量效益的时期，主要表现在以下几个方面。

一是政策的制定更加关注企业成长。近年来，我国小微企业的政策制定开始关注企业成长，首先表现在政策的制定开始从关注企业初创时期向企业成长全过程转移。而政府关于小微企业生存发展的调研工作也广泛开展，政策的制定以小微企业成长的困境为基础不断细化和深化，针对性和实效性增强。如针对目前文化创意产业无形资产评估难的问题，国务院办公厅在《进一步支持文化企业发展的规定》中提出，允许投资人以知识产权等无形资产评估作价出资组建文化企业。

二是政策的制定逐渐从宏观向微观转化，政策的内容逐步细化，关照到小微企业和文化创意产业的方方面面。从融资、财税政策到公共服务、人员管理等多个方面都提出支持政策，改变了以往政策过于宏观、操作难度大的问题，更加务实有效。近年来，国务院、工信部、财政部等部门都印发了众多文化产业相关政策规划，以鼓励和规范我国文化产业发展，主要着力于推动文化产业的创新以及文化产业园区之间的产业链、价值链、创新链优势互补。如 2014 年 7 月，文化部、工业和信息化部、财政部出台了《关于大力支持小微文化企业发展的实施意见》，这是我国第一次专门针对小微文化企业制定的支持政策文件，对于小微文化企业的发展起到了支持保护和规范指引的作用。该《意见》提出，在政府采购过程中，各级文化行政部门对小微文化企业及小微文化企业份额达到 30% 的联合体有自主知识产权的投标产品和服务，可在价格扣除优惠政策规定范围内按较高标准执行。国家不断改进和完善已有政策，在我国已有的政策法规中，有的发布时间比较早，很难关照到社会经济的发展和产业结构调整后出现的小微企业。有的政策法规只关注大中型企业，限制和阻碍了小微企业的发展。而随着国家对政策法规的整体性思考，国家对关涉小微企业发展的政策进行了调整。从表 5–5“国家对于动漫企业税收的优惠政策”可以看出，国家在政策的完善和改进中不断适应经济社会的发展，适应新的企业形态发展，逐步形成了指导支持各类型企业发展的完善的支持保障体系。

三是财税政策支持力度不断加大。对于创业伊始的小微企业，财税政策的支持尤为重要。从近几年国家针对小微企业和创业出台的财税支持政策来看，从 2008 年至今，国家针对小微企业出台的财税支持政策经过了 12 次大的调整（见表 5–6），政策支持力度不断加大，服务意识不断增强。首先表现为税费减免范围加大。针对小微企业尤其是成立初始的企业，国家在多种税费上给予减免政策，帮助小微企业渡过初始难关，迅速成长起来。例如，对于大学生创业的企业减半征收企业所得税，月销售额不超过 2 万元的暂免征收增值税和营业税等税收优惠政策；在电子商务网络平台开办“网店”的高校毕业生，可享受小额担保贷款和贴息政策等。其次，工商税务部门执法时逐渐转变观念，由传统的执法转向执法与服务相结合，建立公共财税服务平台，宣传国家政策，帮助小微企业克服成长中的困难，解决发展中的难题，“送政策上门”已成为很多地方税务部门工作的方法之一。服务平台的建设和完善，可帮助小微企业充分合理享受国家的政策优惠。

表 5–5　国家对动漫企业税收的优惠政策

序号		享受主体	优惠内容	享受条件	政策依据
1	动漫企业增值税超税负即征即退	属于增值税一般纳税人的动漫企业	自 2018 年 1 月 1 日至 2018 年 4 月 30 日，对动漫企业增值税一般纳税人销售其自主开发生产的动漫软件，按照 17% 的税率征收增值税后，对其增值税实际税负超过 3% 的部分，实行即征即退政策 自 2018 年 5 月 1 日至 2020 年 12 月 31 日，对动漫企业增值税一般纳税人销售其自主开发生产的动漫软件，按照 16% 的税率征收增值税后，对其增值税实际税负超过 3% 的部分，实行即征即退政策。（编者注：自 2019 年 4 月 1 日起，增值税一般纳税人发生增值税应税销售行为或者进口货物，原适用 16% 税率的，税率调整为 13%。）	按照《动漫企业认定管理办法（试行）》规定，通过认定	1.《文化部　财政部 国家税务总局关于印发〈动漫企业认定管理办法（试行）〉的通知》（文市发〔2008〕51 号） 2.《财政部　税务总局关于延续动漫产业增值税政策的通知》（财税〔2018〕38 号） 3.《财政部　税务总局 海关总署关于深化增值税改革有关政策的公告》（财政部　税务总局　海关总署公告 2019 年第 39 号）第一条

续表

序号		享受主体	优惠内容	享受条件	政策依据
2	动漫企业进口符合条件的商品免征增值税	符合条件的动漫企业	自2016年1月1日至2020年12月31日，经国务院有关部门认定的动漫企业自主开发、生产动漫直接产品，确需进口的商品可享受免征进口环节增值税	享受政策的动漫企业应符合文化部等相关部门制定的动漫企业认定基本标准，具备自主开发、生产动漫直接产品的资质和能力。其自主开发、生产动漫直接产品，确需进口《动漫企业免税进口动漫开发生产用品清单》列明的商品	1.《财政部　国家税务总局关于扶持动漫产业发展有关税收政策问题的通知》（财税〔2009〕65号）第四条 2.《财政部　海关总署　国家税务总局关于动漫企业进口动漫开发生产用品税收政策的通知》（财关税〔2016〕36号）
3	符合条件的动漫企业定期减免企业所得税	符合条件的动漫企业	经认定的动漫企业自主开发、生产动漫产品，可申请享受国家现行鼓励软件产业发展的所得税优惠政策，在2018年12月31日前自获利年度起计算优惠期，第1–2年免征企业所得税，第3–5年按照25%的法定税率减半征收企业所得税，并享受至期满为止	动漫企业须按照《动漫企业认定管理办法（试行）》规定，通过认定	1.《财政部　国家税务总局关于扶持动漫产业发展有关税收政策问题的通知》（财税〔2009〕65号）第二条 2.《财政部　税务总局关于集成电路设计和软件产业企业所得税政策的公告》（财政部　税务总局公告2019年第68号） 3.《文化部　财政部　国家税务总局关于印发〈动漫企业认定管理办法（试行）〉的通知》（文市发〔2008〕51号）

根据国家相关政策整理

表 5–6　我国小型微利企业所得税优惠政策的调整

调整次数	年份	政策名称	调整内容
1	2008	《中华人民共和国企业所得税法》《中华人民共和国企业所得税法实施条例》	小型微利企业所得税减按 20% 税率征收，仅比法定税率 25% 少 5%。“符合条件的小型微利企业，减按 20% 的税率征收企业所得税。”小型微利企业，是指从事国家非限制和禁止行业，并符合下列条件的企业：（一）工业企业，年度应纳税所得额不超过 30 万元，从业人数不超过 100 人，资产总额不超过 3000 万元；（二）其他企业，年度应纳税所得额不超过 30 万元，从业人数不超过 80 人，资产总额不超过 1000 万元
2	2009	《财政部　国家税务总局关于小型微利企业有关企业所得税政策的通知》（财税〔2009〕133 号）《财政部　国家税务总局关于继续实施小型微利企业所得税优惠政策的通知》（财税〔2011〕4 号）	“自 2010 年 1 月 1 日至 2010 年 12 月 31 日，对年应纳税所得额低于 3 万元（含 3 万元）的小型微利企业，其所得减按 50% 计入应纳税所得额，按 20% 的税率缴纳企业所得税。”税率相当于 10%。将执行期限延长至 2011 年 12 月 31 日
3	2011	《财政部　国家税务总局关于小型微利企业所得税优惠政策有关问题的通知》（财税〔2011〕117 号）	从 2012 年 1 月 1 日起，将年应纳税所得额上限提高到 6 万元，执行至 2015 年 12 月 31 日
4	2014	《财政部　国家税务总局关于小型微利企业所得税优惠政策有关问题的通知》（财税〔2014〕34 号）《国家税务总局关于扩大小型微利企业减半征收企业所得税范围有关问题的公告》（2014 年第 23 号）	从 2014 年 1 月 1 日起，年应纳税所得额上限提高到 10 万元，执行至 2016 年 12 月 31 日，财税〔2011〕117 号文实际执行 2 年（从 2012 年 1 月 1 日至 2013 年 12 月 31 日）。从 2014 年 1 月 1 日起，将小型微利企业所得税优惠政策，由查账征收企业扩大到核定征收企业。在之前，采取核定征收方式的小型微利企业，既不适用减按 20% 征收，也不适用减半征收优惠政策

续表

调整次数	年份	政策名称	调整内容
5	2015	《财政部　国家税务总局关于小型微利企业所得税优惠政策的通知》（财税〔2015〕34号）	从2015年1月1日起，将年应纳税所得额上限提高到20万元，执行至2017年12月31日。财税〔2014〕34号文实际执行1年（从2014年1月1日至2014年12月31日）
6	2015	《财政部　国家税务总局关于进一步扩大小型微利企业所得税优惠政策范围的通知》（财税〔2015〕99号）	自2015年10月1日起至2017年12月31日，对年应纳税所得额在20万元到30万元（含30万元）之间的小型微利企业，其所得减按50%计入应纳税所得额，按20%的税率缴纳企业所得税。即从2015年10月1日起，将财税〔2015〕34号文件规定的“年应纳税所得额上限”，由20万元提高到30万元。原“年应纳税所得额上限为20万元”的规定仅执行9个月（从2015年1月1日至2015年9月30日）
7	2017	《财政部　税务总局关于扩大小型微利企业所得税优惠政策范围的通知》（财税〔2017〕43号）	从2017年1月1日起，将年应纳税所得额上限提高到50万元，执行至2019年12月31日，财税〔2015〕99号文实际执行1年零3个月（从2015年10月1日起至2016年12月31日）
8	2018	《财政部　税务总局关于进一步扩大小型微利企业所得税优惠政策范围的通知》（财税〔2018〕77号）	从2018年1月1日起，将年应纳税所得额上限提高到100万元，执行至2020年12月31日，财税〔2017〕43号文实际执行1年（从2017年1月1日至2017年12月31日）

续表

调整次数	年份	政策名称	调整内容
9	2019	《财政部　税务总局关于实施小微企业普惠性税收减免政策的通知》（财税〔2019〕13号）	将小微企业的税收优惠政策进一步大幅升级调整。针对企业所得税，调整小型微利企业判断标准（不再区分工业企业和其他企业）：小型微利企业是指从事国家非限制和禁止行业，且同时符合年度应纳税所得额不超过300万元、从业人数不超过300人、资产总额不超过5000万元等三个条件的企业。进一步增大小型微利企业所得税减税幅度：年应纳税所得额不超过100万元的部分，减按25%计入应纳税所得额，按20%的税率缴纳企业所得税（税率相当于5%）；对年应纳税所得额超过100万元但不超过300万元的部分，减按50%计入应纳税所得额，按20%的税率缴纳企业所得税（税率相当于10%）。从2019年1月1日起，执行至2021年12月31日，财税〔2018〕77号文实际执行1年（从2018年1月1日起至2018年12月31日）
10	2021	《财政部　税务总局关于实施小微企业和个体工商户所得税优惠政策的公告》（财政部　税务总局公告2021年第12号）	2021年1月1日至2022年12月31日，对小型微利企业年应纳税所得额不超过100万元的部分，在财税〔2019〕13号文第二条规定的优惠政策基础上，再减半征收企业所得税（税率相当于2.5%）
11	2022	《财政部　税务总局关于进一步实施小微企业所得税优惠政策的公告》（财政部　税务总局公告2022年第13号）	2022年1月1日至2024年12月31日，对小型微利企业年应纳税所得额超过100万元但不超过300万元的部分，减按25%计入应纳税所得额，按20%的税率缴纳企业所得税（税率相当于5%）
12	2023	《财政部　税务总局关于小微企业和个体工商户所得税优惠政策的公告》（财政部　税务总局公告2023年第6号）	2023年1月1日至2024年12月31日，对小型微利企业年应纳税所得额不超过100万元的部分，减按25%计入应纳税所得额，按20%的税率缴纳企业所得税（税率相当于5%）

根据国家相关政策整理

四是金融支持政策细化。融资难是小微艺术企业发展中面临的难题，虽然国家不断出台金融政策，但是我国小微企业贷款占主要金融机构放款的比例很低，融资问题依旧是困扰小微企业发展的核心问题之一。细化金融政策、加大政策执行力度是我国小微企业金融服务的重点。小微艺术企业具有无形资产高的特点，我国尚无统一的无形资产评估的国家标准，对于小微艺术企业的无形资产的评估难以进行，小微艺术企业抵押贷款的问题依旧难以解决。针对这个难题，财政部、税务总局出台了关于实施小微企业普惠性税收减免的一系列政策，如表 5-7 所示，适用于艺术院校大学生创业的税收政策多达 50 余项。小型微利企业自 2019 年 1 月 1 日至 2021 年 12 月 31 日，年应纳税所得额不超过 100 万元的部分，减按 25% 计入应纳税所得额，按 20% 的税率缴纳企业所得税；对年应纳税所得额超过 100 万元但不超过 300 万元的部分，减按 50% 计入应纳税所得额，按 20% 的税率缴纳企业所得税。[①]2023 年财政部、税务总局发布《关于金融机构小微企业贷款利息收入免征增值税政策的公告》，对金融机构向小型企业、微型企业和个体工商户发放小额贷款取得的利息收入，免征增值税。同时，政府鼓励民间金融机构、以众筹为代表的民间资金筹措平台参与对小微企业的融资。国内目前多家大型网站利用自己的金融服务平台开展众筹活动，其中京东商城和淘宝商城推出的众筹平台，为投资人与创业者搭建桥梁，为小微企业的发展寻找更多的资金支持，也为投资人提供可选择的投资项目。“众筹网”还专门针对艺术创业人员开设了众筹区。各地政府通过组织多种形式的活动，帮助小微艺术企业了解各类金融服务内容，通过微信、微博、电视、报纸等媒介进行政策宣传。政府相关部门设立文化金融合作项目库，对入库项目进行资金支持。

① 资料来源：《财政部　税务总局关于实施小微企业普惠性税收减免政策的通知》（财税〔2019〕13 号）第二条；《国家税务总局关于实施小型微利企业普惠性所得税减免政策有关问题的公告》（国家税务总局公告 2019 年第 2 号）。

表 5–7　“大众创业、万众创新”税收优惠政策相关文件

序号	文件名称	文号
1	《中华人民共和国企业所得税法》	
2	《中华人民共和国企业所得税法实施条例》	
3	《中华人民共和国个人所得税法》	
4	《中华人民共和国增值税暂行条例实施细则》	1993 年 12 月 25 日财政部文件（93）财法字第 38 号发布，2011 年 10 月 28 日中华人民共和国财政部令第 65 号第二次修改并公布
5	《财政部　国家税务总局关于促进科技成果转化有关税收政策的通知》	财税〔1999〕45 号
6	《财政部　国家税务总局关于扶持动漫产业发展有关税收政策问题的通知》	财税〔2009〕65 号
7	《财政部　国家税务总局关于居民企业技术转让有关企业所得税政策问题的通知》	财税〔2010〕111 号
8	《财政部　国家税务总局关于高新技术企业境外所得适用税率及税收抵免问题的通知》	财税〔2011〕47 号
9	《财政部　国家税务总局关于软件产品增值税政策的通知》	财税〔2011〕100 号
10	《财政部　国家税务总局关于退还集成电路企业采购设备增值税期末留抵税额的通知》	财税〔2011〕107 号
11	《财政部　国家税务总局关于完善固定资产加速折旧企业所得税政策的通知》	财税〔2014〕75 号
12	《财政部　国家税务总局关于非货币性资产投资企业所得税政策问题的通知》	财税〔2014〕116 号
13	《财政部　国家税务总局关于个人非货币性资产投资有关个人所得税政策的通知》	财税〔2015〕41 号
14	《财政部　国家税务总局关于进一步完善固定资产加速折旧企业所得税政策的通知》	财税〔2015〕106 号
15	《财政部　国家税务总局关于将国家自主创新示范区有关税收试点政策推广到全国范围实施的通知》	财税〔2015〕116 号
16	《财政部　国家税务总局　科技部关于完善研究开发费用税前加计扣除政策的通知》	财税〔2015〕119 号

续表

序号	文件名称	文号
17	《财政部　国家税务总局关于全面推开营业税改征增值税试点的通知》	财税〔2016〕36号
18	《财政部　国家税务总局关于完善股权激励和技术入股有关所得税政策的通知》	财税〔2016〕101号
19	《财政部　国家税务总局关于小额贷款公司有关税收政策的通知》	财税〔2017〕48号
20	《财政部　税务总局关于支持小微企业融资有关税收政策的通知》	财税〔2017〕77号
21	《财政部　税务总局　商务部　科技部　国家发展改革委关于将技术先进型服务企业所得税政策推广至全国实施的通知》	财税〔2017〕79号
22	《财政部　税务总局关于租入固定资产进项税额抵扣等增值税政策的通知》	财税〔2017〕90号
23	《财政部　税务总局关于调整增值税税率的通知》	财税〔2018〕32号
24	《财政部　税务总局关于延续动漫产业增值税政策的通知》	财税〔2018〕38号
25	《财政部　税务总局　商务部　科技部　国家发展改革委关于将服务贸易创新发展试点地区技术先进型服务企业所得税政策推广至全国实施的通知》	财税〔2018〕44号
26	《财政部　税务总局关于对营业账簿减免印花税的通知》	财税〔2018〕50号
27	《财政部　税务总局关于企业职工教育经费税前扣除政策的通知》	财税〔2018〕51号
28	《财政部　税务总局关于设备、器具扣除有关企业所得税政策的通知》	财税〔2018〕54号
29	《财政部　税务总局关于创业投资企业和天使投资个人有关税收政策的通知》	财税〔2018〕55号
30	《财政部　税务总局　科技部关于企业委托境外研究开发费用税前加计扣除有关政策问题的通知》	财税〔2018〕64号

续表

序号	文件名称	文号
31	《财政部　税务总局关于金融机构小微企业贷款利息收入免征增值税政策的通知》	财税〔2018〕91号
32	《财政部　税务总局　科技部关于提高研究开发费用税前加计扣除比例的通知》	财税〔2018〕99号
33	《财政部　税务总局　科技部　教育部关于科技企业孵化器、大学科技园和众创空间税收政策的通知》	财税〔2018〕120号
34	《财政部　税务总局关于实施小微企业普惠性税收减免政策的通知》	财税〔2019〕13号
35	《财政部　税务总局　人力资源社会保障部　国务院扶贫办关于进一步支持和促进重点群体创业就业有关税收政策的通知》	财税〔2019〕22号
36	《财政部　海关总署　国家税务总局关于动漫企业进口动漫开发生产用品税收政策的通知》	财关税〔2016〕36号
37	《财政部　税务总局　海关总署关于深化增值税改革有关政策的公告》	财政部　税务总局　海关总署公告2019年第39号
38	《财政部　税务总局关于扩大固定资产加速折旧优惠政策适用范围的公告》	财政部　税务总局公告2019年第66号
39	《国家税务总局关于促进科技成果转化有关个人所得税问题的通知》	国税发〔1999〕125号
40	《国家税务总局关于实施创业投资企业所得税优惠问题的通知》	国税发〔2009〕87号
41	《国家税务总局关于技术转让所得减免企业所得税有关问题的公告》	国家税务总局公告2013年第62号
42	《国家税务总局关于固定资产加速折旧税收政策有关问题的公告》	国家税务总局公告2014年第64号
43	《国家税务总局关于个人非货币性资产投资有关个人所得税征管问题的公告》	国家税务总局公告2015年第20号
44	《国家税务总局关于非货币性资产投资企业所得税有关征管问题的公告》	国家税务总局公告2015年第33号

续表

序号	文件名称	文号
45	《国家税务总局关于进一步完善固定资产加速折旧企业所得税政策有关问题的公告》	国家税务总局公告 2015 年第 68 号
46	《国家税务总局关于股权奖励和转增股本个人所得税征管问题的公告》	国家税务总局公告 2015 年第 80 号
47	《国家税务总局关于有限合伙制创业投资企业法人合伙人企业所得税有关问题的公告》	国家税务总局公告 2015 年第 81 号
48	《国家税务总局关于许可使用权技术转让所得企业所得税有关问题的公告》	国家税务总局公告 2015 年第 82 号
49	《国家税务总局关于企业研究开发费用税前加计扣除政策有关问题的公告》	国家税务总局公告 2015 年第 97 号
50	《国家税务总局关于股权激励和技术入股所得税征管问题的公告》	国家税务总局公告 2016 年第 62 号
51	《国家税务总局于研发费用税前加计扣除归集范围有关问题的公告》	国家税务总局公告 2017 年第 40 号
52	《国家税务总局关于实施小型微利企业普惠性所得税减免政策有关问题的公告》	国家税务总局公告 2019 年第 2 号
53	《国家税务总局关于小规模纳税人免征增值税政策有关征管问题的公告》	国家税务总局公告 2019 年第 4 号
54	《国家税务总局关于增值税小规模纳税人地方税种和相关附加减征政策有关征管问题的公告》	国家税务总局公告 2019 年第 5 号
55	《国家税务总局　人力资源社会保障部　国务院扶贫办　教育部关于实施支持和促进重点群体创业就业有关税收政策具体操作问题的公告》	国家税务总局　人力资源社会保障部　国务院扶贫办　教育部公告 2019 年第 10 号
56	《文化部　财政部　国家税务总局关于印发《动漫企业认定管理办法（试行）》的通知》	文市发〔2008〕51 号
57	《工业和信息化部　国家统计局　国家发展和改革委员会　财政部关于印发中小企业划型标准规定的通知》	工信部联企业〔2011〕300 号

根据相关政策整理。

正在建设中的国家中小微企业大数据平台将小微企业的资金状况和贷款需求等信息纳入数据库，为未来制定小微企业的政策提供参考。金融服务网络平台的建设日趋完善，金融服务的网络化将为小微企业解决融资难问题提供帮助。

五是地方政府政策落实力度加大。长期以来，地方政府过度依赖大中型企业，在对小微企业的扶持上缺乏积极性，出现了小微企业政策落实不到位的现象。随着国家对小微企业的逐步关注，地方政府开始重视小微企业的发展，尤其在推进文化创意产业发展的过程中，小微艺术企业成为重要的力量，吸引了政府和社会的普遍关注。党的十八届三中全会将“支持各种形式小微文化企业发展”纳入全面深化改革的目标任务中，并将对小微企业的扶持和服务，以及小微企业的生存发展状况作为考核地方政府的条件之一。中小微文化企业迎来发展的历史机遇，各省市陆续成立小微文化企业服务中心，并出台了中小微文化企业专项扶持政策和工作方案。地方政府已经开始从政府治理的层面高度重视小微企业发展，为小微企业成长创造良好的生态环境。同时，针对小微企业存在的现实困难，各地政府出台金融服务和公共服务政策，帮助解决小微企业融资难、了解政策难等问题。为了帮助处于交接期、过渡期的小微文化企业，2022 年，上海银行、上海精文投资有限公司与上海市中小微企业政策性融资基金管理中心携手推出首期规模 10 亿元的“文创保”专项贷款产品。同时，上海在 11 个市级文创园区成立了首批文化金融服务工作站，提供更细致的服务。2023 年，云南省人力资源和社会保障厅开展就业政策进校园“全覆盖”专项行动，面向全省 81 所普通高校的 2023 届毕业生，由省、州（市）、县（市、区）三级人力资源社会保障部门相关负责人带队宣讲就业创业的政策措施。

（三）政府创业服务水平提高

政府面向小微企业建立预警机制。小微企业是政府政策变化负效应的最直接承担者，解决小微企业的成长性问题，政府建立了针对小微企业的政策预警机制，让小微艺术企业面对政策的变化提前作好准备，给小微艺术企业一个政策“适应期”。在政策预警机制下，政府有产业政策变动的计划，即可提前通过特定的服务渠道把政府的决策意向传达给小微企业。政府可以通过工商管理的渠道定期向小微企业通报国家的政策动态，帮助小微企业提高对政策的理解和把握能力。此外，政府要加快建立国家小微企业运行监测监控工作机制和运营信息体系，统计部门强化对小微型企业的专项统计，了解和掌握全面真实的信息，构建一个新型的专业数据信息库，为国家相关政策的科学决策提供准确可靠的信息支撑，使政府的决策更贴近实际。建立完善的小微企业成长管理社会化服务体系，推动小微企业规范、健康发展。

主管部门建立小微艺术企业管理服务机制。目前，尽管市场上有不少专业的企业管理咨询公司、财务、税务外包公司等机构，但收费高、服务质量不高等问题的存在，造成小微艺术企业很难找到收费在小微艺术企业可承受范围内，同时能解答小微艺术企业发展中面临的诸多管理问题的公司。这造成我国的小微艺术企业是在自发演化的状态下生存发展，规范化管理的“基因”很难在小微艺术企业中生成，“野蛮”成长成为我国小微艺术企业发展的常态。这种发展状态直接制约了小微艺术企业的规范成长空间，造成一些小微艺术企业发展成中型企业后仍然处于非规范状态，在其与金融机构发生融资关系时，连规范的财务报告都很难提供。为此，我们认为，政府应该出台相关政策，鼓励针对小微艺术企业发展的各类专业管理、财税服务机构的设立、发展，给予这些机构特别优惠的工商、税务政策，扶持该行业的发展；给小微艺术企业的成长提供专业化的创业辅导、管理咨询、融资顾问、项目申请、技术咨询等服务，建立若干有影响力的小微艺术企业公共服务平台，让小微型企业获得规范的财税、管理的支持，提高其发展质量，为小微艺术企业的转型升级和技术创新提供社会化的支撑。

教育机构建立创业扶持孵化机制。为了促进创业教育的发展，各级政府及学校层面都应该出台政策予以支持。例如政府可以制定优惠的税收政策、便利的执照许可申办流程、充足的创业风险投资等为创业提供支持。学校应加强与工商、税务等部门沟通，营造适合大学生创业的工作环境和政策环境。目前，教育部已经出台文件，允许学生在完成学业期间创业。此外，学校还应提供校内创业实践基地或孵化器，提供申办资金、财务管理、税收管理、法律管理及办公硬件设施等各方面的支持。成立创业辅导专家组，学生创业小组配备具有丰富的创业经验的专家进行辅导，帮助学生充分利用大学的办公用房和其他有形资源，特别是艺术院校的品牌和专业资源。

第六章

基于企业成长的艺术院校创业教育对策研究

在梳理国内外文献资料和借鉴国内外创业教育经验的基础上，本研究提出了基于企业成长的创业教育的理论框架并进行论证。在理论的指导下，对艺术创业教育的现状进行了研究，通过对 8 所艺术院校的问卷调查分析创业教育存在的问题，从问题研究的需要出发，结合小微艺术企业成长要素需求，提出艺术院校创业教育对策，以帮助学生提高创业技能和知识，培养创业精神，并为提高创业中的小微艺术企业成长性，促进其健康快速地发展壮大提供知识储备。

一、创业教育理念适应社会发展变化

（一）以市场需求为向

关注市场需求，实现创业教育与企业成长规律紧密融合，应成为艺术院校建设完善创业教育体系的题中应有之义。我国高校早期开展创业教育，更多是源于教育主管部门倡导和对国际高校成功经验的借鉴，对社会和市场的关注度相对不足。因此，在实施创业教育过程中，高校往往更关注创业教育的知识传授和课程设置，把企业创立作为创业教育的成果和终点，忽视了创业企业在社会和市场中的成长和发展。

企业成长是具有自身发展的阶段性规律的，通常分为初创期、学习调整期、快速发展期、相对稳定期和成长扩张期。对一个创业者而言，企业创立初期得到创业教育指导是必要的，但高校往往忽略了企业创立之后 3 ～ 7 年出现的学习调整期，这是一个特别关键的时期，往往成为企业的生命危险期。然而现在高校创业教育大多把注意力放在企业初创阶段，对企业成长和发展的其他阶段不够重视，可能导致创业半途而废。如何帮助创业企业渡过学习调整期这个危险期，国家有关部门有管理和扶持的责任，但高校的创业教育更应着眼企业成长规律，关注不同发展阶段创业者和企业可能遇到的关键问题，提供相对系统科学的解决思路或策略，这才应该是艺术院校创业教育的核心服务追求。遵循企业成长理念，按照创业企业成长不同发展阶段特点，系统设计和开发相应的教育与培训环节，有效引导创业企业在成长过程中少走弯路、错路，顺利渡过不同时期，保持企业健康成长与发展。

（二）以学生发展为本

高等学校的主体是学生，以学生发展为本，既是一种价值观，又是一种方法论，还是一种教育理念。学生是教育的主体。以学生为本是教育最为重要的价值取向与追求。

具体到艺术院校的创业教育体系建设中，首要功能和任务是培养具有高超技术技能的艺术人才，其创业教育应充分体现以学生为本，促进创业教育与职业生涯规划紧密融合。不仅要注重从现在的学生到未来潜在创业者间的转换，还应关注未来创业者的可持续发展，把创业教育与创业者的职业生涯发展规划结合起来。艺术院校创业教育的内容和方法必须以学生发展为本，以学生在专业领域及文化产业的事业可持续发展为中心，根据学生实际及市场需求，制定优化创业教育培养方案，系统解决当前创业者和潜在创业者职业教育系统性思维严重不足的问题，引导其建立科学合理的职业生涯发展规划，提前预见或避免职业生涯发展和个人生活的迷茫期。针对创业者不同职业发展阶段的需求特点，在以学生发展为中心的理念指导下，将创业教育延展到学生创业以后，建立毕业生创业教育终身制，建立校友与学校创业教育的良性循环机制，在帮助学生成功创业后，通过创业者的资金反哺和资源贡献为更多的学生创造创业的环境，进一步丰富创业教育内涵。

（三）以专业成长为根

大学生创业教育要注重创业精神与专业精神的培育和融合，应注意促进创业教育与专业教育紧密融合。艺术院校的专业特色决定了其毕业生在中国文化产业和事业中处于金字塔顶端的位置，要对文化发展起到引领和示范作用。这部分学生的教育成本要高于其他专业学生，国家投入也很大。艺术院校至今依旧保持精英教育模式，其毕业生在全国毕业生总人数中占比很小，是真正的精英人群，其专业的优势应该得到很好的发挥，因此，保证其创业的专业性，以其专业成长为根本的创业教育是非常必要的。随着我国文化体制改革的深入，艺术院校学生的就业压力不断增大，国家对创业大力扶持，为广大有创业意愿的学生提供创业机会和可能，学校的创业教育变得越来越重要。

西方发达国家的艺术院校在创业教育过程中都是以专业成长为根本的。艺术院校的创业教育不应只是简单地开设一套创业教育课程，不应孤立于专业教育之外，而应与专业教育紧密融合，将创意意识和能力培养贯穿于艺术大学生专业教育全过程，将创业教育与专业学习有机结合，实施全程化的大学生创业教育，这应该成为艺术院校创业教育未来的主流发展方向。不论是创业教育的内容、方法还是模式，都要根据专业特点进行，将创业教育有效融入到专业教育中，将与专业相关的创业活动内容融入到专业教学中。通过工作室、工作团队等模式来进行实践教育，有效改变以往创业教育与专业教育“两张皮”的状况，使创业教育很好地融合到专业教育中，学生更易于接受，老师也可以更好地提升专业造诣，教学相长，可以收到良好教育效果。

（四）以作品创作为体

艺术作品创作是创作者以特定世界观为指导，对现实生活观察、体验、研究、分析、选择、加工、提炼生活素材，塑造艺术形象，创作艺术作品的创造性劳动。作为艺术创作的主体，艺术家的生活积累、思想倾向、性格气质、艺术修养等是艺术创作得以顺利开展和最终完成的基础和前提，是艺术家按照美的规律对生活素材进行选择加工和概括提炼，构思出主观与客观交融的审美意象，并以特定的艺术表现方式表现出来，从而完成构成内容美与形式美相统一的艺术作品。艺术院校的专业特点决定了其教学常常以作品创作为单元，在教师和学生亲历了作品的创作、制作、宣传、推广和营销，最终实现作品变为产品的过程中，很多创业的理念、精神、知识及技能都注入其中，将创业教育与专业教育、行业实践紧密融合，教育效果会更加显著。因此，艺术院校在建设完善创业教育体系时，应注意以作品为体，促进创业教育与业界实践紧密融合。促使创业者通过艺术创作从社会生活中汲取灵感，进行特殊的审美创造活动，进而为自己的创业道路不断创作出可持续发展的艺术作品。这种在做中学、做中提升的思路，正符合创业教育方法的精髓。在艺术院校的创业教育体系中，教师和学生的作品创作活动应成为重要组成部分，在提升创业者和创业导师的创业精神、素质和能力方面，具有一般创业理论课程不能取代的独特价值。

二、创业教育内容满足企业成长需求

文化创意产业强调艺术对个体精神滋养和综合素养提升的促进作用，是人们在满足基本物质需求后更高层次的精神追求。随着人们精神消费需求不断扩大，文化创意产业对经济增长的贡献率不断上升，国家文化创意产业的快速发展为艺术院校的教育提供了良好发展机遇，更提出了崭新需求。要适应文化创意产业的市场需求，核心是要在艺术教育内容上实现与文化创意产业需求的有效对接。

（一）强化创业意识培养

文化创意产业的本质是个性化产品和服务的集合，更注重针对性、人性化的“定制”环节。定制产品一般处于价值链的高端，难以实现规模化生产以获得更大经济效益。但是随着信息技术的快速发展，艺术规模化生产逐渐成为可能，使得小规模生产可以取得与大规模生产一样的低成本。众多的小规模市场汇聚起来，就成了可与规模市场相匹敌的强大力量。这同时也增强了文化创意产业产品的针对性和多样性，促进了城市文化的创新发展。

文化创意产业的这种特点，要求艺术院校注意培养师生的创业意识，适应文化创意产业个性化、小规模的发展趋势，保持对文化创意产业发展趋势的高度敏感。创建小微艺术企业看似简单，其实对创业者的要求仍然是综合全面的，需要艺术院校的师生在创业教育过程中着力于对创业意识的培养，建立对文化创意产业市场的把握和分析能力，提升创业者敏捷快速捕捉市场发展机遇、应对挑战的意识和能力。这些对艺术院校的师生创建文化创意类小微艺术企业尤为重要，某种程度上可能成为艺术院校师生创业成功与否、创业企业未来发展可持续与否的关键前提。因此，艺术院校创业教育中，致力于培养师生的创业意识，成为最重要的基础目标和任务。

（二）促进创业理念变革

文化创意产业的发展壮大需要以完整的产业链为依托，呈现出比较明显的产业集聚和产业协同发展趋势。因此，产业园区建设成为我国各地区发展文化创意产业的重要举措和手段。处于产业园区的文化创意企业不仅能享有基础设施、教育培训等外部服务，降低成本，而且能依托园区内上下游企业形成的产业链，进一步提升产品的品质和价值，还可利用集群内部的资源、品牌、设施、资金、信息、技术等要素进行优势互补，实现一加一大于二的协同发展效应。因此，艺术院校的创业教育，应在注意提升师生的个性化小微新奇创业的基础上，注意突破传统创业教育“点式企业发展”的局限，建立区域企业集群发展、小微艺术企业网络式协同发展等新型创业理念，提升师生的大产业视野和资源协同整合能力。这是在现代产业环境中，对传统的个体式、散点状企业发展模式的突破。尤其是在信息网络技术高度发达的时代，文化创意产业在互联网思维影响下，产业协同发展成为主要趋势，艺术院校创业教育必须关注这一重大趋势变化，在创业教育体系中纳入区域企业集群发展、企业网络协同创新的思想，促进师生创业理念的重大变革。

（三）支持创业技能创新

作为一种新兴的产业，文化创意产业是经济、文化、技术等相互融合的产物，逐渐出现了以创意集聚区为中心的结构融合趋势。文化创意产业具有高度的融合性和渗透性，在纵向上能通过销售渠道延伸到目标客户，第一时间获取市场信息，在市场经营战略上进行快速响应；在横向上可延伸到产业集群内部的关联企业，构建企业间的战略联盟，形成合力以抵御市场风险。此外，文化创业产业还可与政府以及高校、研究机构、中介咨询机构、教育培训机构和金融服务机构等进行合作，构建广泛多元的社会网络和创新网络，这也要求创业者兼具技术与人文的、更综合、更全面的素养。因此，艺术院校的创业教育，应及时关注和适应文化创意产业这种融合发展的特点，支持创业技能创新，提升师生对文化创意产业发展新业态、新技术、新潮流、新趋势的高度敏感，并应对这些新需求，不断促进创业者的创业技能创新。在艺术院校的创业教育课程和实践环节中，及时吸纳文化创意产业及其相关产业出现的新思想、新技术、新组织形式，动态更新创业教育课程内容体系，改革创业教育教学方法。尤其重要的是，完善创新创业教育的实践教学活动，使创业教育的课程体系、教学方法、实践教学活动都能及时追踪文化创意产业的创新发展。此外，文化创意产业融合的结果，是可能不断促使新业态出现，产生新的技术需求、新的组织形式和思维方式，这种融合创新是与时俱进、日新月异的，如何保持艺术院校创业教育从理念、内容、方法到组织运行模式上不断动态及时更新，适应文化创意产业的创新发展需求，是艺术院校需要考虑的重要领域。

三、创业教育过程对接市场运行实际

艺术院校的专业教学具有很强的创业模拟性，从作品的创作到作品的呈现，在作品的构思过程中，需要师生对艺术市场的敏锐把握，在注重作品的艺术性的同时关注时代性，使作品更符合时代的需求和大众的品味。这种特殊的专业教学过程与创业教育的目标高度吻合。

（一）构建四方联动的创业教育合作模式

综前可见，在艺术院校的创业教育体系中，学校、创业企业、创业园区和孵化平台、政府都发挥着重要作用且相互之间不断地产生影响，形成“学校—创业园—企业—政府”四位一体的创业教育联动模式，实现四方联动的产业教育合作，将成为艺术院校创业教育未来发展的趋势。

艺术院校应自觉起到创业准备、模拟演练、资源整合和关系协调等作用，除了可以开设创业教育课程、设立统筹大学生创业基金等直接行为之外，高校在创业教育的四方联动合作模式中，可以起到重要的整合各方资源力量、协调运行的作用，形成良性的互动。创业园不仅提供创业教育的实践平台，同时，在长期的企业孵化过程中积累了大量经验，对创业教育发展起到重要中介和孵化作用。依托高校和社会代表性创业园区，设立大学生创业教育孵化基地，支持大学生创业孵化和成长，对艺术院校的创业教育产生了巨大影响。从目前国内艺术院校及政府创建的创业园区发展情况来看，创业园区对于艺术院校学生的创业起到了非常重要的作用。企业提供创业教育的反馈评价和实践平台，优秀的创业企业还能提供创业教育的资金，并对新创业的大学生进行投资。同时，企业能够将创业的经验与教训与大学生进行分享，对学校创业教育进行反哺，这种良好的互动逐渐形成良性的循环，形成创业企业与创业教育的互相补充和滋养。政府对创业教育和企业提供政策的保障和指导，艺术院校的行业领先地位使其对政府的决策产生较大的影响。2023 年，天津市出台了《天津市进一步支持大学生创新创业的若干举措》，要求健全完善学生创新创业培养体系，建设一批天津市创新创业教育示范课程、特色课程；鼓励高校自主设置岗位，引进优秀企业家担任双创导师；遴选一批天津市双创导师培训基地，打造一批天津特色创新创业活动品牌。整合凝聚多部门创新创业政策合力，共享科技资源；以“揭榜挂帅”方式引导大学生精准创新创业；面向大学生发放创业房租补贴、求职创业补贴、社保补贴和岗位补贴。搭建符合学生特点的多层次创业平台。建强“高校众创空间”，帮助学生不出校门即可开展创业孵化；落实财税减免政策；充分发挥中国国际“互联网 +”大学生创新创业大赛、“创客马拉松”大赛等专业赛事作用，为学生提供实战演练机会。支持高校与天开高教科创园、大学科技园等联合申报“天津市大学生创新创业专项课题”；鼓励高校教师在天开高教科创园、大学科技园举办讲座，开展创新创业教学培训；支持高校教师到天开高教科创园、大学科技园在岗创业、离岗创业，开展产学研合作研究。政府主管部门的主导和指导极大地推进了高校创业教育的发展，也对大学生创业企业未来的成长产生推动作用。

“学校—创业园—企业—政府”四位一体的创业教育合作模式，可以有效地发挥四方在艺术院校创业教育中的各自作用，共同服务于创业者创立企业和促进企业的成长。更为重要的是，这种四方联动的合作模式，可以有效避免各自为政带来的缺位、阻碍和弊端，实现教育、企业、社会和政府资源的系统整合，实现四方在促进文化创意产业发展方面的高效合作、互利共赢，实现对创业者和创业企业的孵化、资助、保障和管理服务的系统优化，对促进文化创意产业的健康发展，促进艺术院校的创业教育，具有不可替代的保障和促进作用。

（二）建立专业实践与职业素质养成并重的创业教育教学模式

目前艺术院校的创业教育开展并不广泛，大多是由学校的学生管理部门和团组织牵头组织，通过引进或借鉴开发相关的创业教育课程或讲座实施，管理运行模式介于课程教学和第二课堂之间，内容大多比较强调学生的思想道德教育，具体到创业教育的内容，则或是引进国外课程，或借鉴国内试点院校的现有课程，创业教育的专业性内容、本地化内容相对缺乏。在创业教育实施时缺乏整体育人角度的系统思考，教育实施过程中也有不少沿袭了传统教育“灌输”的特点，从创业教育内容、方法到创业教育课程和教材，常常与实际脱节，重视学生主体需求少，强调教育者主体性多；重视创业教育内容的实效性少，难以摆脱学科式课程的组织形式。尽管也有一些学校组织了创业实践等活动，但是大多把创业实践作为学生活动的一部分来组织进行，缺乏创业课程和创业实践的整体性和系统化设计。艺术院校应改变这种现状，依托“学校—创业园—企业—政府”四位一体的创业教育模式，依托有效的创业教育服务平台，联结四方需求，建立与创业过程对接、与专业教育融合的艺术院校创业教育教学模式。

创业活动是一个典型的问题导向、实践导向的系统工程，与政府政策紧密相关，受到文化创意产业发展的整体态势影响，创业过程可以分为比较有规律的几个活动阶段，每个阶段有不同的工作内容要求，需要联系不同的利益主体，整合调动资源，完成典型的工作任务。这个过程，与传统高校专业教育中学科系统化为主的教学模式有很大不同，表现出典型的职业教育特点，更适合采用工作过程系统化的课程结构。因此，艺术院校应该以文化类小微艺术企业的创业过程为基准，结合教育教学规律和学生的认知实践规律，重新开发与创业过程对接的创业教育体系。这一体系应以学生需求为导向，以学生创业意识和知识准备为核心，突出学生和市场的双重创业需求，以学生创业精神和创业能力培养为主线，进行创业课程的设计与规划。同时，以创业市场的需求为导向，以创业孵化模拟演练、艺术创业论坛等方式为核心，设计与创业教育课程相匹配的系列创业实践活动，建立专业实践与职业素质养成并重的创业教育教学模式，拓展创业教育社会实践支持体系，丰富教学的内容和形式，达到更好的教育效果。

此外，艺术院校的创业教育，应该与其专业教育紧密融合。文化艺术类企业的创建，有很强的专业性和艺术性，创业者除应掌握创业必需的知识、理论、方法和技能外，还要具备较高的艺术专业素养，因此，艺术院校的创业教育，不应成为游离于专业教育之外的附属系统、孤立体系，而应该把对学生的创业精神、创业意识和能力的培养，融入学校的艺术专业教育中，达到创业教育与专业教育紧密融合、互相促进的效果。

（三）强化以作品为基本组织的创业实践模式

艺术院校的专业教育具有非常强的实践性，这种天然优势为创业教育提供了新的思路。欧美一些国家的知名艺术院校，大多以作品创作作为组织形式，将创业活动的各环节融合在专业教学过程中，建立良好的创业教育实践模式。在提高专业水平的同时，引导学生独立运作艺术创业流程，将创业教育无痕融入专业教学中。

在这一过程中，作品设计和工作室运营成为专业教育和创业教育融合的基本组织。师生通过对作品的设计，突破专业课程中学科专业知识的原有体系框架，以产品为主线，实现跨学科、跨领域、跨越校园与社会的知识重构，促使新的创业思路产生，这个过程，对学生创业能力和职业素养是一个很好的综合历练。工作室运营是文化类企业的基本组织形式。不同于制作类或服务类企业，文化类企业很多以工作室或工作室集群的方式开展运营。在工作室中，艺术院校师生以作品为项目载体，以作品设计为主线，实现企业的高效并行运转，完成企业的日常运营与发展。因此，艺术院校的创业教育中，应当把作品设计和工作室运营作为基本的组织形式，在此基础上，组织师生开展创业实践活动。

艺术院校应摒弃常规的脱胎于高校学生第二课堂课外活动的创业教育组织形式，适应文化创意产业运行特点，逐步建立以作品设计和工作室运营为基本组织的创业实践运行模式，通过系列作品的设计活动，锻炼学生的艺术创作能力、作品创新能力、项目组织与管理能力等；通过不同类型工作室运营的体验与参与活动，培养学生的创业意识、职业素养和企业运营管理能力等。

（四）建立以市场需求为导向的创业服务平台

文化创意产业不同于制造业等资本密集劳动力密集产业，它的发展对机器、厂房、资源和劳动力需求不大，主要依靠创意人才的高文化、高技艺、高管理。从产业运作模式上看，文化创意产业的发展更加动态化，是市场经济运行的高端方式，更多依靠市场和消费自身的推动，同时又不断地设计市场、策划市场、涵养市场、激发市场。它与时尚潮流贴近，不断在创意中寻找热点、利润和机会，以一种动态平衡模式替代或提升过去的稳态工业发展模式。因此，它高度依赖人才，而艺术院校的高端人才正好契合了市场需求。市场的变化性也决定了创意产业的发展，小微艺术企业在这种瞬息即变的市场环境中，信息变得尤为重要。

因此艺术院校应注意建立以市场需求为导向的创业教育服务平台，这种平台可以虚实结合（如图 6-1 所示）：实体平台可以帮助创业者建立天使投资人联系机制，为学生创业寻求启动资本，虚拟平台可以为学生提供创业知识、创业信息、市场信息、政策法规咨询。以学校为中心的创业群可以通过该平台与相关管理部门进行及时有效的沟通，提出小微艺术企业的发展诉求，为国家制定修订艺术企业发展政策提供现实依据，帮助小微艺术企业更好地成长；可以通过平台及时获取国家文化创意产业发展最新资讯，及时捕捉有用的创业信息，帮助学生创业；可以与创业园区建立长期合作关系，为艺术院校创业师生提供可靠的校外实践基地、种子孵化基金、成果检验服务等，对艺术院校的创业教育成果提供孵化、检验和支持；可以通过平台获取相关文化创意企业的发展动态、人才需求、合作信息等，为创业者寻求可能的合作机会提供可靠信息。

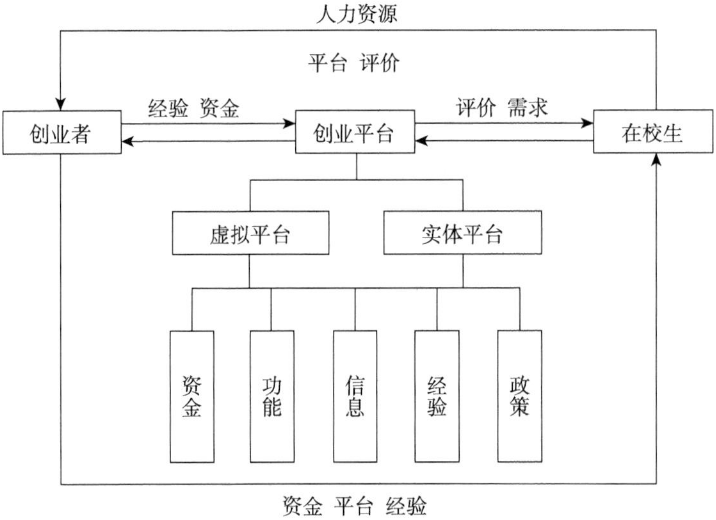

图6-1 创业教育平台模型

工作平台还有一个非常重要的作用，就是为艺术院校的创业师生提供宝贵的互相交流、资源共享、反思提升的空间，实现创业者群体内的脑力激荡、互相促进、合作共赢。在对在校学生进行创业教育的同时，还可以长期帮助已经创业的企业健康成长，及时提供创业资讯和市场信息，并将其创业经验和教训与在校生分享。创业企业可以通过平台寻求合适的劳动力，通过平台了解政策法规的变化，学校可以将艺术专业资源与毕业生进行分享，形成集团优势。平台的丰富性、有效性和互动性将对艺术院校创业教育的内涵高效发展产生重要的促进作用。

四、创业教育评价引入多维参与机制

教育评价是教育活动的重要组成部分，也是教育质量的保障措施之一。它是以教育目标为依据，运用有效的评价技术和手段，对教育活动的过程和结果进行测定、分析、比较，并给予价值判断的过程。建立创业教育的评价制度，对艺术院校开展创业教育进行评估，是保证创业教育质量的重要组成部分。这不仅可以保障创业教育的科学性，而且对于艺术院校与创业企业之间保持良性互动，促进小微艺术企业不断成长具有重要意义。

创业教育的评价关系到高校、企业、社会和政府等，既要看高校的创业教育理念，又要看创业效果。创业企业的成长能力也体现了创业教育的成效，因此，创业教育的评价是多元的，评价角度也是多维的。

为促进艺术院校的创业教育稳步健康发展，应重视建立适合艺术院校人才培养特点的创业教育评价体系（如图 6–2 所示）。

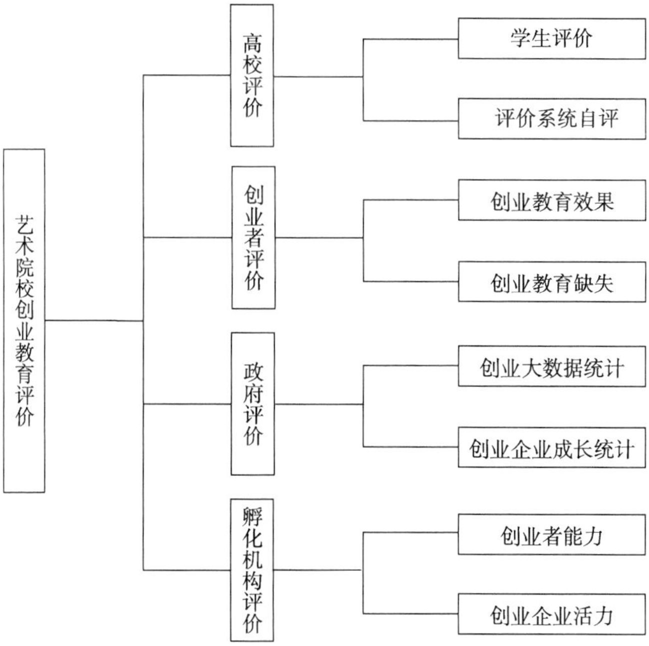

图6–2　艺术院校创业教育评价构成图

如图 6–2 所示，艺术院校的创业教育评价可主要从创业者、高校、企业孵化器、政府四个层面进行，具体方法如下。

（一）探索政府综合宏观引导机制

在大学生创业教育的宏观框架体系中，政府主管部门应发挥宏观调控和引导作用，建立符合中国国情的宏观引导机制，对激发和保护大学生创业具有重要的体系保障作用。作为技术创新的社会基础，政府应致力于建立健全开放的、平等有序和法制化的市场经济环境、合理有序的竞争机制和健全的知识产权保护制度。通过政策、财政和计划等手段，对创业进行宏观调控和引导，并搭建鼓励创新创业的制度机制。如设立专项创业基金或联合研究项目，促进企业、大学和科研机构的合作；鼓励创业者围绕国家行业企业需求进行研发与创新；鼓励创建技术型企业等。对文化创意产业研发和创新项目、共性技术研究及提升企业创新能力，可采取政府专项资助方式。支持建立务实、严谨、高效的技术创新体系。不断改革加强产、学、研之间的合作，推动实现科技成果产业化。建立合作网络，为创业者相互之间合作牵线搭桥。值得注意的是，随着“大数据”时代的到来，数据已渗透到当今每一个行业和业务职能领域，成为重要的生产因素，国家可针对文化创意产业发展逐步建立基于大数据的产业发展评价系统，小微艺术企业的成长可从中得到丰富、准确、及时的信息资源，艺术类院校创业教育的成效也可以通过大数据的比较分析得到更为科学的评价。

（二）完善学校自我更新评价机制

学校的自我更新评价机制是促进学校内涵发展与可持续发展的重要手段，对提升学校办学质量、实现学校特色发展和创新发展具有重要意义。内涵式发展的特点是依靠学校内部力量，建立内部发展、评价和更新完善机制，实行精细化管理，追求质量和效益的提高。学校可持续发展致力于形成长远发展的能力，以人的发展为中心，追求公平发展，追求人与人、人与社会的和谐发展。

艺术类院校在创业教育评价中应自觉建立完善校本评价机制，通过学生对创业教育给予客观评价，同时通过创业教育评价的指标体系进行定期的自我评价，在评价中注重指标体系的自我更新，根据市场的形势进行指标调整，保证评价体系的时效性。这种自我更新评价机制体现在三个方面：一是艺术类院校自己组织专家，对创业教育体系的设计理念、内容体系、活动环节、运行管理、实施绩效等方面定期进行自我评价和审视检验，开展学校自我诊断、自我调节和自我更新，从而达到发展完善的目的。自我更新评价的特点是要经常化、周期性进行，效果可能缓慢但更持久，强化学校自身发展机能，增强学校创业教育对文化创意产业发展的适应和反应能力，促进学校创业教育体系的可持续发展。二是注意组织创业教育的教师和学生，对学校创业教育的教学质量、教学过程、文化氛围、实施效果等等进行评价，尤其对创业教育促进学生的综合素质发展方面，开展实际成效调查，乐于接受并支持教师和学生对创业教育的过程性评价，让教师和学生参与创业教育有关问题的诊断和解决，这些都有助于学校创业教育的内涵发展。经验表明，那些已形成良好自我更新评价机制的学校，创业教育改善效果较为明显，教师和学生对创业教育的反思能力、科研能力也较强，教师和学生的满意度较高。正是因为学校自我更新评价的目的、内容、指标和标准更多关注了创业教育的实际效果，所以自我更新评价机制会有效促进艺术类院校创业教育的内涵发展和可持续发展。三是建立高校创业教育平台自我检视和维护制度，定期检查支持学校创业教育的相关合作关系，更新合作主体信息，建立创业教育合作资源库，有效维护和升级与学校创业有关的企业、组织、政策、活动等信息，必要时可依托数据库管理信息技术，建立创业教育院校研究追踪项目，为学校的创业教育发展提供辅助决策。

（三）建立创业者反馈评价机制

学习者反馈评价机制是教育质量评价的重要组成部分，包括学习者自我表现评价、小组合作评价、对教育内容和方法的评价、对学习成效的评价等等。学习者作为教育的亲历者，对教育的评价最直观和具体，因此，学习者的反馈评价一直是各类教育质量评价的核心内容之一。

因此，应高度重视创业者对创业教育的反馈评价，建立艺术院校创业毕业生反馈评价机制，收集创业者通过自身创业的经历，反观学校创业教育的系列感受与看法，对艺术院校的创业教育从设计理念、体系架构、课程内容、实践活动、学习效果等方面进行评价反馈，肯定和强化创业教育的优点，对创业教育的缺失提出改进建议。这是一种双赢的反馈评价，创业者可以通过评价学校创业教育，从中进行创业经验总结，艺术院校可以通过创业者的反馈评价，获取对自身创业教育成效的实践检验结果，获得优化和改进的思路与建议。

创业者反馈评价机制可以分阶段进行。学习过程中的评价有助于创业教育组织者及时调整活动组织方式，优化创业教育的实施效果；学习结束后的反馈评价对创业教育体系的整体质量改进最具价值，创业者的亲身感受、需求满足程度及改进建议有助于艺术院校更好地优化创业教育体系；毕业生离校后创业成功者的反馈评价则属于追踪调查范围，这部分创业者的反馈评价最有采用价值，因为他们实际上是在社会和市场的真实环境中，在创建企业的实战过程中，通过实践和反思，提出的融合了创业教育和专业教育的反馈意见，对艺术院校完善优化专业教育和创业教育体系，都具有宝贵的借鉴意义和价值。

因此，建立创业者反馈评价机制，对艺术院校创业教育乃至专业教育的改进完善，具有重要意义。艺术院校应积极采用各种有效的方式和手段，调查收集创业者特别是创业成功的毕业生的反馈评价信息与改进建议，建立周期性的反馈评价组织制度，为提升学校的人才培养质量，改进创业教育体系提供重要参考。

（四）引入企业孵化平台检验机制

孵化器，是一种新型的社会经济组织，主要通过提供一系列新创企业发展所需的管理支持和资源网络，帮助和促进新创企业成长和发展的经济发展手段或企业动作形式，其主要目的在于帮助初创阶段的相对幼弱的新创企业成为能够独立运作并健康成长的企业。企业孵化器一般应具备四个基本特征：一是有孵化场地，二是有公共设施，三是能提供孵化服务，四是面向特定的服务对象——新创办的科技型中小企业。

全球第一家孵化器是 1959 年在美国纽约建立的贝特维亚工业中心，1987 年 6 月 8 日，我国第一家科技企业孵化器——武汉东湖技术创业者中心成立，我国企业孵化器经历了二十几年的发展，已经进入高速发展期，早在“十二五”末就在规模和数量上居世界第一。2023 年，全国创业孵化载体达到了 13206 家，香港拥有一家国家级孵化器，澳门拥有 2 家国家级众创空间。其中孵化器 5206 家，众创空间 8000 家，其中国家备案的 3562 家。企业孵化器不仅可以缩短企业家创业过程，增强资源集聚效应，提高创业成功率，同时可为初创企业提供生产研发空间以及基础设施服务，来降低创业成本并提高效率，降低双方存在的信息不对称；提供一种合理分摊创业者创业成本和创业风险的工具。

企业孵化平台在创业实践中积累了大量经验，这些孵化机构的管理者对创业教育的实际效果的评价具有权威性，所以企业孵化平台的检验和评价应该成为艺术院校创业教育成效评价的重要组成部分，其可以从三个方面进行：一是对创业者创业成果的检验，这同时也是对艺术院校创业教育成果的检验，通过评价创业者和创业企业的创业表现，对艺术院校的创业教育成效进行评价；二是对创业者及群体共性特征、优缺点的评价，艺术院校的创业师生在企业孵化平台中的群体表现，会间接体现艺术院校创业教育在设计理念、体系建设和组织实施过程中的实际效果，企业孵化中心通过对艺术院校创业师生群体的共性行为表现进行评价，可以为艺术院校创业教育和专业教育提供宝贵改进意见；三是对艺术院校创业师生对文化创意产业发展趋势的理解把握方面的评价，这是一个综合性、历时性评价，需要比较长的时间积累和印象累积，必要时候可能还需要孵化中心业务数据的支持。但这种长效的综合评价机制，对艺术院校改进创业教育和专业教育的作用是十分重大的。艺术院校应注意积极主动地加强与企业孵化中心的联系，建立稳定可靠的检验评价机制，为学校创业教育的发展提供诊断和改善服务。

第七章

结论与展望

创业教育的提出、探索和实践是大学发展和社会进步的客观要求。我国艺术院校的创业教育刚刚起步，本研究在借鉴国内外创业教育经验的基础上，立足创业企业成长的实际需要，探索构建艺术院校创业教育理论框架和行动框架。

一、研究结论

随着“大众创新、万众创业”的热潮，对于大学生创业及相关问题的研究成为创业学术领域和高校创业教育实践领域颇受关注的热点问题。艺术院校作为保持精英教育模式的高校，因其在专业教育上的高端性和人才培养数量上的稀缺性，保持着良好的就业形势。随着文化体制改革的推进，艺术院校毕业生的就业压力逐渐增大，创业逐渐成为毕业生选择的方向。但是由于长期处于缺乏就业压力的状况，艺术院校的创业教育起步较晚，大部分院校尚未形成成熟的创业教育体系，而艺术大学生缺乏创业认知和创业知识等问题逐渐显现。创业后的大学生由于缺乏系统的创业教育，企业的成长缺乏动力。

为破解这些难题，需要研究艺术院校创业教育存在的问题，从企业成长的角度对创业教育提出需求，分析创业的小微艺术企业成长的特点、困境和机遇，提出企业成长对创业教育的要素需求。为艺术院校更新创业教育思维，丰富创业教育内容，探索创业教育新模式，建立创业教育评价体系等提供理论支撑。综合与提炼本研究的内容，得出如下的结论。

一是从国外艺术院校创业教育经验来看，将创业教育融合在专业教育全过程，注重技术技能培养和创新创意的训练，关注学生职业发展和个性的成长是值得我国艺术院校借鉴的经验。我国艺术院校创业教育的理论与实践研究与国外相比，在时间、成熟度、推广程度、整体水平和精细化研究方面相对滞后，正处在感性发动与知性探索阶段。但是，个别与产业结合紧密的艺术院校通过多年的探索和实践，已经形成独具特色的创业教育经验。

二是我国艺术院校创业教育现状并不乐观，存在诸多问题。在对北京市的 8 所艺术院校的 2003 名被访者进行问卷调查的基础上，对所获得的 1616 份有效样本进行了实证分析。并根据实证研究结论，提出只有更新创业教育的思维、丰富创业教育内容、探索适合艺术院校的创业教育模式，才能实现创业教育的使命，培养服务于国家文化创意产业的具有成长能力的创业者。

三是创业教育对于艺术人才的创业实践起着关键性的作用，从创业成功的艺术企业成长需求来看，创业教育必须关注这些企业的成长性特征及其成长过程中的困难和机遇，根据其成长要素需求，构建艺术院校创业教育行动框架，培养具备企业家能力、创新能力、资源整合能力、机遇管理能力的创业者。

二、研究的创新点

在国家政策的推动下，创业已经成为社会普遍关注的问题，创业企业数量的快速增长带来了一系列的问题，加剧市场竞争的同时也对政府的管理和服务水平提出了新的要求，创业企业成长的问题凸显。本研究基于这样的现实背景，从企业成长的角度对创业教育进行研究，对艺术院校这个独具特色的高校群体进行创业教育的现状分析，揭示艺术院校创业教育存在的问题，并从小微艺术企业成长的特点、困境和机遇入手，全面分析小微艺术企业成长的要素需求。通过国内外艺术院校创业教育的研究获取经验，并在此基础上构建艺术院校创业教育理论框架，弥补了现有艺术院校创业教育理论的空白，具有一定的创新性，体现为以下几个方面。

一是艺术院校的创业教育的研究刚刚开始，还未形成完整的理论体系。本研究在梳理国内外艺术院校创业教育经验的基础上，从企业成长需求的角度出发，从艺术院校自身和创业企业两个角度对艺术院校创业教育的理论框架和行动框架进行了较为系统的研究。

二是创业教育研究中从高等院校的视角来进行的理论成果非常丰富，但是从企业角度、致力于创业企业成长性的研究尚不多见。本研究从一个崭新的视角对艺术院校的创业教育进行审视和反思，提出注重创业企业成长的艺术院校创业教育理念。

三是在对创业教育研究成果和国内外艺术院校创业教育经验进行深度梳理的基础上，确定创业教育、创业者、创业环境和企业成长四个变量，构建校企互动支撑创业教育、创业者素养决定企业成长、专业化实践推进创业教育、现代学徒制引导创业者的理论体系。

四是系统地分析了小微艺术企业的特点，并在实证研究的基础上对其成长的难题和发展的机遇进行了研究，从探索小微艺术企业成长的要素入手，对艺术院校创业教育提出需求。

五是在构建基于企业成长的艺术院校创业教育理论框架的基础上，系统地提出了艺术院校创业教育对策。树立以学生发展为本、以市场需求为导向、以专业成长为根、以作品创作为体的创业教育思维模式；搭建教育服务平台，形成教育联动模式，建立以作品为组织的实践模式、以需求为导向的教学模式的创业教育体系。并建立学校自我更新的评价机制、创业者的评价学习机制、企业孵化平台的检验机制和政府评价相结合的多维创业教育评价体系。

三、研究展望

对艺术院校创业教育的研究，对笔者来说还刚刚起步。在将研究成果付诸笔端之时，笔者深感由于对职业技术教育和高等教育理论知识的缺失而不能驾轻就熟。在收笔之时，又对以下方面不足感到遗憾。

一是由于对教育学相关理论掌握不足，本研究中的对艺术院校创业教育的研究有待进一步加深，在下一步的研究中将加强对教育学理论的系统研究，确保研究的严谨性和成熟性。

二是由于本研究涉及多学科研究领域，包括教育学、社会学和管理学等学科，作为职业教育学的博士研究生，在各学科精力的分配上存在偏差，在下一步研究中，将加强对教育学理论、社会学理论和管理学理论的渗透和应用。

三是由于艺术院校创业教育是新生事物，本研究进行了大量的实证研究，但受研究内容所限，对企业方面的研究相对较少，下一步将加大对创业企业成长的需求与创业教育的供给的关系分析。

本研究从企业成长的视角对艺术院校创业教育进行探索性研究。由于相关研究尚处于起步阶段，国内外研究成果较少，因此可以直接加以借鉴的内容并不多。虽然本研究尽可能地综合运用职业技术教育学理论、创业学理论、企业管理学理论的研究成果，依托和借鉴了国内外高校创业教育经验，提出基于企业成长的艺术院校创业教育理论框架，但也存在一些不足，加上艺术院校创业教育研究理论本身也存在较多的空白，这些有待于后续研究的进一步关注和深化。据此，未来研究可能在三个方面进一步展开：一是职业教育的理念与创业教育的理念的差异性与统一性研究；二是我国艺术院校创业教育理性化的思维路径与操作路径的差异性与统一性研究；三是创业企业成长的需求与创业教育的供给的差异性与统一性研究。研究始于问题，这三大问题已经存在于笔者的视域之中，对它们的求解将是笔者未来努力的方向。

总而言之，本研究基于企业成长的视角对艺术院校创业教育的研究仅仅是尝试的起始点，后续的道路漫长而艰辛，对这一领域未来发展格局与状况的深层探究，将是笔者努力的方向。

参考文献

[1] 许宝健. 中国小微艺术企业生存报告（2012）[M]. 北京：中国发展出版社，2013.

[2] 于卫亚. 小微艺术企业成长再逢及时雨. [EB/OL]. http: //www. gov. cn/zhengce/2014-04/03/content_2652289. htm. ，2014 04 03/.

[3] 约瑟夫·熊彼得. 经济发展理论 [M]. 北京：商务印书馆，1990.

[4] Unlocking entrepreneur capabilities to meet the global challenges of the 21st century: Final report on the entrepreneurship education work stream. World Economic Forum[EB/OL]. http: //www3. weforum. org/docs/WEF_GEI_UnlockingEntrepreneurialCapabilities_Report_2011. pdf，2011-06.

[5] The world youth report. Retrieved April 8, 2012. United Nations. [EB/OL]. http: //www. unworldyouthreport. org/index. php?option corn_k2&view itemlist&layoutcategory&taskcategory&id 1&Itemid 67，2011-11-24.

[6] Karen E. Wilson，Christine Volkmann，Steve Mariotti，Daniel Rabuzzi . Educating the next wave of entrepreneurs: Unlocking entrepreneurial capabilities to meet the global challenges of the 21st century. World Economic Forum. (2009)[J/OL]. http: //d. scholar. cnki. net/detail/refdetail?tablename=STJDTEMP_U&filename=STJD14121000000256&uid=WEEvREcwSlJHSldSdnQ1YWlBbmpGdEdHT1pIY1FEL2UycEFmaFVCbGRGWkZ0ZEIvWkpDZGdRS3N2UHFzWWh5T2dBPT0=$9A4hF_YAuvQ5obgVAqNKPCYcEjKensW4IQMovwHtwkF4VYPoHbKxJw!!，2009-04-29.

[7] Obama, B(2009, November 19). Presidential proclamation-National Entrepreneurship[EB/OL]. http: //www. Whitehouse. gov/the-press-of-fice/presidential-proclamation-national-Entrepreneurship-week. 2012-04-05.

[8] European Roundtable on Entrepreneurship Education. (2010). Manifesto. Global Education Initiative[EB/OL]. http: //www. weforum. org/docs/WEF-GEI-European Roundtable- Manifesto-2010. pdf，2012-04-05.

[9] George Land , Beth Jarman. (1992). Breakpoint and Beyond: Mastering the Futur-Today, 1992.

[10] 张立军 . 英国对中小企业融资支持及其借鉴 [J]. 世界经济情况，2006，(7):5-8.

[11] 罗仲伟 . 激发中小企业的活力 [N]. 人民日报，2010-09-16.

[12] 江北，马云 . 为价值观而战 [J]. 现代企业文化，2011，(9)：18-20.

[13] 陈永杰 . 小企业大经济——小微艺术企业发展政策研究 [M]. 北京：中国经济出版社，2013.

[14] 约瑟夫·熊彼得 . 经济发展理论 [M]. 北京：商务印书馆，2000.

[15] 郁义鸿 . 创业学 [M]. 上海：复旦大学出版社，2000.

[16] 傅兆麟 . 普通高校大学生创业与成功教育教程 [M]. 北京：中国科学技术出版社，2009.

[17] 中华人民共和国教育部高等教育司 . 创业教育在中国：试点与实践 [M]. 北京：高等教育出版社，2006.

[18] 毛蕴诗，王三银 . 公司经济学 [M]. 广州：中山大学出版社，1994.

[19] 杨杜 . 企业成长论 [M]. 北京：中国人民大学出版社，1995.

[20] 陈佳贵，黄速建等 . 企业经济学 [M]. 北京：经济科学出版社，1997.

[21] 尹义省 . 适度多角化企业成长与业务重组 [M]. 北京：生活·读书·新知三联书店，1999.

[22] 亚当·斯密 . 国民财富的性质和原因的研究（上卷）[M]. 北京：商务印书馆，1997.

[23] 约翰·穆勒 . 政治经济学原理及其在社会哲学上的若干应用（上卷）[M]. 北京：商务印书馆，1991.

[24] 艾尔佛雷德·马歇尔 . 经济学原理 [M]. 北京：华夏出版社，2005.

[25] LensinkP, Van Steen P, SterkenE, Uneertainty and Growth of the Fim[J]. Small Business Economics. 2005, 24(4): 381-391.

[26] 伊迪斯·彭罗斯 . 企业成长理论 [M]. 上海：上海人民出版社，2007.

[27] Ansoff, H. I. CorporateStrstegy: An Analytic Approach to Business Policy for Growth and Expansion[M]. NewYork: Mcgraw-Hill, 1965.

[28] Chandler, A. D. Jr., Strategy and Structure: Chapters in the History of the Industrial Enterprise, Cambridge[M]. Mass: MIT Press, 1962.

[29] Chandler, A. D. The Visible Hand[M]. BelknapPress, Cambridge, MA, 1997.

[30] Greiner, L. E. “Evolution and Revolution as Organization Grow”[J]. Harvard

Business Review, 1972, (7/8): 37–46.

[31] 埃里克·G. 弗拉姆豪茨伊冯·兰德尔．企业成长之痛——创业型企业如何走向成熟（第 4 版）[M]. 北京：清华大学出版社，2011.

[32] 伊查克·爱迪斯，企业生命周期 [M]. 北京：中国社会科学出版社，1997.

[33] Taylor, M. J. "Linkage Change and Organizational Growth: The Case of the West Midlands Iron Foundry Industry"[J]. Economic Geography, 1975, (54): 314–336.

[34] 冒乔玲．构建企业成长性评价指标初探 [J]. 南京工业大学学报（社会科学版），2002，(4)：65–75.

[35] 李柏洲，李晓梯．中国中小型高科技企业成长对策 [M]. 北京：经济管理出版社，2007.

[36] 蔡永鸿，宋颜．国外关于企业成长理论的重点综述 [J]. 辽宁工学院学报（社会科学版），2007(2)：27–28.

[37] 王建军．动态复杂环境下机遇视角的企业成长研究 [D]. 首都经济贸易大学博士学位论文，2008.

[38] 张会荣．中小企业成长文化基因及其作用机理研究 [D]. 山东大学博士学位论文，2014.

[39] 陈佳贵．关于企业生命周期与企业蜕变的探讨 [J]. 中国工业经济，1995，(5)：5–13.

[40] 宋培林．试析企业成长不同阶段的企业家胜任力结构及其自我跃迁机理 [J]. 经济管理，2011，(3)：183–190.

[41] 陈晓阳．企业不同成长阶段的品牌策略 [J]. 商业经济与管理，2002，(6)：15–16.

[42] 周鸿勇．家族企业成长阶段及定量判定 [J]. 管理现代化，2007，(1)：7–9.

[43] 袁红林．小企业成长阶段的战略匹配与控制 [J]. 经济管理，2008，(2)：21–22.

[44] 王革，吴练，张波．企业成长阶段模型评析 [J]. 经济学动态，2008，(6)：75–78.

[45] 尹哲．基于不同成长阶段的我国中小企业控制权转移问题研究 [D]. 中南大学博士学位论文，2008.

[46] 蔡西阳，李学伟，李捷．基于资源理论的企业成长阶段研究 [J]. 生产力研究，2008，(16)：140–142.

[47] 章卫民，劳剑东，李湛．科技型中小企业成长阶段分析及划分标准 [J]. 科学学与科学技术管理，2008，(5)：135–139.

[48] 曹和平 .“二次成长阶段”跨国企业集群的行为特征与规制途径 [J]. 中国社会科学，2006，(5)：183–190.

[49] 戚永红，宝贡敏 . 企业成长阶段及其划分标准：一个评论性回顾 [J]. 商业研究，2004，(4)：32.

[50] 韦小柯，凤进 . 西方企业成长阶段理论述评 [J]. 生产力研究，2005，(1)：220–222.

[51] 吴强军 . 浙江省中小企业集群化成长影响因素实证研究 [D]. 浙江大学博士学位论文，2004.

[52] 张维迎，周黎安，顾全林 . 高新技术企业的成长及其影响因素：分位回归模型的一个应用 [J]. 管理世界，2005，(10)：94–112.

[53] 吕一博，苏敬勤，傅宇 . 中国中小企业成长的影响因素研究——基于中国东北地区中小企业的实证研究 [J]. 中国工业经济，2008，(1)：14–23.

[54] 王勇 . IT 企业成长的关键影响因素实证研究 [D]. 清华大学博士学位论文，2008.

[55] 吕一博 . 中小企业成长的影响因素研究 [D]. 大连理工大学博士学位论文，2008.

[56] 王勇 . 企业成长的关键影响因素及其重要性研究——以服务行业企业为例 [J]. 清华大学学报（哲学社会科学版），2009，(1)：27–32.

[57] 刘旭东，顾力刚，高元平，陈斯琴 . 企业成长影响因素的相关性分析 [J]. 科技管理研究，2010，(8)：242–243.

[58] 杜传忠，郭树龙 . 经济转轨期中国企业成长的影响因素及其机理分析 [J]. 中国工业经济，2012，(11)：97–109.

[59] 白帆 . 基于资源、技术、制度的企业可持续成长模式研究 [D]. 西南财经大学博士学位论文，2012.

[60] 王晓辉 . 企业社会资本、动态能力对企业成长影响研究 [D]. 辽宁大学博士学位论文，2013.

[61] 李森森 . 我国科技型小微艺术企业成长的影响因素研究 [D]. 山东大学博士学位论文，2014.

[62] 曾镜霏，覃巍 . 企业创新成长影响因素的文献评述 [J]. 经济体制改革，2013，(6)：83–87.

[63] 张之梅 . 中外企业成长理论研究述评 [J]. 山东经济，2010，(1)：60–66.

[64] 刘树森 . 创业环境对新创科技型企业成长影响研究 [D]. 吉林大学博士学位论

文，2014.

[65] 冯文娜 . 网络对企业成长影响的实证研究 [D]. 山东大学博士学位论文，2008.

[66] 徐忠伟 . 中国民营企业可持续成长影响因素的实证研究 [D]. 复旦大学博士学位论文，2005.

[67] 王建优 . 国有和集体中小企业成长方式选择 [J]. 南京师大学报（社会科学版），1999，(1)：12–17.

[68] 赵晓 . 企业成长理论研究 [D]. 北京大学博士学位论文，1999.

[69] 李新春 . 信任与企业成长方式的相机选择 [J]. 经济体制改革，2003，(1)：51–55.

[70] 吴国英 . 学习：企业可持续成长的动力 [J]. 南京经济学院学报，2003，(2)：38–43.

[71] 刘宏伟，任学锋 . 高技术小企业内生成长战略 [J]. 科学学与科学技术管理，2005，(5)：150–153.

[72] 毛蕴诗，欧阳桃花，戴勇 . 中国优秀企业成长与能力演进：基于案例的研究 [M]. 北京：中国财政经济出版社，2005.

[73] 张维迎 . 竞争力与企业成长 [M]. 北京：北京大学出版社，2006.

[74] 孟杨 . 现代企业文化：企业健康成长和发展的内在动力 [J]. 探索与争鸣，2006，(3)：35–37.

[75] 龙勇，王姝 . 基于知识成长的企业成长机制研究 [J]. 生产力研究，2008，(18)：138–140.

[76] 郭凡生 . 中国模式：家族企业成长纲要 [M]. 北京：北京大学出版社，2009.

[77] 李新春 . 民营企业成长研究报告：基于广东省民营企业的调研分析 [M]. 北京：经济科学出版社，2008.

[78] 钱锡红，徐万里，李孔岳 . 企业家三维关系网络与企业成长研究——基于珠三角私营企业的实证 [J]. 中国工业经济，2009，(1)：87–97.

[79] 杜晓君，刘赫 . 跨国并购战略类型、组织因素与企业成长——基于中国海外上市公司的实证研究 [J]. 国际贸易问题，2010，(6)：103–111.

[80] 赵驰，周勤，汪建 . 信用倾向、融资约束与中小企业成长——基于长三角工业企业的实证 [J]. 中国工业经济，2012，(9)：77–88.

[81] 向明生 . 中小企业集群成长动力机制探析 [J]. 特区经济，2014，(12)：42–44.

[82] 刘力钢 . 企业持续发展论 [M]. 北京：经济管理出版社，2001.

[83] 代君 . 信息资源在现代企业可持续成长中的动力机制［J］. 情报科学，2004，

(8)：1012–1015.

[84] 曹利军 . 企业成长的动力、机制与实现方式 [J]. 科技与管理，2008，(5)：74–75.

[85] 汤明 . 企业成长的四维理论 [N]. 中国企业报，2013–10–05.

[86] 王云峰，贾建 . 高技术企业成长制约因素分析 [J]. 管理科学学报，1999，(4)：78–83.

[87] 叶明 . 战略联盟：高技术企业成长的新途径 [J]. 东南大学学报（哲学社会科学版），2002，(3)：107–112.

[88] 陈士俊，柳洲 . 复杂性科学视角下的高技术企业成长机制研究论纲 [J]. 科学学与科学技术管理，2004，(3)：114–118.

[89] 张连怀 . 从三次产业革命看高技术企业成长 [J]. 经济问题探索，2004，(5)：16–19.

[90] 曹兴，陈琦 . 异质性、技术核心能力与高技术企业成长 [J]. 科学学与科学技术管理，2009，(4)：130–135.

[91] 奚菁，王文峰 . 组织认同与中国家族企业成长 [J]. 经济管理，2007，(23)：59–62.

[92] 周鸿勇 . 论家族企业的本质特征与健康成长 [J]. 武汉理工大学学报信息与管理工程版，2006，(8)：76–78.

[93] 郑海航，陈宇 . 家族企业成长的社会网络资本 [J]. 经济管理，2008，(11)：33–38.

[94] 王洪君，牛国良 . 家族企业成长中的制度转型 [J]. 资源与产业，2009，(3)：132–134.

[95] 周立新 . 家族企业网络化成长模式对企业成长的影响及机制：基于东西部地区的实证研究 [J]. 南开管理评论，2009，(3)：74–83.

[96] 高建，盖罗它 . 国外创业政策的理论研究综述 [J]. 国外社会科学，2007，(1)：70–74.

[97] 张玉利，杨俊 . 试论创业研究的学术贡献及其应用 [J]. 外国经济与管理，2009，(1)：16–23.

[98] 兰欣 . 成都市大学生创业营销困境与对策研究 [D]. 西南交通大学硕士学位论文，2010.

[99] 李学强，王明慧，孙祥林，贾晨芳 . 大学毕业生创业企业生存状况调查分析 [J]. 大学生就业，2010，(3)：25–27.

[100] 赵都敏，王蓉．创业政策支持对创业企业成长的影响研究 [A]. 第七届（2012）中国管理学年会创业与中小企业管理分会场论文集 [C]. 2012.

[101] 叶琦．基于就业创业角度的浙江大学生创业园建设研究 [D]. 中国社会科学院硕士学位论文，2010.

[102] 李海红，曲洺皞．我国大学生创业园的研究 [J]. 白城师范学院学报，2013，(5)：73–76.

[103] 唐晓波．大学科技园创业企业面临问题的研究 [D]. 中南大学硕士学位论文，2002.

[104] 仇志海．创业企业生命周期视角下高校创业园建设研究 [J]. 中国发展，2012，(4)：47–48.

[105] 江汉，虞志霞，张媛媛．大学科技园学生创业支撑体系探究 [J]. 中国高校科技，2012，(9)：66–67.

[106] 曲国丽，刘聪．大学生创业园区新创企业的孵化机制研究 [J]. 经济视角，2013，(11)：42–43.

[107] 李明立．大学生创业孵化项目生命周期研究 [D]. 山东大学硕士学位论文，2012.

[108] 吴冰，王重鸣．小型创业企业生存分析 [J]. 科研管理，2007，(5)：42–44.

[109] 杨飞．大学生创业企业知识管理的必要性及对策研究 [J]. 现代商贸工业，2011，(20)：33–34.

[110] Gibb, A. A. Enterprise culture and Education: Understanding Enterprise Education and its Links with Small Business, Entrepreneurship and Wider Education Goals[J]. International Small Business Jouranl, 1993, 11(3): 11–34.

[111] 侯定凯．创业教育——大学致力于培养企业家精神 [D]. 华东师范大学博士学位论文，2000.

[112] 李永志．日本高校创业教育 [M]. 杭州：浙江教育出版社，2010.

[113] Koh. H. C. Testing Hypotheses of Entrepreneurial Characteristics–a study of Hong Kong MBA students[J]. Joural of Management Psychology, 1996, 47(1): 7–17.

[114] 姚梅芳，葛宝山．生存型创业理论研究 [M]. 北京：现代教育出版社，2008.

[115] Kourilsky, M. L. EntrepreneurshipEducation: Opportrnity in Search of Curriculum[J]. http: //www. entreworld, org/bookstore/pdfs/re–008. pdf, 1995.

[116] Noll, C. L. Planning curriculum for entrepreneurship education[J]. Business Education Forum, 1993, 47(3): 3–6.

[117] HidleK. Teaching Entrepreneurship at University: From the Wrong Building to the Right Philosophy[A]. In: Fayolle A(ed.)Handbook of Research in Entrepreneurship Education[M]. Northampton, MA: EdwardElegar Publishing Company, 2007: 104–126.

[118] Hytti, U. andO'Gorman, C. What is"enterprise education"?Ananalysys of the objectives and methods of enterprise education programmes in four European countries[J]. Education& Training, 2004, 46(1): 11–23.

[119] Fiet JO. The Theoretical Side of Teaching Entrepreneurship[J]. Journal of Business Venturing, 2001, 16(1): 1–24.

[120] Brindley, C. and Ritchie, B. Undergraduates and small and medium–sized enterprises: Opportunities for a symbiotic partnership?[J]. Education &Training,

2000, 42(8/9): 509–517.

[121] McMullan, W. E. &Long, W. A. Entrepreneurship education in the nineties[J]. Journal of Business Venturing, 1987, 2: 261–275.

[122] McMullan, W. E&Gillin, L. M. Industrial viewpoint–Entrepreneurship education[J]. Techinovation, 1998, 18(4): 256–286.

[123] Robinson, P. &Haynes, M. Entrepreneurship, education in American's majoruniversities. Entre–preneurship[J]. Education and Practi–ce, 1991, 15(3): 41–52.

[124] Flether, M. &Rosa, P. The Graduate Enterprise Programme: ten years on. In Scott, M. G., Rosa, P. andKlandt , H(eds). Education Entrepreneurs for Wealth Creation [M]. Ashgate Publishing Ltd. 59–79.

[125] Wyckham R G. Ventures Launched by participants of an entrepreneurial education program[J]. Journal of Small Business Management, 1989(2): 54–61.

[126] 郭万牛，杨蓉，伏永祥 . 大学生创业教育对策研究 [J]. 江苏高教，2009，(1): 119–121.

[127] 李春琴 . 高校创业教育课程体系构建研究 [J]. 中国成人教育，2007，(8): 123–124.

[128] 李梅 . 高校创业教育课程体系探讨 [J]. 纺织教育，2009，(2)：65–67.

[129] 刘平 . 大学生创业教程：理论与实践 [M]. 北京：清华大学出版社，2009.

[130] 聂元昆 . 创业管理——新创企业管理理论与务实 [M]. 北京：高等教育出版社，2011.

[131] 王树生 . 创业教育研究 [D]. 东北师范大学博士学位论文，2003.

[132] 张霞 . 高校创业教育实施的必要性及其实施方案 [D]. 陕西师范大学硕士学位

论文，2006.

[133] 罗美萍 . 我国高校大学生创业教育的现状及对策 [J]. 浙江工商大学学报，2006，(2)：74–78.

[134] 席升阳 . 我国大学创业教育的理论与实践研究 [D]. 华中科技大学博士学位论文，2007.

[135] 张俊，颜吾芟 . 论大学生创业教育 [J]. 北京交通大学学报（社会科学版），2008，(1)：96–99.

[136] 王锐，刘杰 . 大学生创业教育及创业研究 [J]. 中州大学学报（社会科学版），2008，(5)：98–100.

[137] 吴婕 . 我国高校大学生创业教育研究述评 [J]. 现代教育科学，2009，(5)：135–142.

[138] 谷力群 . 论大学生创业精神的培养 [D]. 辽宁大学博士学位论文，2013.

[139] 李时椿，常建坤 . 创新与创业管理 [M]. 南京：南京大学出版社，2008.

[140] 丁立群，吴金秋 . 创业教育的目标与功能 [J]. 中国高等教育，2004，(22)：14–15.

[141] 房欲飞 . 试论我国高校创业教育体系的构建 [J]. 当代教育论坛，2006，(3)：32–34.

[142] 房欲飞 . 大学生创业教育的内涵及实施的意义 [J]. 理工高教研究，2004，(4)：77.

[143] 盛群力 . 创业要贯穿整个教育领域 [J]. 教育与职业，2008，(19)：20.

[144] 王会涛 . 我国大学生自主创业的模式选择和对策研究 [D]. 云南财经大学硕士学位论文，2012.

[145] 赵志军 . 关于推进创业教育的若干思考 [J]. 教育研究，2006，(4)：71–75.

[146] 木志荣 . 我国大学生创业教育模式探讨 [J]. 高等教育研究，2006，(11)：79–84.

[147] 丁三青 . 中国需要真正的创业教育——基于“挑战杯”全国大学生创业计划竞赛的分析 [J]. 高等教育研究，2007，(3)：87–94.

[148] 朱明 . 我国大学生创业教育研究综述 [J]. 职业教育研究，2007，(6)：11–12.

[149] 梅伟惠，徐小洲 . 中国高校创业教育的发展难题与策略 [J]. 教育研究，2009，(4)：67–72.

[150] 黄兆信，王志强 . 论高校创业教育与专业教育的融合 [J]. 教育研究，2013，(12)：59–67.

[151] 翁细金，夏春雨．高校校园创业文化建设研究 [J]. 中国高教研究，2011，(1)：60–62.

[152] 苏茂兴．新形势下艺术类毕业生非正规就业情况浅析 [J]. 中国大学生就业，2007，(2)：40–41.

[153] 邓润生．关于提高大学毕业生就业创业能力的思考 [J]. 长春教育学院学报，2014，(6)：19–21.

[154] 叶清．艺术院校开展大学生创业教育的探索与实践 [J]. 长春理工大学学报（高教版），2010，(4)：36–37.

[155] 刘卫红．构建艺术院校创业教育体系 [J]. 文艺争鸣，2011，(6)：164–166.

[156] 孙丽华，杨建春．艺术院校创业教育生态系统的构建 [J]. 江苏技术师范学院学报，2011，(12)：44–46.

[157] 王昱华．艺术院校大学生创业教育与实践研究 [J]. 北京教育，2013，(2)：35–36.

[158] 张祚键．当代艺术类大学生自主创业问题探析 [J]. 江苏教育学院学报，2013，(5)：29–31.

[159] 王艳婷．当今高校艺术类学生创业教育之探索 [J]. 云南社会主义学院学报，2013，(2)：229–230.

[160] 孙贵斌，付晨夕．艺术类大学生自主创业方法研究 [J]. 高等教育，2011，(9)：31.

[161] 赵晶晶，都业红．浅谈艺术类大学生创业 [J]. 辽宁经济管理干部学院学报，2010，(3)：62–63.

[162] 朱娜．美术院校大学生就业中存在的问题及教育引导对策研究 [D]. 西南大学硕士学位论文，2012.

[163] 王成文．艺术类毕业生自主创业特点与困境探析——以江苏省某综合类艺术院校 N 校为例 [J]. 人力资源管理，2012，(7)：188–189.

[164] 王新宏．艺术类大学生自主创业的教育与引导 [J]. 湖北成人教育学院学报，2012，(5)：42–43.

[165] 孙丽华．艺术类高职院校创业教育体系建设刍议 [J]. 中国职业技术教育，2012，(19)：94–96.

[166] 周宝松，李齐建，朱蕾．艺术类院校创业教育体系和创业培养机制建设方法研究 [J]. 艺术教育，2012，(1)：34–35.

[167] 胡巍威．高校艺术类大学生创业现状及能力培养 [J]. 产业与科技论坛，2012，

(16)：129–130.

[168] 庞映平 . 高职设计艺术毕业生自主创业研究 [J]. 教育与职业，2013，(3)：89–90.

[169] 杨丽莎 . 图书馆在创业指导服务中的角色分析——以艺术院校图书馆为例 [J]. 图书馆学刊，2011，(8)：100–101.

[170] 陈家友，庞卡 . 服务社区——艺术高校毕业生自主创业的创新思维 [J]. 玉林师范学院学报（哲学社会科学），2005，(4)：105–111.

[171] 方舟 . 艺术类大学生创业现状浅析 [J]. 南昌教育学院学报，2012，(1)：49–54.

[172] 全小军 . 后金融危机时代艺术类学生创业能力培养浅谈 [J]. 企业导报，2013，(16)：161–162.

[173] 阎媛 . 艺术类毕业生就业观念和就业指导的长效机制建立 [J]. 艺术科技，2014，(2)：380.

[174] 周山华 . 艺术类高职院校的创业教育模式研究 [J]. 教育与职业，2014，(6)：106–108.

[175] 谢薇薇，陈英弟 . 浙江传媒学院艺术类学生自主创业情况调查与对策研究 [J]. 浙江传媒学院学报，2007，(2)：85–87.

[176] 王虹 . 大学生创业现状调查及对策研究——以无锡商业职业技术学院艺术设计学院为例 [J]. 山东商业职业技术学院学报，2011，(6)：44–47.

[177] 王玉苓 . 艺术类大学生自主创业实证研究 [J]. 辽宁师范大学学报（社会科学版），2011，(5)：72–75.

[178] 冯绍君 . 艺术类大学生就业创业指导服务体系初探——以广西艺术学院为例 [J]. 高等教育研究，2012，(17)：24–25.

[179] 柏小剑 . 从“就业”到“创业”——浅谈艺术设计类专业创业型人才的培养 [J]. 大众文艺，2014，(6)：207–208.

[180] Headd B. Redefining Business Sueeess: Distinguishing between closure and failure[J]. Small Business Economics, 2003, (21): 51–61.

[181] Schmitz Jr. J. Imitation，Entrepreneurship and Long–Run Growth[J]. The journal of Political Economy, 1989, 97(3): 721–739.

[182] 宋晓东 . 西方经济学 [M]. 北京：北京航空航天大学出版社，2014.

[183] 尼可拉斯・格里高利・曼昆 . 经济学原理 [M]. 北京：北京大学出版社，2012.

[184] 风笑天 . 当代中国研究的历史与现状 [J]. 南京大学学报，2002，(3)：238.

[185] Katz JA. The Chronology of intellectual trajectory of American Entrepreneurship education 1876–1999[J]. Journal of Business Venturing, 2003, (18): 283–300.

[186] 陈明．美国的创业教育 [J]. 江西教育一管理版，2005，(9/A)：41–42.

[187] http: //~. slu. edu/x17963. xml?.

[188] 王承绪，徐辉．战后英国教育研究 [M]. 南昌：江西教育出版社，1992.

[189] Robert A. Blaekburn, David Smallbone. Researching Small Firmsand Entre Preneurshi Pin The U. K. Developments and Distinetiveness, Entre Preneurship Theory and Practiee, Mareh.

[190] 人民网．2010 中国大学创业富豪榜百强名单 [EB/OL]. http: //edu. people. com. cn/GB/13380584. html，2010 –12–02/.

[191] 教育部．普通本科学校创业教育教学基本要求 (试行)[R]. 2012.

[192] Porter M. E. Competitive Strategy[M]. New York FreePress, 1980.

[193] Penrose E. T. The Theory of the Growth of the Firm[M]. London: Oxford University Press, 1997.

[194] NelsonR. and Winter S. Anevolutionary theory of economicchange[M]. Cambridge: Harvard University Press, 1982.

[195] 王坤，蒋国平．企业成长相关理论回顾及整合构想 [J]. 商业时代，2008，(28)：44 –45.

[196] 张林格．三维空间企业成长模式的理论模型 [J]. 南开经济研究，1998，(05)：45–49.

[197] 徐艳梅．企业成长研究 [J]. 北京工业大学学报（社会科学版），1999，(12)：53 –56.

[198] 范明，汤学俊．企业可持续成长研究——一个一般框架及其对中国企业可持续成长的应用分析 [J]. 管理世界，2004，(10)：107–113.

[199] 经济与管理研究编辑部．中国企业成长的规律性研究——首届中国企业成长研讨会综述 [J]. 经济与管理研究，2004，(06)：3–6.

[200] 郭蕊．企业可持续成长能力的关键维度及分析模型 [J]. 科学学与科学技术管理，2005，(11)：137–141.

[201] 张明，许晓明．转轨经济中制约企业成长的四维模型初探 [J]. 上海管理科学，2005，(04)：28 –30.

[202] 张焕勇．创业者（企业家）能力与企业成长关系研究 [D]. 复旦大学博士学位论文，2007.

[203] 文岗 . 创业管理人 [M]. 北京：石油工业出版社，2000.

[204] 田千里 . 老板论 [M]. 北京：经济科学出版社，2000.

[205] 张悦月，高山行 . 大学生创业素质的调查及对策分析 [J]. 当代教育，2003，(2).

[206] 李春琴 . 中国创业教育十年研究回顾与展望 [J]. 社会科学战线，2010，(9)：199–203.

[207] 彭钢 . 创业教育学 [M]. 南京：江苏教育出版社，1998：74–75.

[208] 杨艳萍 . 创业教育的基本内涵和教育模式 [J]. 长沙铁道学院学报（社会科学版），2001，2(2)：110–112.

[209] 游振声 . 美国高等学校创业教育研究 [D]. 西南大学博士学位论文，2011.

[210] 林文伟 . 大学创业教育价值研究 [D]. 华东师范大学博士学位论文，2011.

[211] Hoang, H., Antoncic, B. Network–based Research in Entrepreneurship: A Critical Review[J]. Journal of Business Venturing, 2003, 18(2): 165–188.

[212] Marie, D., Carolis, D., Litzky, B. E., Eddleston, K. A. Why Networks Enhance the Progress of New Venture Creation: The Influence ofSocial Capital and Cognition[J]. Entrepreneurship: Theory and Practice, 2008, 33(2): 527–545.

[213] 金指基 . 熊彼特经济学 [M]. 北京：北京大学出版社，1996.

[214] 德鲁克 . 创新和企业家精神 [M]. 北京：企业管理出版社，1989.

[215] 钱德勒 . 战略与结构——美国工业企业史上的篇章 [M]. 昆明：云南人民出版社，2002.

[216] 李烨，李传昭，罗婉议 . 战略创新、业务转型与民营企业持续成长——格兰仕集团的成长历程及其启示 [J]. 管理世界，2005，(6)：126–135.

[217] 汤文仙，李攀峰 . 基于三个维度的企业成长理论研究 [J]. 软科学，2005，(1)：17–30.

[218] 杨洋 . 企业成长的一个概念框架——基于若干学者的企业成长概念分析 [J]. 东南大学学报（哲学社会科学版），2011，(5)：62–65.

[219] Myers S. C. Determinants of corporate borrowing[J]. Journal of Financial Economic, 1977, (5): 147–175.

[220] Shane S. Prior Knowledge and the Discovery of Entrepreneurial Opportunities [J]. Organization Science, 2000, 11 (4): 448–469.

[221] 秦红增，刘佳 . 超越村落：文化农民社会资本的扩展及其结构研究 [J]. 中国农业大学学报（社会科学版），2009，(4)：62–71.

[222] 皮埃尔 · 布尔迪厄 . 科学的社会用途——写给科学场的临场社会学 [M]. 南

京：南京大学出版社，2005.

[223] 贺小刚，李新春 . 企业家能力与企业成长：基于中国经验的实证研究 [J]. 经济研究，2005，10：101–111.

[224] Man T. W. Y, Lau T., Chan K. F. The Competitiveness of Small and Medium Enterprises: A Conceptualization with Focus on Entrepreneurial Competencies[J]. Journal of Business Venturing，2002, (17): 123–142.

[225] 张焕勇 . 企业家能力与企业成长关系研究 [D]. 复旦大学博士学位论文，2007.

[226] 杨金焱，费世淼 . 新时期大学生创业能力的构成与培养 [J]. 教育探索，2010，(12)：147–148.

[227] 关晶 . 西方学徒制研究——兼论对我国职业教育的借鉴 [D]. 华东师范大学博士论文，2010.

[228] 胡秀锦 .“现代学徒制”人才培养模式研究 [J]. 河北师范大学学报（教育科学版），2009，(3)：98–103.

[229] 周辅成 . 西方伦理学名著选辑（上卷）[M]. 北京：商务印书馆，1964.

[230] 汪来杰 . 一种伦理新视角：公共服务职业伦理 [J]. 道德与文明，2011, (4): 108–111.

[231] Collins H M，Evans R, Ribeiro R, *et al*. Experiments with interactional expertise[J]. Studies in History and Philosophy of Science, 2006, 37: 656–674.

[232] 刘宝存 . 新创业教育理念培养创新精神和实践能力 [J]. 中国高等教育，2010，(12)：12–15.

[233] 李克强 . 政府工作报告 [Z]. 2015. 03. 05.

[234] http: //views. ce. cn/view/ent/201503/06/t20150306_4740353. shtml.

[235] 文化部办公厅 . 关于大力支持小微文化企业发展的实施意见 . 2014. 07. 23.

[236] 蔡武：文化“草根族”具创新活力 [EB/OL]. 中华工商时报 . http: //finance. chinanews. com/cj/2014/08–20/6511729. shtml，2014–8–20.

[237] 周玮 . 三部门联合发文出台一揽子政策——百万小微文化企业迎来重大利好 [EB/OL]. 新华每日电讯，http: //news. xinhuanet. com/mrdx/2014–08/20/c_133569874. htm. 2014–8–20.

[238] Teece D J. Competition, cooperation, and innovation: organizational arrangements for regimes of rapid techno–logical progress[J]. Journal of Economic Behavior and Organization, 1992, 18: 1–25.

[239] Mahoney JT, Pandian JR. The Resource–based viewwithin the conversation of

strategic management [J]. Strategic Management Journa, 1992, 13 (5): 363–380.

[240] AmitR, Schoemaker P. Strategic assets and organiza–tional rent[J]. Strategic Management Journa, 1993, 14: 33–46.

[241] Brush C G, Greene P G, HartM. From initial idea tounique advantage; the entrepreneurial challenge of con–structing a resource base[J]. Academy of Management Executive, 2001, 15: 64–78.

[242] Sirmon D G, HittM A, Ireland R D. Managing firm re–sources in dynamic environments to create value looking inside the black box[J]. The Academy of Management Review, 2007, 32(1): 273–292.

[243] 国务院办公厅 . 进一步支持文化企业发展的规定 . 2014–04–16.

[244] 国务院办公厅 . 关于做好 2014 年全国普通高等学校毕业生就业创业工作的通知 . 2014–05–09.

[245] http: //www. zhongchou. cn/yishu.

[246] 财政部、文化部“2015 年度文化金融合作项目库”(财办文资 [2015]2 号).

[247] 湖南省人民政府 . 关于进一步支持中小微艺术企业发展的实施意见 . 2012–06.

[248] 重庆市人民政府 . 重庆市政府采购促进中小企业发展暂行规定 . 2012–05– 02.

[249] 秦丹 . 文化创意产业发展的几个趋势 [N]. 人民日报，2014–2–20(7).

[250] 石中英 . 公共教育学 [M]. 北京：北京师范大学出版社：2008.

[251] 李志能，张洁，郁义鸿 . 美国孵化器的发展沿革 [J]. 上海经济研究，2000，(07): 38–44.

附 录

附录 1：访谈提纲

1. 您能否告诉我在创业之前您的个人情况，包括学业、生活情况？

2. 能否告诉我您为什么决定创业，创业之前是否就业过？创业的动力来自哪儿？

3. 在您的成长过程中是否有亲友或者朋友有创业的经验？是否对您选择创业有影响？

4. 您的亲人中有创业成功的人吗？他们的成长经验是否对您有影响？您有榜样吗？

5. 您在大学学习阶段是否从事过创业的实践活动？您是什么时候、什么情况下决定创业的？

6. 您认为创业过程中最难的事情是什么？有哪些压力？创业过程中最高兴的事情是什么？

7. 您认为您的专业知识对创业有什么帮助？您认为你的母校在您创业过程中对您有什么帮助？

8. 您认为大学学习的知识在创业过程中有什么欠缺？大学教育对于创业的学生来说有什么缺失？

9. 您在大学阶段是否曾经接受过学校的创业教育？您认为创业教育对您的创业是否有帮助？还有什么需要改进的地方？

10. 经历了艰辛的创业之后，您认为学校教育中最重要的环节是什么？

11. 您创业之初的目标是什么？您现在的目标是否有所变化？如果重新选择，您还会选择创业吗？还会选择在这个领域创业吗？

12. 通过创业，您认为学习什么知识是最重要的？

13. 您喜欢独自创业还是与人合作？如果是合作，您喜欢跟什么样的人合作？

14. 您对即将创业的大学毕业生们有什么建议？

15. 您认为什么样的人适合创业，什么人不适合？

16. 您认为还有哪些有价值的信息可以提供给我们？

17. 您能给我们讲讲您创业过程中印象最深刻的故事吗？

附录 2：艺术院校毕业生就业、创业情况调查

尊敬的受访者：

您好！请您协助我们进行艺术院校创业教育方面的实证研究，完成以下调查问卷。您的回答将成为本研究的重要基础和依据，请您仔细阅读并认真作答。谢谢！

第一部分：基本信息

1. 您所在的院校及学习的专业：________________________________

2. 您的性别：	A. 男	B. 女	
3. 年龄：	A. 20 岁以下	B. 20–24 岁	C. 24 岁以上
4. 民族：	A. 汉族	B. 少数民族 _________	
5. 政治面貌：	A. 中共党员（含预备）	B. 团员	C. 群众
6. 户口所在地：	A. 京籍	B. 非京籍	
7. 婚姻状况：	A. 已婚	B. 未婚	

第二部分：创业意愿调查

1. 您是否有创业的打算？

A. 完全没有

B. 考虑过

C. 打算创业

2. 您的创业意愿来源于：

A. 学校

B. 家庭和朋友

C. 社会

D. 个人的职业发展和就业压力

3. 您对创业者的看法是：

A. 不好好学习，成天折腾的人

B. 学习成绩较差，但有创新思想，有创业能力的人

C. 找不到好工作只能创业的学生

D. 学习优秀、勇于创新、敢于创造，有头脑、高素质的人

E. 有钱有背景的富二代或官二代，家庭贫寒的学生不适合创业

4. 您认为创业者的创业动机是什么？

A. 谋生的手段，如果有好的就业就不会选择创业

B. 受他人影响或受邀请加入创业

C. 迅速积累经验，创造大量财富的手段

D. 自由地生活，不受稳定工作的约束

E. 接受挑战，实现人生价值，追求远大理想

F. 有好的创业项目，办理流程简化

第三部分：创业认知调查

1. 如果创业，您是否会选择与所学专业相关的行业？

A. 会

B. 不会

2. 如果创业，您会选择什么地方进行创业？

A. 学习所在地

B. 生源地

C. 北上广等一线城市

D. 二三线城市

E. 其他

3. 您认为大学创业的最好时机是什么时候？

A. 大学期间

B. 一毕业就创业

C. 先就业后再创业

D. 不得已而创业

4. 您认为艺术类大学生创业的最佳方式是什么？

A. 借助网络科技，利用电子商务，网上先试手，零门槛的优势

B. 靠父母资助或贷款开始创业

C. 依靠专业优势，先替人打工，积累经验和人脉后再单干

D. 利用学校的创业园区和孵化基地先试水再逐步走向市场

E. 与他人合作创业，互相依靠、互相帮助，共同开拓市场

F. 带学生，接私活，不成立正规公司，自由工作，能养家糊口就行

5. 您认为大学生创业最重要的能力是什么？（多选）

A. 决策能力

B. 经营管理能力

C. 专业技术能力

D. 交往协调能力

E. 创新能力

F. 其他

6. 您认为影响创业最重要的因素是什么？（多选）

A. 好的项目

B. 合作伙伴

C. 资金支持

D. 家庭支持

E. 政策支持

F. 人脉资源

G. 管理经验

第四部分：创业教育调查

1. 您是否接受过学校的创业教育？

A. 从来没有

B. 接受过简单的创业教育

C. 接受过系统的创业教育

2. 您对学校创业教育是否满意？

A. 很满意

B. 一般

C. 不满意

3. 您认为学校创业教育中最重要的形式是什么？

A. 学校教师授课

B. 参加专业的创业培训课程

C. 亲身参与实践（实习）

D. 成功创业的同学或朋友传授

E. 参加大学生创业大赛

4. 您是否从事过创业的实践？

A. 从来没有

B. 参加过几次

C. 经常参加

5. 您对学校创业教育师资如何评价？

A. 满意，师资力量雄厚

B. 师资力量一般

C. 没有相应的专业师资队伍

D. 不清楚

6. 您对学校创业教育使用的教材是否满意？

A. 很满意

B. 一般

C. 不满意，没有见过此类教材

7. 是否有企业参与创业教育？

A. 有

B. 不清楚

C. 从来没有

8. 学校创业教育有其他社会机构投入和资助吗?

A. 有

B. 不清楚

C. 从来没有

9. 学校除了课堂教育，是否拥有创业孵化器或者文化创意产业园区?

A. 有

B. 不清楚

C. 从来没有

10. 是否有创业校友来进行过交流和讲座?

A. 有

B. 不清楚

C. 从来没有

11. 是否有创业校友通过学校为学生提供创业和就业信息?

A. 有

B. 不清楚

C. 从来没有

12. 学校是否邀请创业毕业生对学校的创业教育提出意见、进行评价?

A. 有

B. 不清楚

C. 从来没有

您对学校创业教育有何建议?

____

感谢您对本次调查的大力支持。

附录 3：小微艺术企业成长状况的调查

尊敬的受访者：

您好！请您协助我们进行小微艺术企业成长状况研究，完成以下调查问卷。您的回答将成为本研究的重要基础和依据，请您仔细阅读并认真作答。谢谢！

一、创业者的基本特征

1. 您所学的专业

A. 音乐

B. 舞蹈

C. 美术

D. 设计

E. 电影与戏剧

F. 广播电视

G. 摄影

H. 其他

2. 您的学历

A. 本科

B. 硕士研究生

C. 博士研究生

3. 您的性别

A. 男

B. 女

4. 您的年龄

A. 20 岁以下

B. 21–24 岁

C. 25–30 岁

D. 30 岁以上

5. 您的民族

A. 汉族

B. 少数民族 ____________

6. 您的户口所在地

A. 超大型城市

B. 一线城市

C. 二三线城市

D. 小型城镇

7. 您的政治面貌

A. 中共党员（含预备党员）

B. 团员

C. 群众

8. 您的婚姻状况

A. 已婚

B. 未婚

C. 离异

D. 丧偶

二、创业企业基本信息

9. 企业成立的时间

A. 1–3 年

B. 4–6 年

C. 7–9 年

D. 10 年以上

10. 企业经营状况

A. 营收、利润双增长

B. 营收增长、利润下滑

C. 营收下滑、利润增长

D. 营收、利润双下滑

11. 企业所属行业

A. 文化产品

B. 艺术演出

C. 电影电视

D. 艺术设计

E. 服装设计

F. 舞台设计

G. 绘画艺术品

H. 艺术培训

I. 其他

12. 企业现在的员工规模

A. 10 人以内

B. 10–20 人

C. 20–50 人

D. 50–100 人

E. 100 人以上

13. 企业现在的资产规模

A. 5 万元以内

B. 5 万 –10 万元

C. 11 万 –20 万元

D. 21 万 –50 万元

E. 51 万 –100 万元

F. 101 万 –300 万元

G. 301 万 –500 万元

H. 501 万 –1000 万元

I. 1001 万 –5000 万元

J. 5001 万元以上

三、企业成长现状

14. 您认为决定企业成长的最重要因素是

A. 资金

B. 管理

C. 社会资源

D. 技术技能

E. 政策环境

F. 其他

15. 您认为您个人的能力和素质对企业的发展起到的作用

A. 非常重要

B. 一般

C. 不是很重要

16. 您对创业者的学习能力的认识是（多选）

A. 学习能力对创业起着决定性的作用

B. 学习能力有助于提高创业者识别机会的能力

C. 学习能力有助于提高资源整合能力

D. 学习能力帮助企业家不断创新

17. 在企业成长的过程中您会坚持学习新的知识吗?

A. 经常自觉更新知识

B. 偶尔在需要时学习

C. 从来不学习

18. 您通常通过怎样的方式学习企业的管理? （多选）

A. 通过参加各种管理培训班获取新的知识

B. 参与经验交流和研讨活动了解新的信息

C. 通过网络和书籍进行知识的补充

D. 通过更高层次的学历教育进行深造

E. 在实践中不断积累经验

F. 其他

19. 在创办企业的过程中，您总能获得支持吗？

A. 总会得到很多支持

B. 还可以

C. 很少获得支持

20. 您了解政府关于创业企业的支持政策吗？

A. 密切关注，了解所有的政策

B. 了解一些

C. 很少听说

21. 贵企业是否获得过政府的资金支持？

A. 有

B. 没有

22. 贵企业是否获得过政府的税收政策支持？

A. 有

B. 没有

23. 贵企业在成长过程中对于机遇的状态是

A. 总有很多机遇促进企业的成长

B. 机遇很多，却总是抓不住

C. 运气不好，很少有良好的机遇。

24. 您认为企业成长最需要的资源是

A. 人际关系

B. 专业优势

C. 资金设备

D. 人力资源

F. 地理地域

G. 其他

25. 贵公司在发展过程中拥有资源的状况是

A. 资源丰富

B. 还可以

C. 资源很少

26. 您对企业所在行业的情况了解吗？

A. 有全面的了解

B. 有一些了解

C. 并不清楚

27. 贵公司初始资金的主要来源是

A. 个人及家庭

B. 亲朋好友借款

C. 民间借贷

D. 银行普通贷款

E. 小微企业专项贷款

F. 互联网新型融资方式

G. 天使投资或风险投资

H. 其他

28. 您认为创新在企业成长中作用如何?

A. 创新是企业成长的生命源泉

B. 创新并不是企业成长的唯一动力

C. 坚守传统才能使企业稳步成长

29. 您认为企业最重要的是在哪方面创新?

A. 技术技能创新

B. 产品营销的创新

C. 内部管理的创新

D. 企业文化的创新

E. 其他

30. 您认为创新能力最重要的来源是什么?

A. 与生俱来的

B. 学校教育培养的

C. 在企业成长过程中形成的

D. 从家人朋友的经验中学习的

E. 其他

31. 贵公司在创新方面效果如何?

A. 不断创新，形成企业的核心竞争力

B. 创新动力不足，成果不是很明显

C. 很难有精力去进行创新

四、关于学校创业教育

32. 您在学校期间是否接受过创业教育和培训?

A. 学习过

B. 没有

33. 您认为学校的创业教育对企业的建立和发展作用如何?

A. 作用非常重要

B. 有一定作用

C. 可有可无，并没有多大帮助

34. 您是否愿意为母校的学生提供就业和实习机会?

A. 愿意

B. 不愿意

35. 您是否愿意为创业的师弟师妹提供资金支持?

A. 愿意

B. 不愿意

后　记

写到此处，终于可以将电子资料付梓。本应带着些许的轻松愉快，但收笔之际我内心反而有些忐忑。此书的完成，凝聚了大量的心血，但我深知仍然有很多内容需要完善，也是自己新的奋斗起点的开始。

这本书的整个写作过程，都离不开我的博士生导师、天津大学肖凤翔教授的鞭策与鼓励。从题目拟定、框架形成以及内容优化，无不倾注着肖老师的辛劳和付出。肖老师严谨的治学态度、宽广的学术视野、高尚的品行、博大的胸怀不仅使我在科研学术方面受益匪浅，更帮助我拓展了为人处世的宽度和厚度。感谢天津大学教育学院的闫广芬教授、李忠教授等诸位老师，在我写作过程中提出了诸多颇具指导性和可行性的建议。今天的收获离不开他们的帮助和支持。

艺术院校的创业教育尚处于起步阶段，已有的文献资料并不是很多，因此笔者进行了大量的实证调查，分别从艺术院校自身和创业企业两个方面进行了创业教育现状调查，分析存在的问题。问卷调查、个别访谈以及案例整理得到了很多人的帮助，在此特别感谢中央音乐学院李小曼教授、中国音乐学院陈刚教授、中央美术学院潘承辉教授、中国戏曲学院冯海荣部长、原北京服装学院张懿主任、中央戏剧学院武亚军教授、北京电影学院陆花部长、北京舞蹈学院焦艳丽老师，他们帮助我完成了高校版问卷的调查，并为我提供了访谈候选对象的名单。特别感谢中关村管委会人才处程岳处长为我提供了北京市文化创意产业发展的相关资料，感谢石景山区委宣传部副部长苏昊、丰台区委宣传部副部长乔晓鹏、丰台区文化创意产业园主任韩骏伟、中国传媒大学文化创意园主任杨爽、北京服装学院服饰时尚设计产业创新园主任王琪、中国戏曲学院创业孵化园主任韩萌为我提供产业园区及小微艺术企业的资料，协助我完成小微艺术企业创业者的访谈。

感谢北京舞蹈学院邓佑玲教授对我研究课题的关注、支持和指导，为我提供课题研究平台。关于小微艺术企业成长以及艺术院校创业教育的研究才刚刚开始，在调查过程中我深深地体会到小微艺术企业成长的艰难和艺术创业者的艰辛，他们对学校创业教育的渴求和对学校深深的依恋打动了我，让我感受到身上的责任重大，我将会以更大的努力将课题研究推进下去。

感谢张宇、轩永会、周华丽对本书提出的中肯的建议和意见，感谢参与课题的吕明辉、王子君、王渊博、李争光、芦红老师在文献收集、问卷统计和文字校对方面为我提供的帮助和支持。

最后，我要感谢我的家人，尤其是年迈的父母给予我的默默支持、鼓励和关怀。忙碌于工作与研究，四年时间，我放弃了寒暑假，整整两年未曾回家探望陪伴父母。每每二老在电话中询问工作进度时，传递出的关爱和期许，让我心存愧疚的同时，也增加了克服困难的勇气和不断前进的动力。

此刻正是蔷薇花开的季节，希望盛开在都市里的“蔷薇艺族”能够更加繁盛美丽。梦想在前方，创业在路上。

2018年4月